书系作者主持的中国法学会2023年度部级法学研究重点课题“数字时代数量刑法学的中国构建”
［项目编号：CLS（2023）B08］的阶段性研究成果

数量刑法学研究

章 桦 著

SHULIANG XINGFAXUE YANJIU

法律出版社
LAW PRESS · CHINA
北京

图书在版编目（CIP）数据

数量刑法学研究 / 章桦著. -- 北京 ：法律出版社，2024. -- ISBN 978 -7 -5197 -9619 -8

Ⅰ. D924.04

中国国家版本馆 CIP 数据核字第 202406G4L9 号

数量刑法学研究
SHULIANG XINGFAXUE YANJIU

章 桦 著

责任编辑 王 珊
装帧设计 鲍龙卉

出版发行 法律出版社
编辑统筹 学术·对外出版分社
责任校对 王 丰 郭艳萍
责任印制 胡晓雅 宋万春
经　　销 新华书店

开本 710 毫米×1000 毫米 1/16
印张 18.5 **字数** 253 千
版本 2024 年 11 月第 1 版
印次 2024 年 11 月第 1 次印刷
印刷 北京建宏印刷有限公司

地址：北京市丰台区莲花池西里 7 号（100073）
网址：www.lawpress.com.cn
投稿邮箱：info@lawpress.com.cn
举报盗版邮箱：jbwq@lawpress.com.cn

销售电话：010 -83938349
客服电话：010 -83938350
咨询电话：010 -63939796

书号：ISBN 978 -7 -5197 -9619 -8
定价：78.00 元

序

早在1988年,我在《法学研究》发表的《我国刑法中犯罪概念的定量因素》一文中,提出了建立一门新的刑法分支学科“数量刑法学”的设想,提倡深入研究刑法内部的数量关系,并建立数学模型,用以更为精确地把握刑法的数量规律,便于刑事司法工作的实际应用。21世纪以来,随着互联网、大数据、人工智能等现代信息科技带来的社会发展,加之“数字法院”“数字检察”“数智警务”的不断拓展,以及倡导从传统研究方法向现代科技方法转变的“新文科”建设的持续推进,构建数量刑法学以及相应的法学研究范式革命性变化的客观条件已经具备。对此,章桦博士勇于挑战这个研究新命题,难能可贵。

章桦毕业于西南政法大学,是高维俭教授培养的博士,在师承上算我的徒孙。他在西南医科大学法学院从事了15年的教学和科研工作,参与了许多理工科相关的课题论证和研究,深受实验数据、量化分析、数学模型等自然科学研究范式的影响。他通过系统学习概率论和数理统计、线性代数、模糊数学、机器学习等知识,深入训练SPSS(社会科学统计软件包)、PYTHON(面向对象编程语言)、MATLAB(矩阵实验室)等软件操作,开展了多项以数量为基础、以数学方法为指引的刑法学研究,并形成了“象—数—理”和“理—数—理”的刑法学研究进路。本书是他在博士学位论文基础上,历时两年修改后的升级版。我听了他关于数量刑法学的体系架构、研究内容和研究方法的介绍后,又仔细翻阅了这本书,在此谈谈我对本书的些许认识。

一、数量刑法学研究的系统性

本书的特点之一就是系统性思维，结构安排紧扣“数量刑法学”这一核心命题展开，呈现出层层递进的行文结构。本书论证了数量刑法学“一体四翼”的研究体系，即数量刑法学存在支撑其主体性地位形成以及体系性建构的理论基础，在此理论支柱上，又探索了数量刑法学的本体性、规范性、实践性、现代性四个方面的研究进路。

本书的另一特点是以现有的刑法学体系结构为基础，从本体论价值、认识论意义和方法论功能三个角度，探索数字时代数量刑法学的中国构建。从本体论角度，论证数量刑法学的定位、功能、价值等基本内涵，探索其哲学基础、法理基础、刑法基础和数学基础等理论根据；从认识论的角度，以“刑事一体化”思想为基础，探寻了数量刑法学应用于犯罪论、刑罚论及刑法分则个罪的规范性体系；从方法论角度，探索了刑法学与高等数学、模糊数学、大数据、人工智能对接的数量研究方案，提出了统一的适用条件、判断标准和解释规则。

二、数量刑法学研究的创新性

数量刑法学具有自身独立的学科内涵和研究体系，作者论证了数量刑法学独立的研究对象、认识逻辑和研究方法，探索了刑法学创新性的数量研究方法。

从研究对象上看，作者在第三章数量刑法学之本体性探究中，将刑法中的“数”“量”及其关系作为数量刑法学展开的逻辑起点，通过对刑法中“数”“量”进行类型化划分，提出了刑法分则各罪以估量为基本因子的“模糊罪量体系”和以数字区间为基本因子的“数字刑量体系”的新概念，论证了“模糊罪量—数字刑量”的罪刑关系新结构，以及由此形成的刑法学中关于罪量明确性与罪刑均衡性的两大核心问题，在研究对象上具有不同于传统注释刑法学和理论刑法学的新特点。

从研究方法上看，章桦博士的研究范式有别于传统的价值分析法、逻辑注释法、比较分析法、历史沿革分析等方法，而是完全采用了数量研究方法。具体而言,主要采用了三种类型的数量研究方法:其一,在第四章数量刑法学之规范性构造中,作者在刑法中“数”“量”及其关系的逻辑起点上,从刑法规范和刑法学基本理论出发,以“理—数—理”为主要认识逻辑,运用了模糊数学、线性代数、层次分析法等数学方法;其二,在第五章数量刑法学之实践性展开中,作者从刑事司法实践出发,以“象—数—理”为主要认识逻辑,运用概率论和数理统计方法,构建了符合刑法规范和刑法理论的数据模型,探索司法实践中罪刑的特征、规律和均衡关系;其三,在第六章数量刑法学之现代性拓展中,作者融合规范进路的数理模型和实践进路的数据模型,以数据为沟通桥梁,将互联网、大数据、人工智能等信息技术融入刑法学研究,并以贪污罪的量刑为例,成功应用 BP 人工神经网络技术,去探索贪污罪量刑的规范性、科学性和合理性。三种类型的数量研究方法所得出的结论,既有对现有理论争议的澄清,也有对司法实践中各罪裁量标准的构建,还有相关的立法对策建议。

三、数量刑法学研究的理论价值

数量刑法学既是数字时代中国刑法学本土化的学术传承,也是中国刑法学现代化的发展要求,本书关于数量刑法学的研究具有较强的理论价值,主要体现为以下几个方面:

其一,促进中国数量刑法学的主体性构建和刑法学的多元共融发展。本书探索了一种独特且可行的刑法学研究范式,试图建立具有中国特色的刑法学话语体系,并以现有理论作为假设的出发点,以我国刑事立法和司法为实践归宿,能促进刑法学研究“定性与定量”“规范与事实”“理论与实践”的融合。

其二,建立我国数量刑法学研究的体系并弥补其规范的缺失。本书从刑法的数理逻辑出发,建立系统的研究体系,从“刑事一体化”的角度克服现有数量研究内容和方法的零散性、应因性、个别性等局限,并探寻了数量刑法学的逻辑基础和判断标准,弥补了当前数量相关研究在价值、对象、内容、方法上的规范缺失。

其三,架起与犯罪学、关联学科的桥梁,促进"整体刑法学"的发展和实现。犯罪学及与刑法学相关联的社会学科,已经较为规范并成功运用了数量研究。本书关于数量刑法学的构建,可以打通因为研究路径不同而造成的学科融合壁垒,让相关学科的重要研究成果促进刑法学科的发展,逐渐形成刑法之内、刑法之上、刑法之下和刑法前后的"整体刑法学"发展态势。

其四,架起迈向刑法学现代化发展的桥梁。本书关于数量刑法学的现代性拓展,能架起刑法学与现代信息科技之间的桥梁,让计算机算法、大数据、人工智能等现代信息科技融入我国刑法学的学科构建和研究体系。

四、数量刑法学研究的实践价值

数量刑法学的构建既是当前社会现代化转型的需要,也是国家治理体系和治理能力现代化的召唤,还是"新文科"启发下的"新法学"研究和学科体系构建的重要路径。本书关于数量刑法学的研究具有较强的实践价值,主要体现为以下几个方面:

其一,促进立法的科学性、司法的效率和公正。本书关于数量刑法学的构建,对现有刑法学理论进行规范化的算法和数理模型架构,结合大量的面板数据和个案数据进行检验和优化,能为刑事立法的"废、改、立"提供较为科学的参考标准;驾乘"大数据""人工智能""机器学习"等现代信息科技后,还能为司法裁判的效率和公正提供数智支持。

其二,促进"数字法院""数字检察"的科学开展。"数字法院"和"数字检察"在统计分析及数据建模的基础上,已经涉及定罪和量刑等刑事实体数智判断。然而,现有实体性算法和数据模型的合理性和公正性,需要规范化的数量刑法学进行判断和检验。

其三,推进刑法学的"新文科"学科建设。本书关于数量刑法学的构建,势必会促进刑法学教育中开设概率论与数理统计、高等数学、模糊数学等课程,推进"新文科"背景下"实证刑法学""计算刑法学""数字刑法学”等学科的建设。

我衷心希望章桦博士在数量刑法学新领域继续创新探索，不断完善、拓展及丰富数量刑法学的研究体系、研究内容和研究方法，促进刑法学定性研究和定量研究的整合创新。

储槐植

2024年10月1日于承泽园

前　言

20 世纪 80 年代,在面向法学现代化和科学化的建设规划中,著名科学家钱学森提出了"数量法学"概念和探索路径,得到了老一辈法学家的论证和推崇。正是在这个时期,基于我国刑法"定性 + 定量"的立法模式以及刑法中存在的诸多数量关系,储槐植教授率先提出了"数量刑法学"的定义、目的及任务,影响了许多学者运用数学方法研究刑法中的定量因素和数量关系。然而,数量刑法学的本体性和系统性构建缺失,造成了数量刑法研究的零散性、应因性和个别性等局限,加之数量思维和数学知识在法学教育体系中的供给不足,数量刑法学研究并未得到拓展。21 世纪以来,随着以概率论和数理统计为基础的实证研究不断融入刑法学,数量思维和数学方法之于刑法学的理性再一次被点燃并唤醒,储槐植教授也于 2019 年再次呼吁构建我国的数量刑法学。当前我国社会正经历互联网、大数据、人工智能等现代性转型和发展,在数据和量化基础上的"互联网 + ""大数据 + ""人工智能 + "业已进入诸多学科的研究视域,新文科建设背景下的"新法学"也在紧锣密鼓地展开,这些变化给数量刑法学带来了进行主体性构建、认识论革新和方法论改进的时代价值和契机。

根据马克思主义哲学中量变和质变的辩证统一规律,定量和定性研究在刑法学中具有同等重要的意义。数量刑法学通过对刑法中定量因素及其关系的探索,秉承法律在不确定性基础上的确定性追求,在质量互变规律、认识与实践的辩证原理指导下,在罪刑法定原则、罪刑均衡原则、刑事一体化思想的基础上,运用法的可计算性原理,形成了数量刑法学以刑事立法和司法中的"数""量"及其关系为研究对象,以定量分析和数理逻辑为主要认识路径,以模糊数学、线性代数、概率论和数理统计等为主要研究方法的学科内涵。本书在此基础上进行数量刑法学之本体性探究、规范性构造、实践性展开和现代性拓展,旨在对数量刑法学进行体系性的初建。

本书除去导论外,内容结构分为六章,第一、二章为数量刑法学的基础篇;第三、四、五章分别为数量刑法学的本体性、规范性和实践性维度的展开篇;第六章为数量刑法学的现代性拓展篇。各章具体内容如下:

第一章:数量刑法学之基本范畴。数量刑法学,孕育于20世纪七八十年代所开展的法治系统工程论证,发端于著名科学家钱学森所提出的"数量法学"概念,最终由储槐植教授于1988年正式提出。数量刑法学是具有独立研究对象、独立认识逻辑和独立研究方法的一门刑法学分支学科,呈现出学术研究的自由性和开放性、立法与司法的规范性和实证性、结论的可检验性和承继性等特征。在与传统刑法研究的关系上,数量刑法学定位于实现刑法学定性研究和定量研究的有机结合,推动思辨研究和实证研究的合理融合,促进刑法理论专业性和发展性的相互统一。围绕着刑法学研究中定罪、量刑和行刑3个核心内容,数量刑法学具备定量因素的科学量化、刑罚的合理配置及裁量、刑罚适用的有效评估等功能。数量刑法学以其自身存在的基础理论,刑法中的"数""量"及其关系,刑法学理论的验证及创新,刑法学的现代化拓展为主要研究内容,以理论层面的模糊数学、线性代数、微积分等数学知识,实践层面的概率论和数理统计学方法为主要研究方法,应用层面利用数学分析软件、统计分析软件和编程软件。

第二章:数量刑法学之理论基础。数量刑法学之理论基础是论证其自身存在的合理性,促进其主体性地位形成以及体系性构建的理论支柱,包括哲学基础、法理基础和刑法基础三个方面。

哲学基础:数量刑法学是在唯物辩证法三大规律之一的质量互变规律基础上,通过事物量的规定性,达成对刑法中质和量的充分认识和判断;在认识与实践辩证关系的基础上,通过实证的路径达成对刑事立法和刑事司法的全面认识,进而又反馈于理论研究和刑法实践;以数学哲学中的数理逻辑为基础,进行刑法学的符号化、数学化、形式化的逻辑推演和方法论构建,充分发挥数理逻辑在刑法定量研究中的优势。

法理基础:面对法律中的诸多不确定性因素,数量刑法学运用模糊数学、概率论和数理统计学等精于研究不确定性的方法,探寻法律在不确定性中的确定性,实现确定性与不确定性的统一;在法律的应然和实然关系中,深挖法律应然和实然的独立性价值和合理性内核,架起法律应然和实然的相互沟通桥梁,促进法律应然和实然的趋近和融合;法学的可计算性赋予了我们通过计算手段来探索刑事公平和正义的可能性,这使得我们能够利用数学方法或现代科学技术,对刑法中的"数"和"量"的关系进行深入探究,从而实现对复杂罪刑关系的科学量化和精准评估。

刑法基础:罪刑法定原则是数学公理化方法在刑法中的体现,数学方法之确定性与刑法学之模糊性的有机结合为罪刑法定的明确性提供了可能;罪刑均衡原则的数量观念和数学思想,为数量刑法学关于量化分析方案和数学应用模式奠定了基础;刑事一体化思想界定的内部关系、前后关系、上下关系,彰显了刑法学研究的开放性,为数量刑法学借鉴其他学科的量化研究方法和研究成果,融入刑法之外的各种影响因素和量化指标,奠定了坚实的理论基础。

第三章:数量刑法学之本体性探究。"数"源于对数量本质的抽象,《刑法》中的"数"是对罪行大小和刑罚轻重的数字刻画,刑量之数的规定较为完备且系统,从而形成以数字区间为基本因子的"数字刑量体系";《刑法》中的"量"除了基于数字区间的刑量体系表达以外,还包括运用汉语的表意功能,形成以文字进行刻画的"估量",如"轻微""较轻""严重""特别严重""较大""巨大""特别巨大"等。《刑法》中的文字"估量"主要体现在对罪行轻重的刻画上,作为基本犯、加重犯、减轻犯的罪量要件,通过形容词或程度副词的立法表达,形成以估量为基本因子的"模糊罪量体系";罪刑均衡原则要求表达罪行大小的"估量"与刻画刑罚轻重的"数"要相适应,进而产生了文字量与数字量、模糊量和确定数相统一的命题,形成了与“模糊罪量—数字刑量”相适应的理论假设和数量关系结构。本章通过对《刑法修正案(十一)》出台的483个罪名进行实证考察,发现“模糊罪量—数字刑量”存在3种数量关系结构,进而引出了关于罪量的明确性以及罪刑均衡性的两大核心问题。

第四章:数量刑法学之规范性构造。针对“模糊罪量—数字刑量”的明确性障碍和均衡性难题,探寻不同于司法解释、案例类比、学理解释、裁判经验的数量应对方案。首先,解决模糊罪量的明确性。在对模糊罪量程度、评价因素及其关系、评价因素权重的模糊性进行深度剖析的基础上,通过对模糊罪量量化必要性和可行性的论证,运用模糊数学与层次分析法,构建了模糊罪量的综合评价模型,并通过司法实践案例展示了综合评价模型在模糊罪量明确性判断上的具体应用。其次,在罪行 Δx 与刑量 Δy 的线性关系基础上,通过对数字刑量进行连续化构造,为“模糊罪量—数字刑量”均衡模型的构建和应用创造前提条件。最后,构建“模糊罪量—数字刑量”量刑均衡模型。在模糊罪量综合评价模型的基础上,通过“模糊罪量—数字刑量”模型的指标体系构建和因素权重确定,构建了“两维度、三阶段”的均衡模型,归纳了其适用的基本方法和步骤,并通过司法实践案例展示了均衡模型的具体应用。

第五章:数量刑法学之实践性展开。数量刑法学之规范性构造是从立法和理论出发对“模糊罪量—数字刑量”的数量解决方案,数量刑法学还擅长探索刑事司法实践中的“数”“量”及其关系,从实践中发现罪刑特征和规律,反馈于立法修正、理论验证与创新。通过分析理论和实践中存在较大争议的典型罪名,在大量面板数据、案例数据的基础上,围绕着定罪、量刑和行刑3个核心问题,展示数量刑法学之实践性路径。首先,对于罪量要素之间的关系,以贪污罪为例,在18,392例量刑裁判的基础上,通过量化模型的构建、变量设计、回归分析及稳健性检验后得出结论,澄清了理论界关于“数额与情节”两个罪量要素在贪污罪中的关系争议,并归纳出了数额与情节竞合后的司法适用参考标准。其次,对于罪量标准的科学设置,在对18,392例贪污罪量刑裁判、人均 GDP 和司法统计数据量化分析的基础上,论证了贪污罪入罪数额的提高是消解罪刑不均衡的时际冲突、区际冲突以及惩罚边际效应内部冲突的应然之举,并发现了数额阶梯的设置不科学,造成贪污罪轻刑率高、缓刑适用率高和量刑畸轻分布的实质性从轻变轨,进而提出了适应司法实然样态、经济发展水平以及与入罪数额相匹配的数额阶梯修正思路。最后,对于刑罚适用的效果评估,以食品安全犯罪为例。在 55 部涉食品违法犯罪的法律规范性文件、8062 例食品安全犯罪的量刑裁判基础上,本章通过对刑罚适用的量化分析,发现对食品安全犯罪"从严"刑事治理的刑事政策下,在司法实践环节却存在从轻的偏向,具体表现为自由刑偏轻、罚金数额偏低、缓刑适用率偏高。为贯彻食品安全犯罪"从严"刑事政策,提出了自由刑的合理裁量区间、罚金刑的合理额度、缓刑的严格适用等刑罚裁量的匡正对策。

第六章:数量刑法学之现代性拓展。面对"智慧法院"和"智慧检务"的实践探索、我国信息化建设规划的具体要求以及现代科技在刑法中的未来应用,围绕着刑法中"数""量"及其关系的核心问题,以数量、数据为沟通桥梁,将互联网、大数据、人工智能等科学技术融入刑法学,试图夯实数量刑法学的规范性基础,提高数量刑法学的实践性效率。首先,在刑事一体化的思想下,提出构建基于刑事一体化数据库的大数据平台,通过阐述大数据平台的数据来源、数据类型及数据挖掘方法,为刑事立法和司法决策提供可靠的数据支撑。其次,在对人工智能与数量刑法学相结合的现状、可行性和优势进行论证分析后,以 BP 人工神经网络为例,在 4977 例贪污罪量刑裁判的基础上,通过人工神经网络的机器自我学习,全面展示了人工智能在数量刑法学中的模型构建、结果分析以及在司法实践中的具体应用。最后,针对数量刑法学现代性拓展的发展完善,提出探索信息科技应用的维度和深度、促进信息科技与刑法理论的融合、加强复合型刑法学科人才的培养三方面路径。

目　录

导　论　1

一、选题缘起及背景　1

二、国内外研究现状　6

三、理论与实践意义　10

第一章　数量刑法学之基本范畴　14

第一节　数量刑法学的内涵及特征　15

一、数量刑法学的概念溯源　15

二、数量刑法学的内涵界定　17

三、数量刑法学的特征描述　22

第二节　数量刑法学的定位及功能　25

一、数量刑法学的定位　25

二、数量刑法学的功能　29

第三节　数量刑法学的内容及研究方法　34

一、数量刑法学的研究内容　34

二、数量刑法学的研究方法　40

第二章　数量刑法学之理论基础　46

第一节　数量刑法学的哲学基础　47

一、唯物辩证法的质量互变规律　47

二、认识与实践的辩证关系原理　49

三、数学哲学影响下的数理逻辑　52

第二节 数量刑法学的法理基础 56
一、法律不确定性基础上的确定性 56
二、法律中应然与实然的对立统一 60
三、法经济学视野下法的可计算性 64
第三节 数量刑法学的刑法基础 68
一、罪刑法定原则的明确性追求 68
二、罪刑均衡原则的数量化观念 72
三、刑事一体化下的整合性需要 76

第三章 数量刑法学之本体性探究 81
第一节 刑法中"数"的内涵及其体系 82
一、刑法中"数"之规范及其类型划分 82
二、以区间为基本因子的"数字刑量体系" 85
三、刑法中"数"的确定性可能及归宿 87
第二节 刑法中"量"的内涵及其体系 89
一、刑法中"量"之规范及其类型划分 89
二、以估量为基本因子的"模糊罪量体系" 93
三、刑法中"量"的确定化可行性与必要性 96
第三节 刑法中"数—量"的关系结构 98
一、"模糊罪量—数字刑量"关系结构 98
二、数量关系结构的明确性和均衡性问题 101

第四章 数量刑法学之规范性构造 107
第一节 模糊罪量明确化的规范路径 108
一、模糊罪量程度及其评价因素的模糊性 108
二、模糊罪量量化的必要性和可行性论证 116
三、模糊罪量量化的具体路径及实际应用 120

第二节 数字刑量连续性的规范构造 143
一、总则刑种之间的连续性构造 144
二、分则个罪刑量的连续性构造 148
第三节 罪刑均衡模型的规范化架构 150
一、“模糊罪量—数字刑量”量刑模型的指标设置 150
二、“模糊罪量—数字刑量”量刑模型的权重确定 158
三、“模糊罪量—数字刑量”量刑模型的体系架构 167

第五章 数量刑法学之实践性展开 174
第一节 罪量要素的权重界定——以贪污罪数额与情节的关系为例 175
一、“数额与情节”关系的理论争议 175
二、“数额与情节”关系的量化分析 177
三、“数额与情节”关系的量化结论 192
第二节 罪量标准的科学设置——以贪污罪数额修正的合理性为例 200
一、数额修正后的理论争议 201
二、数额修正的合理性证成 203
三、数额修正之缺陷及完善 212
第三节 刑罚适用的合理评估——以食品安全犯罪为例 220
一、立法层面的“既严又厉”规定 221
二、司法层面的实质性“从轻”异化 223
三、“从严”刑事政策下的匡正对策 227

第六章 数量刑法学之现代性拓展 232
第一节 数量刑法学之大数据平台搭建及应用 233
一、刑事一体化的数据库结构 233
二、数据库的数据来源及类型 236
三、大数据平台下的数据挖掘 239

第二节　数量刑法学之人工智能拓展及应用　246
一、人工智能的拓展现状　247
二、人工智能的具体应用——以 BP 神经网络为例　250
第三节　数量刑法学之现代性拓展完善　257
一、探索信息科技应用的维度和深度　257
二、促进信息科技与刑法理论的融合　259
三、加强复合型刑法学科人才的培养　261

结　语　263

主要参考文献　265

后　记　274

导　论

一、选题缘起及背景

（一）选题缘起

缘起之一：老一辈刑法学家的数量刑法学探索和现代召唤是选题的信念之源。我国数量刑法学的思想启蒙于20世纪七八十年代。著名科学家钱学森于20世纪70年代末提出了法治系统工程的建议。[①]之后，其在全国首次法制系统科学研讨会上，聚焦于法学的现代化建设，提出了专家系统、知识工程、人工智能在法律中的综合应用和以此为基础建立“数量法学”的理论设想。[②]在“数量法学”的召唤下，20世纪八九十年代开始，老一辈刑法学家如深圳大学邓建煦教授、中南财经政法大学郑昌济教授、华东政法大学苏惠渔教授、武汉大学赵廷光教授等，对刑法学进行了多维度的数量化探索。北京大学储槐植教授基于刑法中广泛存在的数量关系，于1988年首次在刑法学中提出了“建立一门新的刑法分支学科《数量刑法学》的设想”。[③]但遗憾的是，囿于我国高中教育长期实施的文理分科制度，加之法学本科和研究生教育大多没有开设数学相关的课程，老一辈刑法学家对刑法学的数量研究并未得到深入和推广，造成了后续的数量刑法学研究不但未出现学术的繁荣，而且出现了断档期。时隔31年后，储槐植教授再次正式呼吁对

---

① 参见钱学森：《大力发展系统工程，尽早建立系统科学体系》，载《光明日报》1979年11月10日，第2版。

② 参见钱学森：《现代科学技术与法学研究和法制建设》，载《政法论坛》1985年第3期。

③ 储槐植：《我国刑法中犯罪概念的定量因素》，载《法学研究》1988年第2期。

数量刑法学进行系统性研究，提出："随着实证研究的进一步推进，特别是大数据时代的到来，将会带来法学研究范式的革命性变化。构建数量刑法学的客观条件将逐渐成熟。"[①]重行老一辈刑法学家的数量探索之路，响应其对数量刑法学的现代召唤，运用数量方法研究刑法的公平和正义，时刻激励着笔者选题的信念和决心。

缘起之二：15 年的刑法学数量研究是选题的兴趣之源。笔者自刑法学专业硕士毕业后，进入理工科院校进行了 15 年的刑法学教学和科研工作，参与了许多理工科类相关的课题论证和数量化研究，深受理工科的实验数据、数量分析、数学论证等自然科学研究范式的影响，进而萌发了刑法学是否也能借助数量研究范式进行探索的疑问和兴趣。笔者通过对概率论和数理统计、微积分、线性代数、模糊数学等数学知识的系统性学习，在国民经济数据、行政监管数据、纪检监察数据、司法数据等大量面板数据和近 10 万份不同类别的裁判文书的基础上，开展了以数量为基础、以数学方法为指引的多项刑法学研究，逐渐形成了"象—数—理"和"理—数—理"的刑法学研究思路。数量化的研究范式和结论在一定程度上得到了学界的认可，笔者分别在《法学》《法商研究》《中国刑事法杂志》等 CLSCI（中国法学核心科研评价来源）期刊独立发表多篇以数量分析为基础的刑法学文章，并被人大复印报刊资料全文转载 2 篇。这更加激励了笔者对数量刑法学进行研究的兴趣和热情。

缘起之三：数学与法学的历史"同根性"巧遇是选题的动力之源。数学与法学似乎是毫不相干的两门学科，但却存在历史上的"同根性"巧遇。对数学的发展史进行梳理考察，可以发现众多著名数学家都是法学出身。（1）被誉为"代数学之父"的法国数学家韦达，年轻时在普瓦捷大学攻读法律，后任律师。[②]（2）被誉为"解析几何之父"的法国数学家笛卡尔，1612 年到波埃顿大学攻读法律，1616 年获得了法律博

---

① 储槐植、何群：《论我国数量刑法学的构建》，载《中国法学》2019 年第 3 期。

② 参见孙剑编著：《数学家的故事》，长江文艺出版社 2015 年版，第 23 页。

士学位。[①] (3)和牛顿一起被誉为"微积分之父""数理逻辑创始人"的法国数学家莱布尼茨,1661 年进入莱比锡大学学习法律,1664 年以论述法学基本理论问题的《论法学之艰难》论文,获得哲学硕士学位。[②] (4)提出著名的"费马大定理"的法国"业余数学家"费马,年轻时,分别在奥尔良和图卢兹两所大学攻读法律,正式职业是一名律师。[③] (5)著名的荷兰数学家、物理学家和天文学家惠更斯,16 岁时进入莱顿大学攻读法律和数学,1655 年获得法学博士学位。[④] (6)被誉为"有限差分理论奠基人"的英国数学家泰勒,1709 年在剑桥大学取得法学学士学位,1714 年获得法学博士学位。[⑤] 另外,哥德巴赫、达朗贝尔、韦塞尔、拉梅、西尔维斯特都曾学习过法律,具备深厚的法学专业背景。为什么历史上众多著名数学家都从法学学科背景中产生?法学是如何滋养这些著名数学家的?这似乎源于法学本身所需的精确性和逻辑的严密性,需要进行多维度、多层次、多角度的推敲论证,与数学分析的严谨性有异曲同工之处。这样的历史性巧遇或者说法学思维的严密性孕育了大量的数学家,极大地促进了数学学科的发展,但遗憾的是,具有法学背景的数学家们并未将数学理论回馈于法学,而是走向了数学、物理学、天文学、生命科学等自然科学领域。如今,经济学、心理学、社会学等社会科学已经较为成功地运用了数学家的研究成果,但我国的刑法学研究并未系统性利用数学思维来支撑刑事推理和论证。相对其他部门法而言,由于涉及剥夺犯罪人的生命和自由,刑法学要求更为精确和严密的推理论证,更加科学合理的责任认定和刑罚分配机制。能否采用数学方法加强刑法学的推理严密化、精确化和系统化?让数学与法学的历史"同根性"巧遇在刑法学中重现,从而探索立足于中国国情的

---

① 参见孙剑编著:《数学家的故事》,长江文艺出版社 2015 年版,第 28 页。

② 参见张祖贵、张藜编著:《百科全书式的科学大师:莱布尼茨的故事》,广东教育出版社 2004 年版,第 11~13 页。

③ 参见孙剑编著:《数学家的故事》,长江文艺出版社 2015 年版,第 33 页。

④ 参见刘枫主编:《从牛顿谈经典力学》,阳光出版社 2016 年版,第 108 页。

⑤ 参见王志勇主编:《复变函数与积分变换》,华中科技大学出版社 2014 年版,第 76 页。

数量刑法学，便成为选题的重要动力之源。

（二）选题背景

社会的现代化转型催生数量刑法学的主体性构建。当前社会正在进行互联网、大数据、人工智能等现代化转型，“互联网 +”“大数据 +”“人工智能 +”已经成为现代社会各领域进行主体性构建、认识论革新、方法论改进的重要路径。数据和算法在当前社会中的作用日益凸显，启发着人们的数量化思维转型。蕴藏于其中的实证思路、精准性追求和智慧性探索，对刑法学的实践性、合理性和现代性提出了更高的要求。然而，在研究路径上，当前刑法学界主要进行“刑法学 + for”研究，即解决和应对互联网、大数据、人工智能等技术带来的刑法问题，相关学术著作可谓汗牛充栋。但是，却少见“刑法学 + by”研究，即将互联网、大数据、人工智能等思维和技术引入刑法学，进行主体性建构、认识论革新和方法论改进。虽然也有一些刑法学者将概率论与数理统计、线性代数、微积分等数学方法融入刑法学研究，[①]从中“得出了许多定性分析所无法获得的结论”[②]，探索出不同于传统刑法理论的“数”“量”研究新路径，但是，现有刑法学的数量研究集中在基于概率论和数理统计的实证分析，并多见于刑法中的个罪，缺乏对数量刑法学的本体性认识和系统性构造。刑法学不可能在社会的现代化转型中置身事外，也需要在现代信息科技的基础上拓展和进步，以量化为基础的数量刑法学可以充分利用数学思维和现代信息技术进行主体性构建，推动

---

① 不同数学方法融入刑法学的研究举例：通过对 20 年来《刑法》修正涉及的 100 多个罪名进行数理统计分析，发现我国刑法犯罪圈的 3 环结构（参见白建军：《犯罪圈与刑法修正的结构控制》，载《中国法学》2017 年第 5 期）；在近 3000 份裁判文书样本的基础上建立统计回归模型，提出故意伤害案件中赔偿影响量刑的机制及其完善路径（参见高通：《故意伤害案件中赔偿影响量刑的机制》，载《法学研究》2020 年第 1 期）；引入高等数学中的微分进行数理模型的论证和建构，探索在法经济学视域下危害食品安全犯罪的司法介入（参见陈灿平、韩薇薇：《危害食品安全犯罪司法介入的法经济学分析》，载《法学杂志》2019 年第 9 期）；在主成分分析中，引入线性代数中的矩阵、特征值和特征向量，探索盗窃罪的量刑规范化（参见吴道霞、刁海璨：《量刑如何规范化：基于盗窃罪量刑案例的实证分析》，载《数理统计与管理》2020 年第 5 期）等。

② 陈兴良：《老而弥新：储槐植教授学术印象》，载陈兴良主编：《刑事法评论》第 21 卷，北京大学出版社 2007 年版。

刑法学自身的现代化发展。

国家治理体系和治理能力现代化召唤数量刑法学的主体性建构。法治能力的现代化建设，是实现国家治理体系和治理能力现代化的重要内容，①“科技方法的综合运用，可以不断提升国家的治理能力，拓展法治的重要实践路径”。② 所以，应用现代科学技术，进行国家治理体系和治理能力现代化的制度安排已经展开。《国家信息化发展战略纲要》将“智慧法院”的建设作为推进国家治理现代化的重要内容。③《“十三五”国家信息化规划》《“十四五”国家信息化规划》将“智慧法院”和“智慧检务”作为支持善治高效的国家治理体系构建的重要环节。④ 当前，以数据和算法为基础的“智慧法院”和“智慧检务”建设已经在全国稳步推进，其不仅涉及刑事程序问题，而且已经深入到定罪和量刑等刑事实体判断。然而，其后台的数据和算法往往由非刑法专业的技术人员操控，导致数据的可信性、量化的合理性、实体性算法和模型的科学性是否符合刑法学基本理论备受质疑，进而凸显了刑法学理论和量化分析知识相融合的必要性。在数量刑法学内部进行并完成合理的量化方案选择、算法设计和模型构建，有利于“智慧法院”和“智慧检务”的科学架构。

我国的新文科建设为数量刑法学提供了学科构建的现实基础。“我国的‘新文科’建设发端于2018年，教育部高教司在‘四新’建设中明确表述为‘新文科’。”“新文科”倡导从传统研究方法向现代科技方法的转变，文科和理工科的交叉融合，定性方法和定量方法的统一。“从知识生产、学术创新角度看，新文科必须善于利用大数据、云技术、

① 参见彭中礼：《国家治理能力是什么：现代法治理论的框架性回应》，载《东岳论丛》2020年第4期。

② 彭中礼：《智慧法治：国家治理能力现代化的时代宣言》，载《法学论坛》2020年第3期。

③ 2016年中共中央办公厅、国务院办公厅印发的《国家信息化发展战略纲要》第29条规定：“……建设“智慧法院”，提高案件受理、审判、执行、监督等各环节信息化水平，推动执法司法信息公开，促进司法公平正义。”

④ 2016年国务院印发的《“十三五”国家信息化规划》规定，实施“科技强检”战略，积极打造“智慧检务”。

虚拟仿真技术等来推进文科学问生产方式的升级,改进社会调研、自然实验的操作范式,全力借助生活场景仿真、社会行为模拟、数据处理方式改进等来提升人文社科研究成果的硬度与可信度。”具体到法学领域,徐显明教授提出:“要懂算法,要会人工智能,构建互联网法学、算法法学。”①当前,法学界已经出现了“数量法学”“计算法学”“人工智能法学”等学科概念,各大高校也在开展法律大数据实验室和研究平台的建构,新文科启发下的“新法学”研究和学科体系构建正在紧锣密鼓地展开。在各部门法中,刑法学要求更加精确和严密的推理论证,更需要借助新科技、新思维进行定量化研究。在新文科的建设中,学者们更应弥补刑法学定量研究的不足,将数量思维、数学方法、现代信息科技与刑法学进行融合,促进刑法学定性和定量研究的整合创新。在此背景下,数量刑法学的构建已经具备较强的政策指引和现实需求。

二、国内外研究现状

(一)国内研究现状

我国刑法学家储槐植教授于1988年在《法学研究》上刊文,在刑法学界首次正式提出建立数量刑法学的理论构想。② 杨卫平教授认为:“数量刑法学的研究,将有助于克服我国目前刑法只侧重于定性描述,不注重定量描述的不足。”③刘瑞复教授进一步定义了数量刑法学,认为:“数量刑法学,以数量刑事关系为对象,研究犯罪构成、刑罚的数学基础,研究犯罪对社会有害影响的评价及其防范措施的科学性。”④

20世纪八九十年代,刑法学界展开了数量刑法学的第一轮进路探索,将各种数学方法应用于刑法学研究。1983年、1984年《中国社会科学》连续刊登两篇文章讨论模糊数学在刑事审判环节的应用,解决环

---

① 徐显明:《新文科建设与卓越法治人才培养》,“新文科建设工作会议”大会发言,2020年11月于威海,第7页。

② 参见储槐植:《我国刑法中犯罪概念的定量因素》,载《法学研究》1988年第2期。

③ 杨卫平:《试论刑法学中的质和量——刑法学中的哲学问题初探之一》,载《政法学刊》1989年第3期。

④ 刘瑞复:《当代市场经济与数量法学》,载《中外法学》1996年第4期。

境污染案件的刑事责任认定(邓建煦等,1983;刘金锁,1984);郑昌济教授论证了数学模型在量刑中应用的可能性、必要性和运算方法(郑昌济,1986);孙国矛教授用严格的数学方法论证了数罪并罚的数学表述(孙国矛,1987);苏惠渔、张国全、史建三和武汉大学赵廷光教授进行了量刑上的数学和计算尝试,在《中国法学》上分别发表《未来的"电脑法官"——电脑辅助量刑专家系统论》(苏惠渔、张国全、史建三,1988)、《〈电脑辅助量刑系统〉的一般原理》(赵廷光,1993)等文章;还有学者在经济价值假设的基础上,讨论量刑的数学方法(张赞华等,1995)。

21世纪以来,刑法学界展开了数量刑法学的第二轮实证进路探索,主要将概率论和数理统计方法应用于刑法学的实证研究。刑法实证研究的典型代表是北京大学的白建军教授。他从实证的角度探索数量刑法学的实然层面,论证刑法的公平正义,分别发表了《罪刑轻重的量化分析》(白建军,2001)、《犯罪轻重的量化分析》(白建军,2003)、《量刑基准实证研究》(白建军,2008)、《犯罪圈与刑法修正的结构控制》(白建军,2017)等诸多实证分析文章。也有学者将实证研究运用于累犯从严的量刑适用(劳佳琦,2016)、中国减刑程序的公平性(林喜芬,2016)、刑事禁止令的适用状况(李洪杰,2017)等刑法总论问题;还有学者从实证的角度探讨我国受贿罪量刑地区差异问题(王剑波,2016)、醉酒型危险驾驶罪中的量刑影响因素(文姬,2016)、故意杀人罪死刑裁量机制(王越,2017)、毒品犯罪死刑控制(梅传强等,2019)等个罪理论。

国内研究现状主要呈现出以下几个特点:其一,数量刑法学的概念提出较早,但并未出现较为系统的数量刑法学研究。虽然许多学者将数量或数学方法运用于刑法学的研究,但仅仅只涉及刑法学的某个局部,抑或将一种数学方法(比如概率论、数理统计)运用于刑法学的实证领域,并未形成系统性的数量刑法学。其二,数量刑法学的本体研究不足,缺乏主体性地位。我国刑法学的大多数研究成果集中于注释刑法学和理论刑法学,数量刑法学研究相对较为薄弱。同时,涉及数量刑法学的研究仍然停留在将数量或数学作为一种方法来研究刑法学,没有深入挖掘数量刑法学中“数”和“量”的本体价值。其三,现有数量刑法学研究具有应因性和个别性的特点,造成了数量刑法学研究的零散性,难以形成系统性共识。其四,数量刑法学的研究方法仍有待拓展和优化。现有研究方法大多停留在初等代数领域,虽然概率论和数理统计已经成功运用到刑法实证研究,模糊数学也在定罪和量刑的运用中初见端倪。但对于微分学、积分学、线性代数,计算数学、拓扑学、运筹学等高等数学理论的应用仍然欠缺,大数据、人工智能等现代信息科技在数量刑法学中的应用还有待拓展。

(二)国外研究现状

笔者通过 Web of science 网站,以“math”及其不同的后缀组合单词(如 mathematical、mathematician 等单词),加上“criminal jurisprudence”“criminology”“law”“penalty law”等单词的组合,遍历了所有外文期刊(含所有法学类外文期刊),检索出 299 篇相关文献,将其中与我国数量刑法学提出和探索时期相近的文献进行梳理如下:

20 世纪 70 年代开始,数理逻辑已经被应用于刑事审判、刑事证据的认定、犯罪学等的研究,特别是概率论和数理统计的运用已经初步具有系统性。哥伦比亚大学法律学者和哈佛大学统计研究人员,提出使用贝叶斯定理来帮助陪审员评估证据的可信度,以便确定被告人有罪的概率(M. O. Finkelstein and W. B. Fairley,1971);Finkelstein(芬克尔斯坦)是纽约律师和哥伦比亚大学的兼职教授,他不懈地倡导在法律分析和决策过程中使用统计技术,1978 年出版了《法律定量方法:研究数学概率论和统计学在法律问题中的应用》一书,阐述了法律中的定量方法,特别是概率论和数理统计在法律中的应用(Michael Finkelstein,1978);David F. Greenberg(大卫·格林伯格)于 1979 年出版了《数学犯罪学》一书,旨在通过让犯罪学家熟悉目前用于犯罪研究的数学工具,提高犯罪学以及其他社会科学的数学素养水平,并比较系统地介绍了回归和相关性、概率模型、确定性模型运用于犯罪学的研究方法(David F. Greenberg,1979)。

20 世纪 90 年代,数学建模、人工智能较为深入地被运用于刑事推理、犯罪成立的认定和刑罚裁量的实务操作。Karpf(卡普夫)探讨了法律范畴的建模问题(J. Karpf,1991);肯塔基大学的法学和数学教授提出了:"如何以足够紧密的方式将法律体系与数学逻辑的公理体系进行联系和类比应用"(J. M. Rogers and R. E. Molzon,1992);日本新一代计算机技术研究所和信息处理开放中心的研究人员开发了《刑法》的法律推理系统"HELIC-Ⅱ",参考成文法(法律规则)和司法判例(旧案件)得出特定案件的刑事法律结论,并论证了法律推理和并行推理模型的有效性(Y. Ohtake et al.,1994);澳大利亚墨尔本大学的研究学者,通过对苏格兰和新南威尔士州的量刑信息系统进行分析,评估量刑信息系统的理论和实践,作为法官过去法院量刑实践的统计信息来源,提出量刑信息系统可能具有促进司法公正的潜力(A. Lovegrove,1999)。

进入 21 世纪,全球刑事法学的许多研究学者都尝试将数学方法运用于刑事法学和实务工作,并产生了许多重要的研究成果。加利福尼亚大学黑斯廷斯法学院法学博士通过在陪审团裁决中纳入模糊逻辑,提出了一个"模糊"的特别裁决形式和程序来"去模糊化"裁决(M. T. Nguyen,2008)。威斯康星大学经济系学者,评估使用各种时间序列方法来衡量死刑的威慑效果,建立了杀人和执行的时间序列性质与个体决策之间的数学联系(K. K. Charles and S. N. Durlauf,2013)。奥尔巴尼大学洛克菲勒公共事务与政策学院和刑事司法学院的研究学者,建立了辩诉交易理论的形式化数学表达,通过对来自 1585 名检察官、辩护律师和法官参与办理的案件假设作出回应,提出了对辩诉交易的数学实证检验(S. D. Bushway et al.,2014)。印度的计算机和人工智能研究学者,使用模糊神经网络算法解决在谋杀案中法官的决策问题,并在 C + + 编程中实现了不同隶属度函数的仿真模型,证明了其所提出的模型是谋杀案分类的合适工具(M. M. Janeela Theresa and V. Joseph Raj,2013)。新西兰学者通过来自两个青少年监狱网站的 60 名青少年(16 ~ 19 岁)的数据,对获释青年(51 人)4 年后综合再犯罪率进行了评估。调查者在控制了其他已知的风险因素之后,通过计算逮捕率、严重性和犯罪释放后的持续性来预测未来犯罪的可能性(J. J. Rucklidge et al.,2013)。伊朗马什哈德菲尔多西大学 F. Sabahi & M.-R. Akbarzadeh-T 提出了可能性—概率—有效性分布(PPVD)的新颖框架,检验在模糊概率框架内有效性度量在自动司法决策中的作用,并依据此框架计算定罪和无罪释放的有效模糊概率(F. Sabahi & M.-R. Akbarzadeh-T,2014)。

国外研究现状主要呈现出以下几个特点:其一,研究人员具有多种学科背景。将数理逻辑应用于刑事法学领域的研究人员不仅具有法学专业背景,还涉及数学、心理学、经济学、软件工程、人工智能等专业。可以看出,国外数量刑法研究逐渐形成在刑法和数量基础上的多学科交融合作研究。其二,研究方法上较为成熟。除传统的经典数学方法(如数学分析、线性代数、集合论、概率论等)外,现代数学中的微分方程、拓扑学、随机分析、随机模拟与图论等,已被广泛应用于刑事法学的研究中。随着大数据时代的到来和人工智能的发展,国外数量刑法的相关研究还运用编程语言、大数据、机器学习等。其三,数量研究学术共同体逐渐形成。数量刑法学的研究除了有许多有价值的学术论文,还有许多实用性较强的数量研究模型及计算机程序,形成了一套从理论到实践的学术研究共同体。另外,国外还有专门的定量法学、定量犯罪学等学术期刊,形成了关于数量研究较为庞大的学术群体。其四,研究方法缺乏统一标准,研究视域较为微观且缺乏系统性。国外学者将某种数学方法运用于刑事法学的研究,但该种数学方法是否恰当,是否是最优选择,该种数学方法的应用有何局限性等问题,也存在诸多学者之间的质疑和争议。和我国一样,国外学者对数量方法的应用局限于某一个领域或某一个理论,亦具有零散性、应因性、个别性的特点,缺乏数量研究的本体性探索和宏观上的系统性架构。

三、理论与实践意义

(一)研究的理论意义

促进我国刑法学的现代化发展和主体性构建。一方面,社会高速发展对刑法学科提出了新的要求。但是,我们往往将社会发展中的现代信息技术作为刑法学科的对象进行研究,例如用刑法规制互联网、大数据、人工智能等,而忽视了新科技发展对刑法学主体性构建的影响,导致刑法学科与社会高速发展的不平衡,使刑法学科处于被动地位。数量刑法学通过发挥数量在刑法学与计算机、大数据等多学科之间的桥梁作用,借力当代新科技与时代发展协力并进。另一方面,我国刑法学的发展先效仿苏俄刑法学,后学习德日、英美刑法学,在一定程度上削弱了我国刑法学的自身特性和价值。当前我国的信息科技特别是5G技术走在了世界的前列,数量刑法学的构建,试图利用现代社会的研究方法和信息技术,以中国问题为中心,探索一套独特的中国刑法学研究范式,建立具有中国特色的刑法学话语体系。

促进刑法学理论研究的多元共融发展。一方面,当前的刑法学研究受不同思维和价值取向的影响,往往存在诸多争议,且由于缺乏可进行检验的理论模型和实证基石,这些争议难以证实或者证伪,造成学科中的争议长期存在且很难达成共识,进而导致了立法和司法实践的徘徊和困惑。数量刑法学以现有刑法理论为基础,以刑事立法和司法实践为归宿,架构理论模型和刑事实践之间的桥梁,可以为现有注释刑法学和理论刑法学提供更合理的数理和经验支撑,促进刑法学理论研究的多元共融发展。另一方面,数学的本质在于思考的充分自由,数量刑法学不受限于不同学术体系和权威观点之间的争议,基于数字的确定性、可验证性、可重复性,崇尚数量推理和结论的正确性,为现有理论提供判断标准,让争议从原来的“越辩越明”到数量的“越证越明”,释放学术研究的活力,进而提出合理的中国方案。

架起刑法学与犯罪学、关联学科的桥梁,发展刑法学。一方面,犯罪学依靠数理统计和数学模型的支撑和论证,而现有刑法研究更倾向于注释刑法学和理论刑法学,数量刑法学在刑事一体化的思想下,通过量化研究范式清除二者因研究路径不同而造成的融合障碍,试图让犯罪学中的重要的研究成果促进刑法学科的发展。另一方面,刑法学科的发展需要运用其他社会学科的研究成果,例如主观方面需要借助心理学的知识,客观方面需要借助经济学里面的行为选择和博弈。心理学已经通过实验心理学、心理统计学、心理测量学展开量化研究,经济学也已通过数理经济学、计量经济学得出重要结论,与刑法学相关联的学科较为成功地运用了数量分析。刑法学作为一门法学类的社会科学,也有运用数量分析的可能性和必要性,数量刑法学试图让这一可能性和必要性成为现实,并打通以前缺乏数量逻辑的学科沟通障碍,将心理学、经济学、社会学等社会学科的重要研究成果运用到刑法学中,促进刑法学科的深入发展。

架起迈向现代刑法学的桥梁。数量刑法学以数量为研究对象,以数学方法为研究手段,试图架起刑法学与计算机科学之间的沟通桥梁,将计算机算法、机器学习、大数据、人工智能等现代科技运用到未来刑法学研究中,促进刑法学的纵深发展。

(二)研究的实践意义

促进立法的科学性。成熟的数量刑法学,可以通过对现有刑法学理论进行算法和量化模型架构,结合大量的面板数据和个案数据进行检验和优化,为刑事法律的"立改废释"提供较为确定和科学的参考标准。

提高司法效率和促进司法公正。当前刑事司法实践面临"案多人少"的现状,严重制约着刑事司法效率的提高。数量刑法学的建立,试图驾乘"大数据""人工智能""机器学习"等信息科技,为提高司法裁判的效率和促进司法公正提供智力支持。

检验"智慧法院"和"智慧检务"的实体性算法和模型。刑法学关于现代信息科技的研究和应用程度不高,制约着"智慧法院""智慧检务"等国家治理体系和治理能力现代化的建设步伐。当前在全国开展的"智慧法院"和"智慧检务"不仅是程序性效率问题,而且已经涉及定罪概率和量刑计算等刑事实体智能判断。但实体性判断的算法提供者提供的实体性算法和模型是否符合刑法学理论,需要数量刑法学进行判断和检验。

将数学引入法学教育,促进刑法学的学科建设和科学研究。我国正在积极开展的新文科建设，数量刑法学倡导法学教育中开设高等数学、大数据分析、人工智能等相关课程，加强数量刑法学、实证刑法学、计算法学、数据法学、人工智能法学等课程和教材的建设，拓展学生的数量化以及信息科技研究视野，增强学生的研究兴趣，进而“反哺”刑法学的学科建设和科学研究。

第一章　数量刑法学之基本范畴

研究自然科学需要数学，现在看来研究社会科学也得用数学，数学是处理量变和质变的辩证统一关系的一门学问。①

——钱学森

任何事物都包含着质和量的规定性，在唯物辩证法质量互变规律的指引下，我国刑法采用了“定性＋定量”的立法模式。然而，刑法学研究历来偏重质的规定性，对量的系统性认识不足和充分性研究欠缺，造成刑法学质量研究失衡。刑法中的“数”“量”及其关系作为一种客观存在，是定罪量刑中不可回避的问题，关系着定性的准确性和定量的适当性，加之刑罚涉及剥夺犯罪人的自由甚至是生命，相比其他部门法而言，更需要在量化基础上的精准判断。老一辈法学家提出了数量研究在法学现代化进程中的重要意义，但囿于当时研究方法的跟进力度不足，法学中的数量研究一定程度上处于停滞状态。当前社会面临向互联网、大数据、人工智能的现代化转型，给予刑法学运用现代科技进行量化分析的时代意识和契机。基于此背景，笔者深入研究数量刑法学命题，挖掘数量刑法学的内涵和价值，界定数量刑法学的内容和方法，研究刑法领域内“数”“量”的规定性，促进刑法学定性研究和定量研究的融合发展。

---

① 钱学森：《现代科学技术与法学研究和法制建设》，载《政法论坛》1985 年第 3 期。

第一节　数量刑法学的内涵及特征

数量刑法学源于刑法中广泛存在的数、量及数量关系，孕育于法治系统工程对法学中定量因素的重视，发端于老一辈法学家提出的数量法学，由储槐植教授于1988年正式提出，于2019年再次呼吁构建。数量刑法学具有独立的研究对象、认识逻辑和研究方法，具备自由性与开放性、规范性与实证性、可检验性与承继性等特征。

一、数量刑法学的概念溯源

（一）孕育于法治系统工程

我国著名科学家钱学森于1979年在《光明日报》发表文章，首先提出了建立法治系统工程的建议，并指出系统工程要有具体的系统分析方法，要用数学理论，定量地处理系统内部关系。① 为确保法治系统工程的科学性和可行性，罗辉汉教授提出："应当在开展法治系统工程研究中把数学科学的'概率性'、'离散数学'和'模糊数学'的科学思想、科学原则和方法引入法治系统工程"，②并将法治系统工程简要概括为："法治系统工程＝系统科学＋马列主义法学＋数学方法＋电子计算机技术"。③ 在具体的路径上，吴世宦教授提出："法治系统工程学方法既注重定性同时也注意尽可能的定量，力求清晰与精确。"④面向我国社会主义现代化建设而提出的法治系统工程，对于蕴含了数学思想和方法的法学定量研究，法学界兴起了通过定量或纯粹的数理分析进行社会主义法治论证之风，探索法治系统工程最优解的新学热潮，奠定了数量与法学相结合的思想基础。

---

① 参见钱学森：《大力发展系统工程，尽早建立系统科学体系》，载《光明日报》1979年11月10日，第2版。

② 罗辉汉：《略论法治系统工程的特点和方法》，载《法学杂志》1983年第4期。

③ 罗辉汉：《法治系统工程及其研究途径》，载《中山大学学报（哲学社会科学版）》1985年第4期。

④ 吴世宦：《法治系统工程研究在中国》，载《系统工程》1991年第3期。

(二)发端于数量法学

1985年全国首次法制系统科学讨论会在中国政法大学举行。在本次讨论会上,围绕法学的现代化、科学化,以及怎样将现代科学方法和新技术成果引进法学研究和法治建设等问题,著名科学家钱学森进一步论证了定量研究在法学现代化中的重要作用,并首先提出了"数量法学"的概念。① 老一辈法学家们展开了关于数量法学的理论探讨和论证,倪正茂教授认为,法学现代化对法学研究方法的要求体现在"从定性分析走向定性与定量分析并举,从传统哲学方法走向运用系统论、信息论和控制论等现代科学方法"。② 孙国华教授认为"建立数量法学,使我们的决策更科学、更精准",③并提出"现代以系统论、控制论和信息论为代表的科学群的崛起,为法学基础理论运用定量分析提供了可能"。④ 刘富起教授通过对国外人工智能、知识工程和专家系统的介绍,进一步提出:"从长远的发展观点来看,实现法学研究手段现代化,离不开'数量法学'。"⑤舒国滢教授虽然质疑当时的"三论",但并不反对以数量为基础的法学研究。其认为:"系统科学与其他自然科学对传统法学冲击的事实,是任何主观上的逆向努力所无法改变的。慎重地吸收、借鉴、改造系统科学的理论和方法——这就是我们必须做出的选择。"⑥刘瑞复教授基于"社会关系—数量关系—法律关系"的客观存在基础,较为系统地提出了数量法学的概念、研究领域、主要任务、学科结构及未来发展。⑦ 老一辈法学家对将数量引入法学理论研究的

---

① 参见钱学森:《现代科学技术与法学研究和法制建设》,载《政法论坛》1985年第3期。

② 倪正茂:《现代化与法学现代化简论》,载《上海社会科学院学术季刊》1986年第2期。

③ 张涵:《我国法学基础理论学科的现状与前景——访博士生导师孙国华教授》,载《法律学习与研究》1986年第7期。

④ 孙国华、郭华成:《我国法学基础理论的回顾与展望》,载《法律学习与研究》1988年第3期。

⑤ 刘富起:《寻求法学研究思维方法最优化的有效途径》,载《吉林大学社会科学学报》1988年第1期。

⑥ 舒国滢:《在法学领域引进系统科学的趋向》,载《政法论坛》1988年第6期。

⑦ 参见刘瑞复:《当代市场经济与数量法学》,载《中外法学》1996年第4期。

极力推崇和对数量法学概念的深入论证，为数量刑法学的产生奠定了理论基础。

(三)数量刑法学的正式提出

在法治系统工程和数量法学的影响下，储槐植教授基于刑法中广泛存在的定量因素及诸多数量关系，于1988年在刑法学界首次提出数量刑法学的定义和建立数量刑法学的初步设想，提出："建立某些数学模型，用以比较精确地反映刑法的某些规律，便于刑事司法工作的实际应用，这是该学科的目的和任务。"[①]杨卫平教授基于刑法学中的质和量分析，肯定了数量刑法学研究的重要意义，认为："数量刑法学的研究，将有助于克服我国目前刑法只侧重于定性描述，不注重定量描述的不足。"[②]刘瑞复教授进一步定义了数量刑法学，提出："数量刑法学，以数量刑事关系为对象，研究犯罪构成、刑罚的数学基础，研究犯罪对社会有害影响的评价及其防范措施的科学性。"[③]至此，数量刑法学的概念正式进入刑法学研究视野，后续涉及定量因素、罪刑关系等的学术研究，常常提及数量刑法学的重要意义和作用，但限于数量刑法学概念并不清晰、内涵体系并不明确，加之法学教育中数学相关课程的缺漏，既懂刑法学又懂数学的人才较少，造成数量刑法学仅存于概念，深入而实质的研究并未得到系统性展开。时隔31年后，储槐植教授等于2019年在《中国法学》发表《论我国数量刑法学的构建》一文，基于刑法实证研究的深入和大数据时代的到来，再次呼吁构建基于中国国情的数量刑法学。[④] 由此，数量刑法学再一次进入刑法学的研究视域。

二、数量刑法学的内涵界定

尽管数量刑法的概念提出时间较早，但内涵挖掘不足，研究边界不

① 储槐植：《我国刑法中犯罪概念的定量因素》，载《法学研究》1988年第2期。

② 杨卫平：《试论刑法学中的质和量——刑法学中的哲学问题初探之一》，载《政法学刊》1989年第3期。

③ 刘瑞复：《当代市场经济与数量法学》，载《中外法学》1996年第4期。

④ 参见储槐植、何群：《论我国数量刑法学的构建》，载《中国法学》2019年第3期。

明,主体性建构缺失,成为深入研究和拓展数量刑法学的障碍。基于我国刑法中存在的定量因素和数量关系,数量刑法学不仅是一种方法论的研究,而且是具备独立的研究对象、认识逻辑和研究方法,以刑事立法和司法中的“数”“量”及其关系为研究对象,以定量分析和数理逻辑为主要认识路径,运用模糊数学、线性代数、概率论和数理统计等数学方法以及现代信息科学技术,探寻刑事立法和司法的特征和规律,对刑法问题进行数量解释、判断和预测的刑法学分支学科。

(一)数量刑法学独立的研究对象

我国刑法“定性+定量”的立法模式,使得定量因素的规定性和内涵价值贯穿于《刑法》的制定、修正和司法适用的每个环节,在追求罪刑实质正当化的过程中,不得不面临定量因素的考察。学界对定量因素在刑法中的性质存在客观处罚条件说、构成要件说、可罚的违法性说、超过的客观要素说等不同学说,重视定量因素在定罪量刑中的重要作用。然而,仅以定性方法考察定量因素,具有先天性的缺失,无法给出关于定量因素中“量”的客观判断标准,往往造成犯罪认定的界限模糊和刑罚裁量的估堆判断,与明确性原则产生矛盾,也可能造成司法实践中的罪刑失衡。数量刑法学以定量研究为中心,将刑法中的“数”“量”及其关系作为研究对象。

数量刑法学以刑法中的“数”“量”为研究的基础对象。《刑法》中包含着大量的“数”“量”规定,在犯罪成立的认定上主要表现为“量”的规定性,如“情节严重”“数额较大”“后果严重”等规定;在刑罚的确定上主要表现为“数”的规定性,如“三年以下有期徒刑”“三年以上十年以下有期徒刑”等规定。《刑法》中的“数”“量”规定与定量研究具有先天的融合优势,使之成为数量刑法学的研究基石,也使得数量刑法学具备独立存在的地位和价值。例如,关于情节程度“量”的规定,《刑法》中规定了“显著轻微”“轻微”“较轻”“较重”“严重”“恶劣”“特别严重”“特别恶劣”等8种不同的立法表达,仅凭借定性分析难以准确判断各种程度的界限;再如,关于刑罚“数”的规定,不仅涉及区间数、均数、众数、中位数等概念,还要解决从立法的区间数(法定刑幅度)到司法确定数(宣告刑之数)的推演,还涉及均数、众数、中位数等数理分析,如果仅依靠定性分析,难以对刑量进行精准和均衡的认定。

数量刑法学以刑法中的“数”“量”关系作为研究的主要对象。刑法中“量”的规定性主要体现于对罪量大小的衡量,刑法中“数”的规定性主要体现于对刑量轻重的判断。追求罪刑均衡的过程,实现罪量与刑量的统一,要求罪量大小与刑量轻重的契合,形式上表现为罪行规定之“量”与刑量规定之“数”的均衡。数量刑法学在对罪量大小正确界定的基础上,从定量分析的角度,以不同“量”之间的权重关系、“数”与“量”的均衡关系为主要研究对象。罪量大小的评估涉及多个方面的因素,数量刑法学通过定量分析各种因素的权重大小,并综合各种因素评价罪量的大小,然后对接刑量之“数”,以期从定量的角度实现罪刑均衡。

(二)数量刑法学独立的认识逻辑

数量刑法学以数理逻辑作为认识的主要逻辑。根据研究对象和方法的不同,逻辑学主要分为形式逻辑、辩证逻辑和数理逻辑等,在刑法领域,“形式逻辑的判断侧重于对法条的形式特征的界定,尤其是涉及对法条之间逻辑关系的确定”。[①] 恪守形式逻辑是罪刑法定的要求和体现,并且一直对刑事立法、刑事司法具有重要意义。然而,以同一律、矛盾律和排中律为基础的形式逻辑,在立法和司法的三段论推理中,仅能给出“非此即彼”的二值逻辑判断,难以应对诸如“显著轻微”“轻微”“较轻”“较重”“严重”“恶劣”“特别严重”“特别恶劣”等多值逻辑和“亦此亦彼”的模糊逻辑判断,对于刑法中的“数”“量”问题往往也无法给出精确的标准和严格的界限,存在认识上的局限或不足。数理逻辑是数学和逻辑学的交叉,推理的形式结构通过数学语言和数学方法进行,其数学化和精确化的特征能很好契合刑法中的“数”“量”及其关系,并解决刑法中存在的“数”“量”问题,填补定量认识上的盲区。

---

① 陈兴良:《刑法教义学的逻辑方法:形式逻辑与实体逻辑》,载《政法论坛》2017年第5期。

同时，数量刑法学还能通过符号化、数字化的推演和模型构建，在实践应用中架起刑法学与现代信息科技应用沟通的桥梁。

数量刑法学以“象—数—理”和“理—数—理”作为认识的主要进路。其一，“象—数—理”认识进路中的“象”主要是指刑事立法和刑事司法的实践状况，“数”是通过设置相应的变量指标体系和建立数理模型，将刑事立法和刑事司法中的“象”转化为可以量化的数字和数学模型，“理”是通过对量化后的数字和数学模型进行定量分析后，得出反映刑事立法和刑事司法的特征和规律。“象—数—理”认识进路贴近于刑法学的实证研究，需要大量与刑法相关的数据的支撑，包括刑法条文、刑事司法解释、刑事裁判文书及相关的其他数据，在真实反映刑事立法和司法实际情况的同时，探寻刑事立法和司法实践的公平正义。其二，“理—数—理”认识进路中的“理”主要是指刑法学中可量化分析的各种理论及相关立法规范，如涉及罪量和刑量的各种理论及相关立法规范。“数”是将各种刑法理论及相关立法规范进行数学化和模型化的量化架构，“理”是通过数学化和模型化的推理，得出反映刑法各种理论及相关立法规范的具备科学性和实践性的结论。“理—数—理”的认识进路更贴切于规范性的数理研究，侧重于微积分、线性代数、模糊数学等数学方法在刑法中的运用。“象—数—理”和“理—数—理”的认识进路并非相互独立，“象—数—理”认识进路中的“数”离不开刑法的“理”进行合理的量化评估，“理—数—理”认识进路中的“数”有时也需要刑事立法和刑事司法中的“数”进行支撑、推理和印证。

数量刑法学将探索的数量关系、规律及模型运用于刑法实践，这是认识的最终归宿。数量刑法学以刑法中的“数”“量”为认识的逻辑起点，以立法实践中的应然之数和司法实践中的实然之数及其关系为认识的来源，运用数学方法构建数量模型或判断准则，形成数量刑法学的知识库。可以说，数量刑法学的研究来源于立法实践和司法实践，最终又服务于刑事立法和刑事司法。所以，数量刑法学将刑法问题通过抽象的数学符号和运算公式进行推理论证，虽然具备独立的价值，但却并不是最终目的,将探索的数量关系、规律及模型运用于刑法实践,才是数量刑法学认识的最终归宿。

（三）数量刑法学独立的研究方法

从广义上讲,刑法学的研究方法包括哲学方法、社会学方法、心理学方法、经济学方法等。从狭义的角度来看,刑法规范的研究方法又包括价值分析法、逻辑注释法、实证分析法、比较分析法、历史沿革分析法等方法。[①] 刑法学的研究方法作为一种认识手段,必须服务于所研究的对象,正是基于研究对象或研究视域的不同,刑法学的研究方法呈现出各自不同的特点。数量刑法学以刑法中的“数”“量”及其关系为研究对象,必然要以数量分析方法为主要研究方法来研究刑法中的数量特征、数量关系、数量界限和数量模型等问题。具体而言,进行刑法学的数量分析,必须在刑法基础理论的指导下,充分利用数学有关原理和通用方法,进行数量处理和理论模型构建,从而探寻刑法中的数量特征、关系和发展规律。所以,通过数学符号和数学运算对刑法中的“数”“量”及其关系加以推导、演算,形成对刑法问题的解释、判断和预测的数学方法便成为数量刑法学的主要研究方法。同时,数学方法契合于刑事立法的高度抽象性和概括性,并具备推理过程的严密性和结论的确定性特征,还能满足刑事司法应用普遍性和可操作性的实践需求。

数量刑法学独立的研究方法主要体现于应然、实然和应用 3 个层面。其一,应然层面的确定性研究方法。例如,罪刑法定的明确性问题,需要从立法的模糊表述中寻求并建构确定性界限的判断准则;再如,对罪刑均衡的追求,需要对罪量和刑量进行准确刻画,并对其轻重大小进行一致性判断和模型构建。所以,需要运用模糊数学、线性代数、微积分等数学方法描述和研究刑法应然层面的特征和规律。其二,实然层面的随机性研究方法,即利用概率论和数理统计描述和研究刑法实践中的各种现象,探寻立法和司法实践中的规律,研究随机刑法现

---

① 参见陈璐:《刑法学研究方法分类研究》,载《时代法学》2010 年第 2 期。

象在刑法中的作用和影响,进而反馈于刑事立法和司法的改进。其三,应用层面的数值运算和逻辑运算。在应然层面和实然层面的数理模型和数量模型被建构后,往往存在大量的数值运算和逻辑关系运算,完全依赖人工已经无法做到快速、准确的计算。数量刑法学的研究结论要服务于刑事司法实践的需求,在应用层面还必须利用诸如 MATLAB(矩阵实验室)、SPSS、Python 等数学分析、数据处理和编程软件,进行智能化和高速化的运算和判断,进而维护刑事司法的公正与提高刑事司法的效率。

三、数量刑法学的特征描述

数量刑法学以定量分析和数理逻辑为主要认识路径,以数学方法为主要的研究范式,交融了刑法学和数学的属性,使得数量刑法学具备了自由性与开放性、规范性与实证性、可检验性与承继性的特征。

(一)自由性与开放性

我国刑法学的研究引介自苏俄刑法学,后又受到以德日为代表的大陆法系刑法理论和英美刑法理论影响,不同的刑法理论汇入我国的刑法研究,形成了刑法学的不同主张和流派。多种刑法研究思维和价值取向融合于刑法学,各自都具有逻辑自洽性和完备性。在相同问题的解释判断上,由于其背后的理论基础不同,往往形成不同的观点且难以达成共识,并渐渐沦入自说自话的学术话语圈,甚至使刑法研究学者陷入何种学术槽的前提性抉择困境。纯粹的理性思辨由于缺乏实证检验的基石,刑法中的争议难以被证实或者证伪,造成刑法学中的争议长期存在,进一步导致立法和司法实践的徘徊和困惑。

数量刑法学不受限于不同学术体系或权威观点之间的争议。数量刑法学没有时空的限制,没有学术地位高低的限制,也不存在学术槽的限制。以定量分析为主的数量刑法学,基于数字的明确性、数学推理的严密性和结论的确定性,充分利用数学可自由思考的特质,不拘泥于不同学术流派争议的限制,显示出极大的灵活性和开放性,可以让诸多学者自由地利用数学进行刑法学的创造性研究,从刑法争议的"越辩越明”到数学论证的“越证越明”，进而提出刑法学研究的中国方案。同时，数量刑法学还会以独立的数理模型和实证研究结论，反馈于刑法学研究，检验当前学术争议的正确性，具有独立的学术判断能力。

数量刑法学可以打破学科壁垒，促进开放的刑法学跨学科研究。长期以来刑法学的研究更倾向于理论刑法学和注释刑法学，注重定性分析，忽视定量分析，且局限于刑法之中的研究。陈兴良教授提出了刑法知识转型的命题，认为应在刑法之上、刑法之中、刑法之外和刑法之下等 4 个维度研究刑法学，①并提出人文社科知识的吸收是实现刑法知识转型重要路径。② 刑法学科的发展需要借助心理学、社会学、经济学等关联学科的研究成果，但这些学科已经成功运用数量分析手段，仅依靠纯粹的思辨论证已经难以与刑法之外的学科进行有效沟通。数量刑法学借助数量分析手段，不仅能够打破与其他学科的沟通障碍，将其他学科优秀的研究成果运用于刑法学之中，还能促进刑法学与其他学科之间的跨学科研究，吸引其他学科的优秀人才研究刑法学，促进刑法学的纵深发展。

（二）规范性与实证性

作为面向法律实践的刑法学，突出强调立法和司法实践两个环节，重视刑事规范、经验和认识的归纳与证明。数量刑法学通过对刑法实践中的规范、经验和认识进行归纳，提出相应的假设或有待证明的命题或理论，并通过对刑事规范、经验和认识的量化分析，证实或证伪所提出的假设、命题或理论；在对刑事司法实践进行客观描述和统计分析的基础上，解释刑事司法实践的运行现状及规律，并通过证实的经验或理论，对刑事司法实践进行指导，对其发展变化问题进行预测判断。这样的论证过程包含了数量刑法学的规范性和实证性。

数量刑法学的规范性是以刑法中的“数”“量”为研究基础，主要以

---

① 参见陈兴良：《刑法知识的转型与刑法理论的演进》，载中国人民大学法学院《人大法律评论》编辑委员会编：《人大法律评论》总第 7 辑，法律出版社 2009 年版。

② 参见陈兴良：《刑法学：向死而生》，载《法律科学（西北政法大学学报）》2010 年第 1 期。

刑事立法为研究的出发点,将刑法中的“数”“量”的规定性进行数学的解释、论证和模型的建构。一方面数量刑法学统合刑法价值分析和相关学科知识,对刑法中“数”“量”规定的合理性进行论证,通过量化的方法提出刑法“应当如何”的参考标准,反馈于刑事立法和司法解释,如刑事责任年龄的设置、贪污罪入罪数额的设置、法定刑的设置等问题。另一方面数量刑法学通过对刑法中的“数”“量”进行量化分析,提出刑法规范较为科学的量化标准,进而指导刑事司法的判断和运用。如“情节”不同程度的量化判断标准、数额与情节的关系认定等问题。

数量刑法学的实证性是以司法中的“数”“量”为研究基础,主要以刑事司法为研究的出发点,揭示在刑法规范的指导下,刑事司法实践呈现出的特征和规律,并通过实证研究结论反馈于刑事立法。一方面,刑事司法实践的实证分析,可以总结司法实践的规律,并通过量化分析的方式,构建数学模型,作为司法实践的检验和参考标准,促进司法实践的公正和提高效率。另一方面,刑事司法实践的实证分析,可以发现规范应然和司法实然之间的差距,总结二者差距的原因,反馈于立法的修正或司法部门进行实践的纠偏。

(三)可检验性与承继性

从科学的角度来看,刑法学研究不是为了纯粹的理论争议,而应在刑法实践的基础上,通过严密的推理和论证,发现问题和规律,推导出有利于指导立法和司法实践的结论。数量刑法学通过量化分析,可以大胆地提出假设或命题,将假设或命题经过充分严密的推理和论证,最后得出的结论还需具备相同条件下的可重复性,并能接受刑法实践的检验。“可检验性”意味着必须以刑法实践为基础,这也是刑法学进一步迈向科学性的重要标准。另外,实践动态变化的客观性要求在检验结论的基础上,运用类似于数学中的公理、公设、定理的形式,进行更深入的推理论证和精耕细作,得出更加精细和准确的量化分析结论。这样的过程运用了数学的推理形式,体现了数量刑法学的承继性特征,也是数量刑法学可以不断发展的方向和动力。

数量刑法学的可检验性是指量化分析的结论或模型,因形成较为科学的判断准则,并在相同情境下可重复性实验以赋能于刑法理论、立法和司法实践各个环节,进而对立法和司法实践形成明确的指引。数量刑法学的可检验性来源于数字的明确性、数学方法的通用性和数学推理论证的可重复性,在不断地假设、推理和论证的过程中,让刑法学问题"越证越明",并不断向科学性迈进。

数量刑法学的承继性兼顾了刑法学的积累性和发展性。刑法学的研究是多维度的研究,数量刑法学得出的分析结论,又可以成为深入推理和论证的前提,形成环环相扣的研究整体,并得以进一步地升华发展。同时,数量刑法学的研究范式与相关人文学科能进行有效沟通,使得数量刑法学能不断地扩展。数量刑法学的可检验性和承继性是一个整体,只有通过实践检验的结论才能成为下一步量化研究的前提,任何环节的论证不严密,都会导致局部或者整体的错误。

第二节　数量刑法学的定位及功能

数量刑法学在定性研究的基础上重视刑法中的"数""量"及其关系的研究,定位于弥补传统刑法学定量研究的不足,实现刑法学定性研究和定量研究的有机结合;为传统刑法学提供实证资料和检验标准,推动思辨研究和实证研究的合理融合;为传统刑法学提供更广阔的研究视域和方法,促进刑法理论专业性和发展性的统一。此外,数量刑法学在定量因素的科学量化、刑罚的合理配置、量刑均衡模型的构建以及刑罚执行效果的评估等方面,还具有独立的功能价值。

一、数量刑法学的定位

"改革开放以来,我国刑法学研究大体经历了注释刑法学—理论刑法学—注释刑法学与理论刑法学并重这样三个阶段。"①对刑法条文进行形式解释或实质解释的知识谱系,采用刑法解释、规范分析、价值

① 刘仁义:《从刑法注释到刑法解释学》,载《环球法律评论》2010 年第 5 期。

判断和逻辑分析等方法，形成了一系列的规则和理论，提升了我国刑法学的理论品质。然而，“从在我国刑法学研究占据相当优势的注释刑法学研究来说，视域狭窄、过分注重形式解释的倾向仍然明显”，[①]造成理论的思辨性较强、重定性研究，但是开放性不足、脱离实践等问题。过于抽象的研究缺乏可操作性，一定程度上造成刑法理论与司法实践的脱节；仅重视定性研究，对刑法中客观存在的“数”“量”及其关系的认识显得捉襟见肘；陷于自身逻辑自洽性中的封闭和束缚，难以达成理论的共识和学科之间的交叉融合。数量刑法学在一定程度上能弥补以上传统刑法学定量研究的不足，二者相辅相成、各取所长、有效结合，促进刑法研究的融合发展。

(一)定性研究和定量研究的有机结合

我国刑法“定性 + 定量”的立法模式，使得无论采用“四要件”、“三阶层”或“二阶层”的犯罪构成理论，都无法回避定量因素的考察。刑罚配置的科学性和刑罚裁量的合理性，也离不开罪量与刑量的权衡。定量因素已然独立成为在认定犯罪成立及刑罚裁量中的重要内容，具备其自身的客观性和科学性意义。传统刑法学对犯罪成立中的“数额”“情节”“后果”等定量因素存在诸多争议且难以形成共识，在刑罚的配置和裁量上长期依赖经验估堆的方法，在最重要的罪量和刑量两环节中，陷入过于主观的判断，难以给出客观和科学的标准。

数量刑法学将刑事立法和司法中的“数”“量”作为主要研究对象，在传统刑法学定性分析的基础上，利用定量分析方法，对定量因素进行更为精细化和合理化的研究，给出罪量和刑量较为客观和科学的判断标准。虽然一些刑法研究学者或许会反对量化或科学性的提法，认为刑法无法被机械的数字表达，甚至会牺牲掉刑法的自身价值，但刑法中的定量因素却是刑法学永远无法绕开的命题。数量刑法学无意改变从定性分析到定量分析的刑法学研究进路，仅是针对刑法中的定量因素

① 张旭：《中国刑法学研究：现状梳理、问题分析与发展前瞻》，载《当代法学》2020 年第 6 期。

提倡运用定量的分析方法,实现各自在定性和定量具体问题上的优势。在分析过程中,定量研究也需要借鉴定性分析方法及其研究结论,将刑法学的定性研究与定量研究有机结合。

(二)思辨研究和实证研究的合理融合

传统刑法学研究从概念、命题到结论的三段论推演过程,具有较强的思辨性,能很好地揭示和论证刑法的概念、刑法的本质、刑法的价值等应然性问题。但是,由于缺乏实证的基础,传统刑法学难以具备较强的确定性和普适性;过于抽象的思辨性特征,与刑事实践脱离,造成刑法理论的践行力不足;缺乏实证资料支撑的思辨结论,客观性不足,造成刑法理论的解释力不强。虽然也存在案例刑法学的研究方法等进行补充,但其局限于个案的经验、解释和判断,无法从中统观刑事实践的全貌,难以给予普适性的标准,且在极端个案的影响下,容易动摇刑法理论的确定性。刑法学是一门实践性的学科,要求理论研究必须联系刑法实践,根植于刑法实践的理论才具备生命力。

刑法理论应来源于实践,指导实践并能接受实践的检验。数量刑法学“象—数—理”的认识进路扎根于刑法实践,通过概率论和统计学的应用,描述立法和司法实践中的特征和规律,排除小概率极端个案对刑法理论的冲击,提供刑法实然层面的真实全貌,推进理论研究的客观性和实践性;同时,数量刑法学“理—数—理”的认识进路通过合理的假设检验、回归分析或模型构建等具体分析方法,可以发现“应然与实然之间的距离、法学知识的相互印证、留得住的法学成果、法学通说的证否、法学理论的边界与局限”①等问题,促进理论研究的科学性。可以说,数量刑法学一方面为刑法理论研究提供了坚实的实践基础,让刑法研究充满实践性和生命力;另一方面,通过实证的检验,发现应然和实然的差距、诸多刑法争议中的问题及通过实践检验的正确的理论观点,进一步指导刑事立法和司法实践。数量刑法学并非否认传统理论

① 白建军:《法学研究中的实证发现——以刑事实证研究为例》,载《政治与法律》2019年第11期。

研究的重要性和地位，只是在“理论—理论”纯粹思辨的研究进路上加入实践因素，形成“实践—理论—实践”循环往复的研究步骤，真正促进思辨研究和实证研究的合理融合。

（三）刑法理论专业性和发展性相统一

高铭暄教授认为：“刑法学研究方法论上的贫乏主要表现在固守刑法学原有的研究方法，而较少引进其他社会科学和现代自然科学的方法论。”[①]传统刑法学往往局限于封闭的知识系统，以刑法规范为核心，围绕犯罪与刑罚进行解释和论证；束缚于静态刑法规范之上的研究，局限于注释刑法学或理论刑法学的单一化面向，使得刑法学的研究呈现出“实质判断、规范判断越来越多，形式判断、事实判断越来越少”[②]的局面。

陈兴良教授曾提出：“我国刑法学首先应当大力发展刑法教义学，在此基础上，再开展刑法学其他学科的研究，逐渐形成我国的整体刑法学。”[③]整体刑法学的发展，需要汲取其他学科的养分和融入新的研究范式。针对此问题，有学者提出：“在保留传统的研究范式的基础上，要尝试新的研究范式，要冲破专注刑法规范研究的藩篱，在刑法研究的深度和广度上寻找突破点。”[④]数量刑法学符合整体刑法学发展的要求，作为新的研究范式，能为传统刑法研究提供更广阔的研究视域，坚持刑法理论专业性的基础上，促进刑法理论的更深、更广发展。

数量刑法学带来定量分析的思维，可以顺利理解并借鉴其他学科的优秀成果，充实刑法理论的专业性。国内外的犯罪学逐渐将定量分析融入犯罪现象、犯罪原因、犯罪预测和预防中。在刑事一体化的思想下，犯罪学定量研究得出的成果，能促进刑法学的专业性发展。但由于对定性研究的专注和对定量研究结论的忽视，传统刑法研究往往难以

---

① 高铭暄、周洪波：《“九五”以来刑法学研究状况及发展趋势》，载《政治与法律》2000年第5期。

② 周光权：《论常识主义刑法观》，载《法制与社会发展》2011年第1期。

③ 陈兴良：《刑法知识的教义学化》，载《法学研究》2011年第6期。

④ 张心向：《社会学视阈中的刑法学研究范式》，载赵秉志主编：《刑法论丛》第12卷，法律出版社2007年版。

理解和吸纳其研究结论，造成犯罪学和刑法学的学科沟通障碍，难以形成刑事一体化的研究格局。另外，刑法学中的许多理论无法通过自身的逻辑推演得到确定性的结论。如刑事责任年龄的提高需要借助社会学知识、责任要素的判断需要借助心理学知识、客观行为的认定需要借助经济学中的选择和博弈等。这些学科已经展开了量化研究并得出了许多重要结论，如何借鉴其合理的内核和成果，提高刑法学的解释力，需要解决定性和定量在研究范式上的沟通障碍。数量刑法学的量化研究范式与犯罪学等关联学科的量化分析在方法上具有一致性，能架起学科沟通的平台和桥梁，促进其他学科的重要研究成果融入刑法学，提升刑法学的专业性。

数量刑法学能拓展刑法研究的视域，促进刑法学的多维发展。其一，传统刑法学的解释和论证多以个案为出发点。数量刑法学通过实证的路径，打破个案研究的局限和弊端，可以呈现成千上万案件的特征和规律，进而扩展传统刑法研究的视域。其二，传统刑法学的研究较为宏观，且论证的维度和依赖的论据较为单一。数量刑法学可以容纳多因素的判断，不仅能发现多个自变量与因变量的关系，还能发现多个自变量之间的关系，为传统刑法学扩展出更精细化的结论和研究视域。其三，在当前的信息社会，刑法学的发展无法逃避互联网、大数据、人工智能等的现代化技术的挑战。数量刑法学打下的量化基础，构造的数理模型和数据模型，可以通过编程等技术手段，赋予刑法网络化、数据化、智能化的发展视域，在数量刑法学的基础上，促成刑法学向诸如实证刑法学、计算刑法学、智能刑法学等方面拓展的可能。

二、数量刑法学的功能

罪与刑是刑法学研究的两个中心问题。定罪、量刑和行刑是刑法学研究的三个核心内容。限于定量分析的不足，“长期以来，我国刑法学界十分注重定罪的研究，比较忽略量刑的研究”①和行刑的研究。数

① 张苏：《量刑根据与责任主义》，中国政法大学出版社2012年版，第1页。

量刑法学通过数理逻辑,可以科学量化定罪问题中的定量因素,合理配置刑罚并指导精准化量刑,有效评估刑罚适用。

(一)定量因素的科学量化

刑法中的定量因素主要体现在衡量罪量的大小上,是大量基本犯、加重犯、减轻犯成立的必要条件。我国《刑法》"定性+定量"的立法模式,使得对大多数犯罪的认定,不仅要考虑行为的正确定性,还需要考察行为的正确定量。即使符合行为类型,如若没有达到定量的要求,也不能成立犯罪。如《刑法》中大量存在的"数额较大""情节严重""后果严重"等立法表达,从定量角度给出了数额犯、情节犯、后果犯的成立条件,司法适用中倘若没有达到定量的标准,也不能认定为犯罪。同时,定量因素也是大量加重犯和减轻犯的成立条件,如《刑法》通过"数额特别巨大""情节特别严重""后果特别严重"等立法表达刻画加重犯,通过"情节较轻"等立法表达刻画减轻犯,在加重犯和减轻犯的认定过程中,也需要进行定量因素的考察。

定量因素较为抽象和概括的立法表达并不明确,具有一定的模糊性。数额达到多少,才属于"数额较大",情节达到什么程度,才属于"情节严重",纯粹的定性认识无法全面触及定量因素的合理性、正当性和规范性。目前,我们主要依赖司法解释进行数额规定和情节列举进行明确化,或者通过公布指导案例和典型案例进行类比明确化,对于司法解释缺位和没有案例指导的定量因素,只能依赖于学理解释和裁判者的经验。但是,如数额界限的合理性、情节列举的完备性和正当性、情节与数额之间的权重关系等问题,往往会有较大的理论分歧和实践争议。缺少量化思维的主观性解释和裁判经验,使得定量因素在适用过程中的客观性和科学性不足,造成犯罪认定的标准并不统一。

数量刑法学对定量因素进行科学的量化,使之从"语言的模糊"走向"数字的清晰",并为定量因素的适用提供较为客观的判断标准。对于情节和后果型定量因素而言,由于其严重程度采取了"显著轻微""较轻""严重""特别严重"等较为抽象和概括性的模糊语言表达,模糊数学中的模糊隶属度函数、模糊变换、模糊综合评判等方法,恰好契合于情节和后果型定量因素的明确化界定，通过多因素模糊综合评价模型的建立，为其提供较为客观的量化适用标准；对于数额定量因素而言，其直接与数字相关，具备较强的明确性，但数额标准的合理性和正当性仍是需要论证的问题，如贪污罪的入罪数额由 5000 元提高到 30,000 元的合理性论证。对此，数量刑法学的重点在于结合其他学科的知识，构建基于社会学、经济学、心理学等指标体系上的量化模型，确定和评判各种数额标准的合理性，为立法的修正以及标准的制定，提供基于量化分析的参考结论。

（二）刑罚的合理配置及裁量

数量刑法学促进刑罚的合理配置。罪刑均衡原则是刑罚合理化配置的重要原则，体现了“从刑种的选用到刑罚量的计算，从类罪到具体个罪刑罚配置的科学程度”，[①]单凭经验或估堆的方式难以完成计算的均衡性和科学性要求。自由刑、罚金刑、资格刑的设置与数字关联上的紧密性赋予了数量刑法学顺利介入刑罚配置分析的正当性基础，通过量化分析范式，对刑罚配置中的数字进行内涵挖掘，对刑罚配置合理性进行论证，为刑罚配置的精确性提供量化方案。其一，刑法中“数”的规定性在刑罚配置中出现最多，除去少数绝对适用的死刑或无期徒刑，每个罪名的刑罚配置都与数字相联系，包括管制、拘役、有期徒刑、罚金刑、从业禁止等都有数字的明确规范，形成了以数字为基础的刑罚结构和体系。数量刑法学介入刑罚配置分析，带来了刑罚的连续性和有界性、刑罚阶梯、刑罚幅度、刑罚的导数、边际效应及拐点等新的数量内涵和命题。其二，数量刑法学带来刑罚的新内涵，能结合刑法相关学科的知识和数据，在刑罚体系的整体均衡原则下，对刑罚的配置进行合理性论证。包括刑种的选择、刑量起点和刑量区间（幅度）的设置。其三，数量刑法学还可以基于大量的实证研究结论或独立的实证分析，为个罪的刑罚配置提供较为明确的数量参考标准。如陈兴良教授运用“正态分布”的统计学专业词语及内涵，就曾提出了贪污贿赂犯罪“532”的

---

① 何群、储槐植：《论我国刑罚配置的优化》，载《政法论丛》2018 年第 3 期。

刑罚配置标准,即根据司法实际案件数量的实证分析,确定以较轻犯罪占 50%,较重犯罪占 30%,特别严重犯罪占 20%,作为刑罚科学合理配置的标准。①

数量刑法学促进量刑的规范化,缩小裁量的差异,促进司法公平和提高司法效率。罪刑均衡原则不仅要求刑罚的科学配置,还需要在司法环节的科学适用。然而,由于量化分析的不足,在定性分析、综合判断基础上的一次性估堆式量刑,主要依赖于裁判者的法律意识和经验,缺乏量刑的明确说理,导致"量刑本身所要求的定量化与决定量刑诸因素的非定量性之间形成了尖锐矛盾",②影响刑事司法的公正和透明,罪刑不均衡现象难以杜绝。为了解决估堆量刑的弊端,我国通过发布《关于常见犯罪的量刑指导意见(试行)》、发布指导案例和典型案例、增强裁判文书的说理等路径,进行了量刑规范化的理论和实践探索,但目前的量刑规范化中数学的应用缺少模糊数学基础,主要依赖于精确数学之原理,其有时过于绝对化,使司法裁判缺乏灵活性,极端情况下甚至会出现裁判结果为零或负数的尴尬情形。数量刑法学力图"准确把握量刑规范化之数量化方法的数学基础"③,通过刑罚配置中的数量内涵挖掘,统一司法裁判过程中的量纲,细化各种影响量刑的主要因素及权重值,在理论模型的基础上,构建个罪的司法裁量模型;在模型的应用过程中,设置相应的阈值和可调整幅度,增强裁判模型的适应度和灵活性,供司法裁判者参考适用;另外,成熟的裁量模型可以通过现代化的网络技术、数据等,使之成为能智能化自主学习、自我更新的智能模型,提高刑事司法的公正性和效率。

(三)刑罚适用的有效评估

"刑罚的功能只有外化为效果才能表明自己的存在,没有刑罚的

---

① 参见陈兴良:《贪污贿赂犯罪司法解释:刑法教义学的阐释》,载《法学》2016 年第 5 期。

② 邓修明:《我国刑罚裁量模式与刑事判例机制》,载《现代法学》2006 年第 1 期。

③ 石经海、严海杰:《中国量刑规范化之十年检讨与展望》,载《法律科学(西北政法大学学报)》2015 年第 4 期。

效果，刑罚的功能之有无便无从证明。由此观之，刑罚的效果又是刑罚的功能的检验标准。”①对刑罚适用效果的评估关系到刑罚功能的实现，同时也为立法的修正和司法裁判提供经验基础。如醉驾入刑后，自2019年起，在审结的刑事案件中，危险驾驶罪案件的数量超越盗窃罪，高居刑事案件数量首位，引起了许多人大代表和学者从多角度论证，提出在立法上取消危险驾驶罪或调整其入罪标准的建议。② 再如，有学者通过对刑罚实施效果的模型构建和量化评估，发现“刑罚威慑网络著作权犯罪的实际效能不明显，表明修正前的侵犯著作权罪对网络著作权犯罪的惩治效果不理想”，③进而提出针对司法裁判的修正措施。可见，刑罚的实施并非与刑法学相互独立的环节，而是对刑事立法和司法有着重要的影响。

数量刑法学可以为刑罚适用进行有效的测量和评估。数量刑法学的量化分析路径，可以呈现刑罚适用的总体状况、在个罪中的实施效果和存在的问题，为立法的修正提供坚实的经验基础；数量刑法学可以呈现司法裁判中罪与刑的特征、规律，总结和发现裁判中存在的问题，为司法裁判的整体均衡和科学性提供实证分析结论；数量刑法学在量化分析的过程中，不局限于刑法学的规范因素，还可以容纳诸如刑事政策、犯罪状况、经济发展情况、人口分布与密度、区域发展规划、个人特质等不同的因素，建立更为完善的评测指标体系，科学合理地对刑罚适用的总体效果进行有效评估，注重刑罚效果和刑罚效益、法律效果和社会效果的统一。

数量刑法学可以提供更多维更深入的刑罚适用效果结论。当前的刑罚实施效果，我们还局限于描述性统计的环节，通过犯罪的数量、犯罪率、初犯率、再犯率等单一指标进行刑罚适用效果的评价。这种未纳入

---

① 邱兴隆等：《刑罚学》，群众出版社1988年版，第129页。

② 参见何小敏：《代表建议：取消醉驾型危险驾驶罪，对酒驾事故从重处罚》，载腾讯网，https://new.qq.com/omn/20210309/20210309A08SH800.html。

③ 李芳芳：《网络著作权犯罪刑罚威慑效能实证研究——以〈刑法修正案（十一）〉对侵犯著作权罪的修改为背景》，载《山东大学学报（哲学社会科学版）》2021年第3期。

其他指标的单因素分析不能体现社会发展的总体情况,往往难以得出正确的结论。数量刑法学可以利用更加丰富的量化分析手段,通过假设检验、回归分析、数学建模等手段,进行更多维更深入的效果评测,科学构建评价指标体系,能给出更加精准的评测方案、评测标准和评测结论。

第三节　数量刑法学的内容及研究方法

以刑事立法和司法中的"数""量"及其关系为核心的数量刑法学的研究内容涵盖了对数量刑法学自身的哲学、法理学、刑法学和数学等基础理论的探索,与刑法理论的交互验证,以及刑法学的现代化拓展等内容。其理论层面需要运用如模糊数学、线性代数等数学方法,实践层面需要运用如概率论、统计学等数学方法,以及现代化拓展层面需要运用如统计分析与建模、人工智能计算与建模、计算机编程等方法。

一、数量刑法学的研究内容

(一)数量刑法学的基础理论

数量刑法学的基础理论是数量刑法学得以展开的合理性和必要性依据,是其能不断向纵深拓展并形成独立研究体系的理论根基。当前对刑法中"数""量"及其关系的研究结论,量化分析方法的应用,由于缺少理论基础的论证,常常遭受理论界的质疑和否定。目前存在的许多数量研究范式和结论,由于理论基础的论证不足,难以被划归到相应的数量研究体系中,具有零散性、应因性和个别性的特点,导致研究结论晦涩空洞且系统性不足,影响其在刑法学研究中的地位和发展。独木难以成林,数量刑法学应在其独立的研究对象、认知逻辑和研究方法的基础上,在挖掘自身独立存在的同时不断拓展哲学基础、法理基础、刑法基础和数学基础。

任何一种理论体系都以一定的世界观和方法论作为哲学基础。数量刑法学建立在质量互变规律、确定性和相对性、形式与实质、应然与实然、偶然与必然的思想基础上。在唯物辩证法质量互变规律的基础上,数量刑法学以数理逻辑为主要的认识论逻辑,以刑法中的罪量和刑量为主要认识对象,通过对量的分析和判断,达到对质的清晰和科学认识;通过对刑法中相对模糊的罪量和相对确定的幅度刑量进行量化分析,试图找出刑法中确定性和相对性之间的数量关系;通过数学的语言和符号描述罪刑的状态和关系,并用数学方法加以推导、演算和论证,形成对刑法问题的解释、判断和预测,在数学语言的形式推演和论证中,试图达到刑法的实质正义;通过将对刑法实际运行过程的客观描述和规律总结,反馈于立法和理论的应然层面,达成实然和应然、理论与实践的有机统一;通过概率论思想的介入,试图达成刑法中相关偶然性与必然性事件的分析,揭示刑法的共性和个性问题,客观反馈于立法修正和司法解释。

数量刑法学的法理学、刑法学和数学基础。数量刑法学通过定量分析所作出的结论,蕴含于法理学进路中的理性假设和方法论假设的基础上,在法律文化中还反映了诸如公理精神、科学性、证明方法、几何平等、确定性、简单性、抽象性等数学理念。[①] 除了将刑法中具有数量关系的现象作为研究对象,在方法上主要采用定量研究的这个过程,体现着理性的数学化和法律的理性化;罪刑法定原则对刑法之明确性追求也与数字的确定性一致,形成数量刑法学通过数字和数学论证,在模糊的立法表达中探寻刑法明确性的基础;罪刑均衡原则作为刑法学的前提假设和价值归宿,数量刑法学以“数”的可计算性特征,支撑着数量刑法学对罪刑均衡问题的数量探索。数学方法在刑法中的应用主要集中于概率论和统计学,模糊数学、微积分、线性代数的应用比较少。并非每一种数学方法都能应用于数量刑法学,而恰当的数学方法能带来更深入的结论,包括理论层面的数理模型建构方法,实践层面的大数据分析、编程技术应用等。数量刑法学基础理论还应包括对不同数量方法的应用以及各种方法在解决刑法问题时的整合优化,用于提升数量刑法学研究的科学性。

---

① 参见何柏生:《法律文化的数学解释》,商务印书馆 2015 年版,第 117 ~ 139 页。

(二)立法中的“数”“量”及其关系

刑事立法中的数量主要包括数的规定性和量的规定性,数的规定性主要体现于通过与刑种结合刻画刑罚轻重的刑量之数,量的规定性主要体现于通过形容词或形容词与副词的结合等文字形式,刻画罪行大小的文字罪量。刑事立法中的数量关系主要是指规范层面的罪刑关系,即以文字刻画的罪量与以数字刻画的刑量之间的均衡关系。数量刑法学研究刑事立法中数量规定的合理性及数量关系的均衡性。

刑法中“数”的规定性主要体现于以下几个方面,以出现最多且规定较为完备的刑量之数为主。(1)刑量之“数”。刑量之数在刑事立法中出现最多,形成了以数字区间为基本因子的“数字刑量体系”,较为完备地刻画了刑量轻重之数。《刑法》总则中,刑量之数根据刑罚的种类,利用数学中的最小值和最大值,确定每种刑罚的幅度,同时还通过数字进行刑罚裁量和执行的细化规定。《刑法》分则中,立法者根据刑罚可能的裁量空间,结合某一具体犯罪的罪量大小,利用最小值和最大值的数字限定,确定了个罪的刑罚裁量空间。(2)罪刑之“数”。罪刑之数是判断基本犯罪构成和加重犯罪构成是否成立的数。如生产、销售伪劣产品罪中的销售金额“5 万元以上不满 20 万元”“20 万元以上不满 50 万元”“50 万元以上不满 200 万元”“200 万元以上”分别是基本犯罪构成和加重犯罪构成的成立条件。(3)刑事责任年龄之“数”。如“已满 12 周岁不满 14 周岁”“已满 14 周岁不满 16 周岁”“不满 18 周岁”等刑事责任年龄的规定,意味着不同的刑事责任后果。(4)共同犯罪之“数”。如共同犯罪规定的 2 人以上,犯罪集团规定的 3 人以上,是其成立的条件。(5)时效之“数”。如将“5 年”作为“法定最高刑为不满 5 年有期徒刑”、将“10 年”作为“法定最高刑为 5 年以上不满 10 年有期徒刑”、将“15 年”作为“法定最高刑为 10 年以上有期徒刑”、将“20 年”作为“法定最高刑为无期徒刑、死刑”等犯罪的追诉期限。

刑法中“量”的规定性主要体现于由文字刻画的罪量。实际上,刑法中的“量”包括了数字和文字描述,为了与数的规定性进行区别,笔者将对通过形容词、程度副词等文字结合刻画的罪量进行单独分析,以便更深入分析罪刑关系。我国《刑法》分则 85.9%(共计 415 个)的罪名,通过对“数额”“情节”“后果”的“较大”“巨大”“严重”“特别严重”等形式对罪量大小的刻画,形成以这种估量为基本因子的“罪量体系”。由于这种估量具有模糊性特征,与罪刑法定的明确性存在距离,如何使其明确并提出科学合理的判断标准,是数量刑法学的重点研究内容。

刑事立法中的数量关系主要体现于以数字区间为基本因子的“数字刑量体系”和以估量为基本因子的“模糊罪量体系”的均衡关系,进一步可以将其概括为“模糊罪量—数字刑量”罪刑关系结构的均衡。为了解决这一结构的均衡问题,数量刑法学首先需要论证刻画模糊罪量的因素并衡量其权重大小;其次,需要寻找模糊罪量得以量化的最佳方案,并架构数理模型进行科学判断,实现模糊罪量的明确化;最后,在模糊罪量明确化的基础上,要介入罪量和刑量影响因素,构建“模糊罪量—数字刑量”数量模型,实现罪量与刑量的均衡。

(三)司法中的“数”“量”及其关系

刑事立法中的“数”“量”及其关系是立法应然层面的规范性体现,刑事司法中的“数”“量”及其关系是实然层面的规范性实现。一方面,刑事司法中的“数”“量”及其关系,可以反映出刑事立法规范的司法适用程度和效果。另一方面,基于刑事司法的实然价值,其也可以为刑事立法的不断完善及司法的科学裁判提供实然理性。统计数据是刑事司法研究的基石,从宏观上表现为通过统计年鉴、全国法院司法统计公报、《中国法律年鉴》及与刑事司法相关的汇总统计数据,形成刑事司法的面板数据,进行刑法学的宏观分析;从微观上表现为通过裁判文书、指导案例和典型案例等具有体系性的司法数据,形成案例数据库,进行刑法学的微观分析。数量刑法学通过宏观和微观两个维度,以刑事司法实践中的统计数据为基础,探索刑事司法中的“数”“量”的特征及其关系,促进刑事司法的公平和正义。

数量刑法学探索刑事司法的总体状况及发展趋势。刑事司法运行的总体情况及发展趋势是刑事政策的制定、立法修正和刑事司法改革的重要参考基础，由于极端个案的影响，单纯经验直接判断已经不能满足刑事立法和司法的科学性要求。数量刑法学以统计年鉴、全国法院司法统计公报、《中国法律年鉴》等刑事司法的面板数据为基础，构建刑事司法运行情况的指标体系，具体指标包括案件数量及比例、无罪率、轻刑率、重刑率、缓刑适用率等。数量刑法学能够结合经济学、人口学、社会学等指标，构建基于面板数据的数量模型，经过数据的分析和处理，结合效益、成本、价值等因素的量化评估，在客观描述刑事司法的总体运行情况和发展趋势的同时，给出刑事政策的制定、立法修正和刑事司法改革的参考方向。

数量刑法学探索个罪的司法适用特征和规律。个罪的司法适用特征和规律往往体现了司法实践的理性，因为在司法实践过程中介入了更多立法中并未完全考虑的因素。数量刑法学以大量的裁判文书、指导案例和典型案例形成的案例库为基础，通过行为类型、犯罪金额、犯罪方式、刑种、刑期和缓刑适用等量化指标，进行个罪的量化分析，得出个罪实然的罪行和刑罚特征及规律；在刑事一体化思路指导下，结合犯罪者职业、文化程度、犯罪地点、犯罪时间、人均 GDP、可支配收入等指标，呈现个罪的犯罪学特征及在经济、社会发展中的特征和规律。数量刑法学在刑事一体化思路下，对司法适用特征和规律的总结，可以更全面地认识个罪的特征和司法裁判状况，为个罪的立法修正和刑法适用提供坚实的基础。

数量刑法学探索实然层面的罪刑均衡模型。刑事立法中的"模糊罪量—数字刑量"数量模型是立法应然层面的均衡模型，在其所建立的变量及相关规则的基础上，实然层面的罪刑均衡模型还需要纳入更多的因素，包括刑事政策、经济发展水平、社会发展等宏观因素以及基于个罪所呈现的行为类型、对象分类、犯罪数额分级等特殊微观因素，应当在综合全面考虑的情况下，结合个罪的司法裁判数据库，找出影响个罪定罪量刑的主要因素，建立个罪在司法裁判中的罪刑均衡模型。一方面，通过与立法层面的应然均衡模型进行比较分析，如若存在差距，判断属于立法的不足还是司法的贯彻不到位，进而进行立法的修正或司法的改进;另一方面,将通过论证和检验的司法实然均衡模型,给司法裁判提供参考。

(四)法学理论的验证及创新

在不断汲取国外刑法特别是德日刑法犯罪论的基础上,我国刑法理论研究持续朝着精细化发展,但基于不同刑法理念和研究范式而得出的研究结论往往呈现出较大差异,引起了定罪和量刑问题上的诸多争议。犯罪论研究趋于精细化发展,刑罚论和分论个罪的研究却相对滞后,对暗藏于司法实践中的刑法问题挖掘不够,造成刑法理论和实践的差距越来越大,无法满足司法实务的期待和要求。数量刑法学以数量关系为核心,通过定量分析的方法,验证适合中国国情的刑法理论,并为理论研究和创新提供数理和经验支撑。

数量刑法学探索刑法理论的合理性和适应性。首先,刑法理论必须建立在刑法实践的基础上。数量刑法学通过对刑法中具有实践价值的问题进行实证研究,得出科学性的结论,比缺乏实践总体认知的纯粹理论推演论证更具严谨性和合理性。其次,数量刑法学通过大量的数据分析和模型构建,解决理论上的争议。如贪污罪数额和情节的关系,一直是理论上"越辩越不明"的命题,到底是"数额为主,情节为辅"还是"并列地位",若是"数额为主,情节为辅",二者权重又应该是多大,理论界存在许多不同的认识,导致该争议持续发酵。数量刑法学可以通过数量分析、假设检验和模型构建,探索出"数额与情节"之间的数量关系,进而反馈于理论认识,让理论解释更具有说服力。最后,数量刑法学通过对刑事司法实践的运行情况进行探索,探寻适合中国刑事司法状况的理论。

数量刑法学探索刑法理论研究的新视角,促进刑法理论的创新。一方面,基于文本解释的犯罪论定性研究不断精细化和体系化,而对于刑罚论和分论的研究却未达到理想的程度。刑罚论中存在大量的"数"之规定,数量刑法学在这些区间数、中位数、最小值、最大值中挖掘刑罚的合理性价值,并能有效评估刑罚执行的效果,促进刑罚学的研究深入。分则中大量犯罪都存在罪量大小的规定,数量刑法学通过合理评估罪量大小并提出认定标准,促进犯罪的精准认定和科学裁量。另一方面,数量刑法学易于发现刑事司法的现状和规律,挖掘隐藏于司法实践中的刑法问题,构建理论研究的新视角,促进刑法理论的发展和创新。

(五)刑法学的现代性拓展

刑法学的发展不仅要重视“刑法学 + for”研究,还要关注“刑法学 + by”研究,即如何将互联网、大数据、人工智能思维和信息技术引入刑法学,进行刑法学自身的主体性建构、认识论革新和方法论改进。当前“智慧法院”“智慧检务”的建设和推进,在提高刑事程序效率的同时,已经慢慢渗入刑事实体的判断,涉及刑事公平和正义问题。互联网、大数据和人工智能等技术背后都有一个共同的特征,即在数据的基础上,通过应用数学等量化分析手段,建立数量关系模型,进行智能化判断。数量刑法学具有与“智慧法院”“数字检察”相同的研究对象和认识方法,能在充分论证的基础上,为刑法学的现代化发展提供智力支持,促进司法的公正和提高司法效率。

数量刑法学探索科学合理的后台算法。当前对于刑事实体智能判断的后台算法主要依赖司法裁判数据,对实体性因素过度偏重,而应然性因素的变量设置相对不足;后台算法主要依赖数据专业人员,其是否具备刑法学的基本知识和素养,在算法的设置上是否涉及刑法理论知识,算法是否符合刑法的基本原理,将会深入影响最终裁判的公平和正义。数量刑法学是将现代信息科技运用于刑事实务的基础和保障,通过对立法、司法及相关“数”“量”及其关系的量化分析,提出科学的理论模型和实践模型,在此基础上,应用大数据和人工智能等手段,让理论模型和实践模型进一步融合和优化,并进行稳健性和一致性检验,之后,方可嵌入“智慧法院”“智慧检务”等实体判断程序,提高效率的同时,保证刑事司法的公平和正义。

二、数量刑法学的研究方法

数量刑法学以“数”“量”及数量关系为研究对象,除了借鉴规范分析的方法外,在理论和实践层面,以模糊数学、线性代数、微积分、概率论和统计学、数学建模等数学方法为主要研究方法;在应用层面,主要借助 SPSS、STATA(统计分析软件)、SAS(统计分析系统)等数据分析软件,MATLAB、SCILAB(数值计算软件包)等数学分析软件,Python、C 语言等编程软件,进行数值的计算和模型的建构。当然,随着数量刑法学的研究不断深入和数学方法不断优化,还会出现其他研究方法。

(一)理论层面的数学方法

对于罪量的量化分析,主要运用模糊数学方法。客观事物的复杂性往往表现出"亦此亦彼"的模糊性,形成了诸如大小、多少、轻重等模糊概念,而康托建立的经典集合要求元素对集合"非此即彼"的隶属关系,难以给出对模糊概念的定量分析判断。模糊数学是以模糊集合论为基础,用严密的计算准则处理不确定性和不精确性问题的方法。刑法中"较大""巨大""严重""特别严重"等罪量因素的模糊表述,与罪刑法定的明确性要求相冲突,应用模糊数学对模糊罪量进行研究,给出模糊罪量程度的界限和合理标准,使得罪量因素从"模糊到清晰",破解其明确性的瓶颈。数量刑法学中模糊数学的应用主要包括隶属函数的确定,模糊集合的运算、模糊综合评判、模糊语言的处理,在模糊综合评判的应用中,还需要使用诸如线性代数、层次分析法等。

对于刑罚的量化分析,主要应用线性代数、微积分等方法。线性代数是高等数学的重要组成部分,也是数学建模的重要基础,它是通过向量空间,线性变换和有限维的线性方程组,引入矩阵的变换和运算,研究矩阵的性质及运算的学科。罪刑均衡原则是刑罚配置和裁量的基础,它要求刑罚的轻重与罪行的严重程度相匹配。在评估刑罚时,我们需要综合考虑社会危害性和人身危险性两个方面。这两个方面涵盖了行为主体、行为对象、行为类型、行为结果、故意、过失等多个因素,因此需要运用多维度、多因素的分析方法。线性代数中的向量组可以作为一个有效的工具,用于描述和评估这些复杂的关系。在罪刑均衡的框架下,我们可以建立罪刑之间的线性方程组,并通过矩阵运算求解这些方程，以得出科学的刑罚配置和裁量结论。另外，微积分中的函数和极限、导数等理论，能深入分析刑罚的连续性和有界性、刑罚阶梯和幅度、刑罚的强度、刑罚的边际效应及拐点等问题，更全面地对刑罚进行认识和评估。

（二）实践层面的概率论和数理统计方法

概率论是研究随机现象数量规律的数学分支，统计学是通过对数量的描述和分析，研究事物的本质及预测未来发展的学科。概率论是统计推断的基础，其包含的大数定理、中心极限定理等保证了统计推断的合理性，统计学是概率论的发展，所以二者常常结合在一起被称为概率论和数理统计。数量刑法学对刑法的实践层面考察，主要应用概率论和统计学方法，进行刑法实践层面相关问题的客观描述、假设检验、相关分析和预测建模。

数量刑法学通过描述性统计分析，客观描述刑法实践层面的特征和规律。描述性统计，是指通过制表、分类、图形展示及概括性数据来客观描述事物各项特征的统计方法，主要包括数据的频数、集中趋势、离散程度、正态分布及一些基本的统计表格和图形，常用平均值、中位数、四分位数、方差、标准差等指标来进行呈现，其中集中趋势一般用平均值和中位数呈现，离散程度一般用方差、标准差呈现。例如在对个罪的分析中，可以对犯罪主体、犯罪动机、犯罪对象、犯罪时间、犯罪地点、犯罪手段、犯罪结果、行为本身的占比情况、分布情况进行统计计算，分析个罪的犯罪特征和规律；还可以对各刑种适用的比例，基于连续性变量的罚金刑和自由刑刑期的平均值、中位数、方差、标准差、分布情况，缓刑适用的比例等进行统计计算，分析个罪的量刑特征及规律，并通过对极端值的异常分析，找出存在的问题。在此基础上，还可以结合刑法学理论构建描述指标，对诸如无罪率、轻刑率、重刑率、缓刑适用率等进行统计分析。

数量刑法学通过统计假设检验分析，对刑法实践中的疑问作出判断。假设检验是基于“小概率”原理，判断样本与样本，样本与总体之间的差异是由误差引起还是本质差别造成的统计推断方法，常用的假设检验方法有T检验、Z检验、F检验、卡方检验。以量刑中存在的问题为例，我们常常会提出诸如各个地区的量刑是否有显著性差异（是否均衡的问题）。因犯罪主体、犯罪动机、犯罪对象、犯罪时间、犯罪地点、犯罪手段、犯罪结果、行为本身不同，对刑种的选择、刑期的长短、罚金刑数额等问题是否有显著性影响。在大量判决数据的基础上，仅凭经验或描述性分析，无法给出确切结论，这里就需要用到Z检验、T检验、卡方检验、F检验，对其Z值、T值、卡方值、F值计算，在合理确定显著性水平的基础上，通过最后计算出的P值，选择对假设H_0作出接受或拒绝的策略，进而得出各地区量刑是否均衡，各种因素对量刑是否存在显著性影响等结论。

数量刑法学通过相关性分析，对刑法中数量相关性问题作出判断。相关性分析研究两个及两个以上变量之间的相关性，针对不同变量常用Pearson（皮尔逊）、Kendall（肯德尔）和Spearman（斯皮尔曼）三种相关分析方法，通过相关系数的大小、正负及P值大小，确定不同变量是否存在相关性及相关程度强弱的统计分析方法。以Pearson相关分析为例，从微观的角度，常常需要探究犯罪主体年龄、犯罪的次数、犯罪的金额、犯罪持续的时间与自由刑刑期、罚金刑数额是否存在相关性；从宏观的角度，也需要发现犯罪状况与经济发展、社会进步等因素是否存在相关性，通过合理的变量设置及相关分析中的R值和P值情况，可以判断相应变量存在的是负相关还是正相关，在绝对值为0到1的相关系数中发现是强相关还是弱相关，从而给出相应的结论，并为后续的回归分析奠定基础。

数量刑法学通过回归分析，解决刑法中的疑难问题和提出预测分析结论。回归分析是确定两种变量或两种以上变量相互关系的统计分析方法，存在一元回归和简单回归、多元回归和多重回归、线性回归和非线性回归等不同分类。根据数量刑法学的特性，常常会涉及多元线性回归、非线性回归、二元Logistic回归、Ordinal有序回归等方法。以司法实践中的量刑为例，在正确进行假设检验和相关分析的基础上，多元回归分析可以发现刑法实践层面更为确定的数量关系，影响自由刑刑期的各因素的影响力大小及各自的权重;二元 Logistic 回归分析可以发现影响缓刑适用的各因素的影响力大小及各自的权重;Ordinal 有序回归分析可以发现影响刑罚阶梯的各因素的影响力大小及各自的权重。另外,建立的回归模型,进行稳健性检验和不断优化后,可以形成量刑裁判参考模型,在确定合理裁量界限的基础上,可以检验司法裁判的合理性并给出科学的裁判结果。

(三)应用层面的数学分析和编程方法

由于数学计算的复杂性和数据集合的庞杂性,以上数量刑法学各种研究方法的运用,通过人工是无法顺利完成的,需要借助相应的软件进行模型拟合和精确计算,提高结论的准确性和效率。在互联网、大数据、机器学习和人工智能的不断影响下,数量刑法学还需要借助更多的分析工具进行现代性的拓展。

应用 MATLAB、SCILAB 等数学分析软件进行研究。MATLAB 和 SCILAB 是处理数值分析、矩阵计算、数据可视化、科学建模、仿真和控制等内容的应用软件。数量刑法学中模糊数学、线性代数、微积分数学方法的应用,能借助 MATLAB 和 SCILAB 得到科学且准确的结果。其基于矩阵的强大计算能力,能科学构建计算理论层面的罪刑配置模型;MATLAB 中的模糊逻辑模块工具,能有效进行隶属函数的确定、模糊规则设置、模糊推理决策算法设计、模糊量的解模糊的计算和应用,能科学地处理模糊罪量的明确化问题。另外,模糊罪量评价中的层次分析法,刑罚研究中的极限、导数等内容的计算,也能在上述软件中得以实现。

应用 SPSS、STATA 和 SAS 等统计分析软件进行研究。SPSS、STATA 和 SAS 都是专业统计分析软件,都是能为数量刑法学提供描述性统计分析、假设检验、回归分析和数量建模的分析工具。虽然 STATA 和 SAS 的数据处理能力更强,但 SPSS 具有用户感受上更友好的交互体验和操作设置上更简单易掌握的特点,成为目前数量刑法学研究群体更为青睐的统计学分析工具,以解决研究中的大多数问题。在描述性统计方面,它能快速地计算频率、百分比、累计百分比、平均值、中位数、方差、标准差、正态分布等指标;在假设检验和相关分析中,它能快速并准确计算 Z 检验、T 检验、卡方检验、F 检验和 Pearson、Kendall 和 Spearman 相关性分析的结果;在回归分析中,能顺利实现多元线性回归、非线性回归、二元 Logistic 回归、Ordinal 有序回归等方法的应用,并给出模型准确度、因素系数、因素权重等重要结果。

应用 Python、C 语言等编程软件进行研究。Python、C 语言都是专业的编程软件,由各自的运算方法和对象组成,按照自身的语法规则进行计算。其在互联网、大数据和人工智能的现代化背景下,成为各行各业自动化和智能化发展的重要工具。C 语言是更底层的编程语言,具有运行速度快和处理能力强大的优点,但掌握该编程语言的难度较高,而 Python 是一门更易学、更容易掌握、具备丰富的扩展库,使用群体越来越广泛的编程语言。在"智慧法院""智慧检务"不断推进的背景下,编程语言可以实现数量刑法学的自动化和智能化扩展,将通过反复论证的理论模型和反复检验的实践模型,按照编程高级语言的思路编写为程序,在保证公正的基础上,切实提高刑事司法实践的效率。

第二章　数量刑法学之理论基础

> 我们每个理论所描述的世界，可能本身又要由用其他理论描述的深一层的世界来解释，这些理论具有更高的抽象性、普遍性和可检验性。①
>
> ——[英]卡尔·波普尔

虽然当前关于刑法中"数""量"及其关系的研究取得了一定的进展和突破，但囿于数量刑法学本身的理论根基挖掘不足，数量刑法学研究的系统性不强，造成现有刑法中"数""量"及其关系的研究存在零散性、应因性和个别性的局限，影响数量刑法学在刑法研究中的地位及其系统性展开。数量刑法学研究应当首先论证其在刑法学中存在的合理性和展开的必要性，探寻数量刑法学自身的哲学、法理学和刑法学等理论根据，在此基础上形成的数量刑法学研究成果，才不会引起合理性的质疑或陷入仅是方法论的定位局限，并有可能形成数量刑法学的研究体系，促进系统性视角下研究内容和研究方法的互动整合，夯实数量刑法学的研究根基，推动刑法学定量研究的纵深发展。

---

① [英]卡尔·波普尔：《猜想与反驳——科学知识的增长》，傅季重等译，上海译文出版社2001年版，第162页。

第一节　数量刑法学的哲学基础

一、唯物辩证法的质量互变规律

质量互变规律也被称为“量变质变规律”或“量变到质量的转化规律”，是唯物辩证法中的三大规律之一。我国古代就存在“积羽沉舟、群轻折轴”①，“故不积跬步，无以至千里；不积小流，无以成江海”②，“故夫河冰结合，非一日之寒；积土成山，非斯须之作”③等量变引起质变的思想。通过规定性（质）、大小（量）、尺度3个维度，从质到量，再从量到度，从哲学的角度阐述质量互变规律。马克思主义哲学批判了黑格尔唯心主义，但吸取了其质量互变论述中的“合理内核”，形成了在唯物主义基础上的质量互变规律。

量是指事物存在和发展的规模、程度、速度及构成要素的排列组合等可以用数量来表示的规定性，质是事物自身区别于其他事物的内在规定性。量变和质变是辩证统一的，量变是质变的前提和必要准备，量变积累到一定程度后突破度的界限，从而引起事物的质变，质变是量变的必然结果。正如恩格斯所述：“在自然界中，质的变化——在每一个别场合都是按照各自的严格确定的方式进行的——只有通过物质或运动（所谓能）的量的增加或减少才能发生。”④对事物的认识，质是基础和前提，从质到量的分析，是对事物认识的精确和升华。确定事物性质、状态、结构的研究属于定性研究，对事物进行测量和计算属于定量研究。定性研究是对事物认识的基础，定量研究是对事物认识的进一步深入，定性研究和定量研究的结合是科学研究的重要方法。

度是质量互变规律中的重要概念。在马克思主义唯物辩证法中，

① 缪文远等译注：《战国策》（下），中华书局2012年版，第684页。

② 方勇、李波译注：《荀子》，中华书局2011年版，第5页。

③ 黄晖撰：《论衡校释》（上），中华书局2018年版，第546页。

④ 中共中央马克思恩格斯列宁斯大林著作编译局：《马克思恩格斯文集》（第9卷），人民出版社2009年版，第464页。

度是事物保持自己质的数量限度,量变超出度的范围,事物就会发生质变;反之,事物不会发生质变,体现着事物质和量的对立统一。度的两端称为“关节点”或“临界点”,它表示事物在保持自身质的规定性的情况下,可以容纳量的范围的最高和最低界限。事物的度对于认识和实践具有重要意义:一方面,只有认识事物的度,才能准确把握事物的质。如果认识仅停留在质的阶段,所产生的认识是模糊或笼统的,由质进入到量,并把握住事物的度,才能对事物进行清晰准确的认识。另一方面,准确界定和把握事物的度,才能提出实践活动的指导准则,坚持适度原则,防止过犹不及。①

刑事立法和司法中也体现了质量互变规律。其一,在刑事立法层面,违法犯罪行为作为一种客观存在,是质和量的统一体,规制犯罪行为的刑事立法也要客观诠释犯罪行为质和量的规定性。所以,《刑法》总则第 13 条的但书规定,从危害的程度和情节轻重两个方面,给出了是否为犯罪的度的界限;《刑法》分则中除了少数罪名的社会危害性足以直接构成犯罪以外,大多数的罪名都要求必须达到一定的量的程度,在“数额”“情节”“后果”等方面作出不同程度的规定,作为构成个罪基本犯和加重犯的度的界限。其二,在刑事司法层面,要求进行正确的定罪和量刑。定罪需要进行罪与非罪、此罪与彼罪、重罪与轻罪等不同质的判断,离不开对量的认识,特别是作为“关节点”和“临界点”的度的正确判断;量刑不仅要考虑罪量的大小,还要考虑刑量的轻重,在正确定性的基础上,在度可容纳的连续性范围内(量刑幅度内),根据犯罪行为的社会危害性和人身危险性等情况,决定对犯罪分子的具体的刑罚量。量刑的结果是在度的连续范围内选择的一个确定的量,大多数以“数字”来呈现,如在 3 到 10 年的裁判幅度内,判处 5 年有期徒刑。如何能科学地量刑,并符合罪刑均衡原则,需要对定量因素进行更为精准化的判断。

数量刑法学在质量互变规律的指导下,以刑法中的数量为基础,主

---

① 参见龙丽等主编:《马克思主义哲学原理》,四川大学出版社 2018 年版,第 59 页。

要采用定量分析的方法，为刑法中的质和量提供判断标准：

一方面，由质的判断进入到量的分析，准确把握犯罪度的界限，给出关于犯罪质的清晰认识。对于度而言，黑格尔认为："它本身是质与量的有机统一体，它的诸环节是作为一个实有，是一种质和这种质的各种定量。"①恩格斯认为："纯粹的量的分割是有一个极限的，到了这个极限，量的分割就转化为质的差别。"②可以看出，质作为区别一种事物与其他事物的内在规定性，是可以从度的角度去认识，而度又可以通过定量的因素进行判断。所以，数量刑法学对刑法中定量因素的研究，并非与定性分析相背离或矛盾，而是通过对诸如"数额""情节""后果"等作为度的界限的量化分析，促进对行为的定性判断。

另一方面，在度的界限范围内进行连续量的定量分析，提高对罪量和刑量认识的深入和精确化。立法中的罪量和刑量规定更体现于度的判断，进而确定罪与非罪、此罪与彼罪、重罪与轻罪的界限以及不同的刑罚幅度；而司法适用中更倾向于在度的范围内对量的确定性判断，即罪量到底是多大，刑量到底是多少，需要在罪量和刑量的幅度范围内确定连续性闭区间中确定的量。数量刑法学基于定量分析的优势，通过模糊数学、线性代数、微积分等数学方法，能架构较为科学的数量模型，给予罪量和刑量更深入的数量认识维度和更精准的判断标准。

二、认识与实践的辩证关系原理

认识与实践的辩证关系是马克思主义哲学中的重要范畴，包括实践对认识的基础性地位、认识的相对独立性及对实践的指导意义、认识的辩证发展等原理。马克思主义哲学在实践是认识的基础部分强调：实践是认识的来源、实践是认识发展的动力、实践是检验认识的唯一标准、实践是认识的最终目的；在认识对实践的相对独立性及对实践的指导意义部分强调：认识具有自身特殊的规律、认识是主体对客体的能动

---

① [德]黑格尔：《逻辑学》，杨一之译，商务印书馆2006年版，第180~181页。

② 中共中央马克思恩格斯列宁斯大林著作编译局编译：《马克思恩格斯文集》（第9卷），人民出版社2009年版，第466页。

反映、科学理论对实践的指导意义;在认识的辩证发展中强调:感性认识到理性认识、理性认识到实践、认识的不断反复。以上 3 个方面的内容,形成马克思主义哲学中关于认识与实践的辩证统一关系。

数量刑法学对刑事立法和司法中“数”“量”及其关系的研究,偏向于实践的特性,具备科学的认识论基础。刑法实践主要表现为我国的立法实践和司法实践。学界往往热衷于论证苏俄刑法、德日刑法、英美刑法等理论应用于我国刑法实践的合理性和科学性,认识的基础和出发点偏向于国外刑法理论,缺乏立足于中国国情的刑法实践认识和在此基础上的主体性理论构造。各种理论体系封闭于自身内部进行论证,存在许多高度抽象并远离实践的理论,不同理论形成的争议难以在实践中得以检验并一直持续发酵。数量刑法学以刑事立法和司法实践作为认识的主要实践源泉,通过实证研究的路径,构建刑法实践的局部和整体视角,在总结刑法实践中的问题、特征和规律的基础上,展开对于刑法学的研究。数量刑法学还将社会、政治、经济发展的状况作为认识的实践源泉,借助社会学、经济学、心理学、犯罪学等学科知识,通过量化分析的手段,探索刑法学的公平和正义。数量刑法学基于实践基础得出的量化研究结论,具有较强的针对性、精确性以及实践中的可检验性。

数量刑法学以定量为主要分析手段,具备与刑法实践相对独立的认识论逻辑。认识的辩证运动中,存在感性认识和理性认识,从感性认识上升为理性认识,是认识发展过程中的第一次飞跃。在以往的刑法学研究中,难以获得刑法实践全貌的材料,感性认识往往来源于个案,虽然也属于刑法实践,但倘若个案为小概率事件或极端事件,在此基础上进行的概念、判断、推理等理性认识,存在管中窥豹般的认识局限。数量刑法学认可基于个案基础上的刑法理论研究,但认为在刑法实践全貌基础上进行的个案分析更具有科学性和指导价值。数量刑法学通过实证研究的手段,可以提供刑法实践全貌的经验材料,并能够总结出刑法实践中的特征和规律,扩充刑法理论的感性认识来源;另外,感性认识难以反映事物本质和规律,感性认识需要上升到理性认识的高级阶段。数量刑法学对于刑法感性认识到理性认识的发展路径,与传统的刑法研究范式不同,具有自己独立的数量逻辑和数学方法,更体现刑法认识的能动性和实践性。保尔·拉法格在《忆马克思》中写道,马克思认为:"一种科学只有在成功地运用数学时,才算达到了真正完善的地步。"①数量刑法学运用数学的方法,在大量刑法实践材料的基础上,通过量化分析的范式,建立刑法感性认识上升为理性认识的新路径。具体而言,对实践材料采用概率论和统计学进行分析,在此基础上运用模糊数学、线性代数、微积分等数学方法,达到理性认识的高级阶段。从实践出发,既重视经验,又重视理论的升华,在理性认识的探索中,避免陷入经验论和唯理论的两个极端,实现理论与实践的有机结合。

数量刑法学的研究结论更贴近于实践,更容易反馈于并指导刑法实践,抵达认识的最终归宿,实现认识发展的第二次飞跃。理性认识到实践的第二次飞跃,需要具备三个条件:第一,理论要和具体实践有机结合,化为指导实践的具体观念;第二,理论转化为实践的过程,需要具有一定的物质条件,即科学技术手段和社会物质力量的配合;第三,理论要为群众所掌握,变为群众的实践。② 刑法学具有较强的实践性,相比其他学科而言,更需要具有实践指导意义的理论。数量刑法学符合理性认识的第二次飞跃和刑法实践性的要求:其一,通过实证的路径,达成对刑法实践的全面深刻把握。数量刑法学通过数学方法的应用,形成科学的理性认识,得出的结论和判断对实践问题具有较强的针对性,形成贴近于实践的具体观念和判断标准。从现有的刑法实证研究来看,数量刑法学得出的结论更具有可操作性,对实践的指导更为具体。其二,对于现代信息技术的应用,数量刑法学已经运用到概率论和统计学、模糊数学、线性代数、微积分等数学方法,在应用层面,还可以借助互联网、大数据、人工智能等信息科学技术,为"智慧法院""智慧检务"的实践提供理论模型和算法支撑。其三,对于理论要为群众所

① 中共中央马克思恩格斯列宁斯大林著作编译局编译:《回忆马克思》,人民出版社2005年版,第191页。

② 参见龙丽等主编:《马克思主义哲学原理》,四川大学出版社2018年版,第81页。

掌握,实际上是要使人民群众感受到法律的公平和正义,提高公众的可感知度。纯粹思辨的理论体系日益抽象和复杂,脱离刑法实践,难以向公众传达刑法的规范性和有效性;司法人员依靠自身经验的估堆,对定罪和量刑可能陷入纯粹的主观抉择,导致在定罪和量刑上的巨大差异,也会降低公众对刑事正义的感知度。数量刑法学以个案、类案、全案为基础进行的量化分析,力图建立更为客观的判断标准和较为公正的尺度,减少刑法适用上的分歧和差异,通过更加明晰的数学分析和数字结论,让人民群众真正感受刑法的公平正义。

三、数学哲学影响下的数理逻辑

汉语中的"逻辑"是一个外来词语,是英文 logic 的音译,源于希腊文 λσγos(逻各斯)。狭义的逻辑是指思维的规律,有时也指称研究思维规律的逻辑学;广义的逻辑泛指规律,包括思维的规律和客观规律。在赫拉克利特和毕达哥拉斯时期的古希腊,哲学和逻辑在某种意义上具有重合性。"逻辑学之父"亚里士多德较为全面、系统地研究思维规律,形成传统的形式逻辑学后,西方将逻辑学作为哲学的一部分,我们也将逻辑学作为哲学的一个分支。具有逻辑的思维对正确认识事物、准确表达事物、进行严密的推理、建立新理论和获得新知识有重要意义,对自然科学和社会科学的发展有着巨大的促进作用。如法学领域的观点表达、推理论证和理论建构,都应建立在逻辑的基础上,所以,在法学领域还形成了法律逻辑学科和研究体系。

传统逻辑存在难题。"传统逻辑是由亚里士多德的逻辑、斯多葛学派的命题逻辑构成的演绎逻辑和培根、穆勒的归纳逻辑为其主要内容构成的逻辑理论",①形成了关于概念、判断和推理的系统理论和判断规则。但是,随着社会不断发展、思维的日益复杂、对精确性结论的渴望,传统逻辑面临着自身的难题:其一,传统逻辑以自然语言作为表

---

① 张振华:《如何对待传统逻辑与现代逻辑——兼谈逻辑学教学体系的构建》,载《阴山学刊》2004 年第 2 期。

达的中介，无法克服自然语言带来的歧义性和模糊性，影响三段论推理的准确性和有效性。其二，当传统逻辑面对较为概念和推理复杂、结论要求精确化时，难以给出正确的解释，“当面临含有属性谓词、关系谓词等一系列命题时，传统逻辑对这种复杂的证明是无能为力的”。[①] 其三，传统逻辑在量词研究上的局限，导致论证推理过程中对量的认识和分析不足。传统逻辑存在全称、特称、单称 3 种量词，如“所有 S 都是 P”“有些 S 是 P”“这个 S 是 P”。但是，一方面，“传统逻辑只分析了主项的量的问题，而没有分析谓项的量的问题”，[②]另一方面，传统逻辑只处理一个量词，缺乏对两个或两个以上量词的分析，导致其主宾式判断内容的认识空白。其四，“由于传统逻辑没有‘变元’的概念，以致量词的使用受到极大的限制。”[③]另外，对于量词的使用局限于类概念，缺乏个体词的应用，造成个体的性质及其相互关系未得到充分认识，致使传统逻辑更倾向于质的判断，忽略对量的考察。

数理逻辑的兴起和发展。在数学哲学中存在对数学对象本质的不同认识，包括以罗素和弗雷格为代表的逻辑主义、以布劳威尔为代表的直觉主义、以希尔伯特为代表的形式主义等观点，[④]各种不同的观点或学派不断推进了数理逻辑在空间、数量及其他抽象的形式和关系中的研究和应用。数理逻辑是用数学方法研究逻辑，是符号化、数学化、形式化的逻辑。莱布尼茨一般被认为是数理逻辑的先驱者和创始人，“他提出了建立理性演算和一套普遍科学语言的设想，构造了关于两个概念相结合的演算，并成功地将命题形式表达为符号公式”。[⑤] 布尔的《逻辑的数学分析》《思维规律的研究》等著作利用代数的方法研究逻辑，认为：“逻辑关系与某些数学运算很相似，代数系统可以有不同

---

① 刘向：《浅析传统逻辑向现代逻辑发展的主要因素》，载《西南农业大学学报（社会科学版）》2013 年第 5 期。

② 孙培福：《现代逻辑改造了传统逻辑的什么》，载《理论学刊》2004 年第 5 期。

③ 莫绍揆：《传统逻辑与数理逻辑》，载《哲学研究》1979 年第 3 期。

④ 参见张景中、彭翕成：《数学哲学》，湖北科学技术出版社 2017 年版，第 98～104 页。

⑤ 崔文芊、王绍源：《论莱布尼茨的数理逻辑成就及成因》，载《江西社会科学》2013 年第 6 期。

解释,把解释推广到逻辑领域,就可以构成一种思维演算",[①]初步奠定了数理逻辑的基础;弗雷格出版的《概念文字》《算术基础》,[②]首次建构了命题以及谓词演算的公理系统,标志着数理逻辑基础部分的正式建立;在此基础上,哥德尔的不完全性定理、图灵机理论、波斯特的符号处理系统等发展,[③]使数理逻辑的研究和应用不断完备。

数理逻辑相较于传统逻辑具有优势。数理逻辑是在传统逻辑基础上继承发展起来的逻辑新阶段,学者们常将数理逻辑称为现代逻辑。相比传统逻辑而言,数理逻辑具备以下优势:其一,传统逻辑以自然语言为表达中介,数理逻辑以符号语言为表达中介。自然语言具有歧义性和模糊性,在推理过程中内涵和外延的确定性不足,容易导致推理结论的偏误。符号语言所表达的含义确定并精确,采用严密的推理方法,能提高推理过程及结论的确定性。其二,传统逻辑以三段论为推理的核心,数理逻辑以数学方法为推理的主要方法。三段论推理可以解决基于语法语言的较为表层和简单的推理。数理逻辑基于数学方法的应用,能处理多维度多层次的复杂推理,且能给出较为精确的结论。其三,传统逻辑虽然注重量词的应用,但对于量词的深入程度不够。数理逻辑基于符号的语言,应用数学的方法,对量词的刻画更为深入,能够应对基于复杂量词的研究。其四,数理逻辑的应用更为广泛和深入。数理逻辑中的布尔代数,奠定了计算机的基础。数理逻辑中的模型论、证明论及递归论等内容,更为人工智能、机器学习、自动化控制等现代科技奠定了基础。其五,数理逻辑促进了模糊逻辑的发展。模糊逻辑是运用模糊集合研究模糊性思维、语言及其规律的逻辑。模糊逻辑通过认识模糊事物,进行模糊推理和模糊判断,更为精确地研究不确定的事物。模糊逻辑"是一门应用性极强的逻辑学科,为人工智能的发展

---

① 张家龙:《数理逻辑发展史:从莱布尼茨到哥德尔》,社会科学文献出版社 1993 年版,第 59 页。

② 参见杨睿之:《作为哲学的数理逻辑》,复旦大学出版社 2016 年版,第 3 页。

③ 参见张家龙:《数理逻辑发展史:从莱布尼茨到哥德尔》,社会科学文献出版社 1993 年版,第 331 ~ 421 页。

提供了逻辑基础”。[①] 虽然模糊逻辑是抛弃传统二值逻辑，建立在多值逻辑基础上，与精确数学不同，但是，模糊逻辑以符号的语言和数学的推理方法为基础，仍应属于数理逻辑基础上的逻辑。其在自然科学和社会科学中的应用日益广泛和深入。

数量刑法学在传统逻辑的基础上，主要应用数理逻辑思维进行刑法学研究。逻辑在法学领域发挥着巨大的应用效力，因此，还形成了法律逻辑的分支学科。但是，我国现在的法律逻辑仍是以传统逻辑为主要内容的体系，以三段论为主要的推理形式，形成了立法和司法的三段论逻辑格式：立法为大前提，具体的案件事实为小前提，司法判决为结论。可以说，三段论推理对立法、司法和法学研究起到重要的基础支撑作用，但是，却无法避免传统逻辑中自然语言的歧义和模糊，应对复杂关系的无力，忽视量词研究等问题，法律的明确性不足、解释的歧义和争议、重定性轻定量、多变量分析不够等问题在一定程度上与此有关。数量刑法学在传统逻辑的基础上，引入数理逻辑，从另一种角度去探索刑法学问题。数量刑法学对于刑法的明确性，特别是对模糊罪量的判断，在模糊逻辑的基础上进行综合评价判断，从而探索模糊罪量的明确化路径；对于罪刑均衡，涉及多变量的复杂问题，在合理架构影响量刑的多个因素的基础上，通过数理模型或实证模型进行严密的量化判断，进而提出精确的评价标准；对于理论争议的检验也可以通过实证路径、数量化的分析进行判断；对于“智慧法院”“智慧检务”的智能化实体判断，需要依赖数理逻辑才能顺利地进行。

坚持传统逻辑的学者可能会提出，法律不是简单的数学运算。的确，现在法律适用中存在了大量简单的机械化数学运算规则，如《关于常见犯罪的量刑指导意见（试行）》中仅涉及加减乘除的基础数学运算，虽然给出了直接的操作方法，但方法过于基础或简单，无法深入理性认识且难以处理复杂的法律事实，结论也可能片面或存在问题。实

---

① 付殿英：《模糊逻辑：现代逻辑应用的一支奇葩》，载《重庆工学院学报（社会科学版）》2008 年第 11 期。

际上,数理逻辑在法学研究中还未完全展开,模糊数学、微积分、线性代数等更多高阶的数学方法还未得到彻底拓展,导致给学者们留下简单机械的印象。其实,数理逻辑和传统逻辑应该是并行不悖的两种逻辑,共同作用于法律问题的分析和解决,更有利于法律问题得到科学合理的解决,对公平和正义问题进行深入分析。相较其他部门法而言,刑法要求更严密的推理、更精准的结论和更深入的理性认识,数量刑法学在数理逻辑的基础上,恰当运用数学方法,符合推理严密性和结论精准性的要求,并能结合刑法相关的学科,给出更多维和更深入的实质正义判断标准。

第二节　数量刑法学的法理基础

一、法律不确定性基础上的确定性

1. 对法律的确定性追求。法律的确定性带来法形式意义上的安定性、可识别性和可预测性,在反对神权法和"刑不可知,则威不可测"的意义上,赋予法律独立的理性色彩,"人们可以说,禁止专横势力是法的制度的开端和持久的基础"。[①] 亚里士多德曾指出:"以正当方式制定的法律应当具有终极性的最高权威。除非在法律未能作出一般规定从而允许人治(即行政统治)的情形下,法律对于每个问题都应当具有最高权威性。"[②]人类在对秩序和安宁心理需求的基础上,表达了对法律确定性的必然要求。在理性主义的影响下,对法律的确定性追求影响着整个西方的法治化进程和法典化运动。查士丁尼的《国法大全》、《法国民法典》、《德国民法典》等法典具体的法律规则,消除法律的不确定性因素,将司法实践活动置于成文法的框架之内。在对法律确定性的追求下,一方面要求科学立法,应明确规定行为人的权利、义务和

---

① 周少华:《法律之道:在确定性与灵活性之间》,载《法律科学(西北政法大学学报)》2011 年第 4 期。

② [美]E. 博登海默:《法理学:法律哲学与法律方法》,邓正来译,中国政法大学出版社 2017 年版,第 14 ~ 15 页。

法律责任,使成文法编纂技术不断发展,形式化程度不断提高,条文规定越发精细;另一方面要求严格执法和司法,在“以事实为依据,以法律为准绳”的基础上,所有的案件都能推出唯一正确的答案,限制法官的自由擅断。然而,在成文法不断概念化和形式化的基础上,即使再精密的成文法体系或司法适用规则,也不可避免地产生同一法律问题的不同结论,导致学界对法律的确定性产生了质疑。

2. 对法律确定性的质疑。法律的确定性是对形式合理性和裁判唯一性的追求,受到了自由法学和现实主义法学的质疑和批判。19世纪末开始,大陆法系国家的学者,如德国法学家鲁道夫·冯·耶林、法国法学家弗朗索瓦·惹尼、奥地利法学家欧根·埃利希等人,在批判德国概念法学的基础上,掀起了一场自由法学运动,提出“法律漏洞理论、活法理论、自由法理论以及自由裁量权理论直接导向了法律的不确定性”。[①] 在霍姆斯大法官所提出的“法律的生命不是逻辑,而是经验”[②]的基础上,20 世纪在美国盛行的现实主义法学从“规则怀疑论”和“事实怀疑论”两个维度分析法律的不确定性,[③]对法律的确定性命题提出了挑战。在霍姆斯的实用主义立场的影响下,两个比较著名的代表人物罗斯科·庞德和卡尔·卢埃林在霍姆斯,“不认可在法律科学体系和逻辑推理基础上的确定性,强调法官选择,将法律视为实现社会控制的工具”。[④] 英国法学家哈特在语言分析的基础上,研究了法律确定性与不确定性的命题,提出了“在形式主义和规则怀疑论之间所建立的中间道路”。[⑤] 可以看出,法律的确定性受到了自由法学和现实主义法学不断的批判,也让我们更全面地认识了法律的确定性与不

---

① 邱昭继、蔡伟:《自由法运动与法律的不确定性》,载《宁夏社会科学》2013 年第 5 期。

② 英文原文为:“The life of the law has not been logic: it has been experience.” See Holmes & Oliver Wendell, *The Common Law*, Harvard University Press, 2009, p. 3.

③ 参见郭春镇:《务实的法治观应立足于裁判的亚确定性》,载《法学研究》2012 年第 6 期。

④ 王婧:《法律的确定性与不确定性——庞德与卢埃林论战解读》,载《清华法治论衡》2015 年第 2 期。

⑤ 周国兴:《法律不确定性命题———个问题史的考察》,载《环球法律评论》2010 年第 6 期。

确定性两个维度,以及法律中存在的不确定因素。

3. 法律中的不确定因素。其一,法律语言不确定。法律通过自然语言进行表达,法律语言自身受到词汇本身、语法结构、逻辑体系、文化差异等因素的影响,具有多义性和模糊性,抽象角度的法律语义中心含义虽然具备一定的确定性,但司法适用角度法律语义的边界却不明确。哈特认为构成法律规则的自然语言具有“意思中心”和“开放结构”的特征,“决定了由语言构成的法律规则既具有一定的确定性,又具有一定的模糊性”。[①]“语言体系和内涵认识的自我改变,语言符号自身的表征与其所指代的客体开始分裂,使人们对通过语言媒介把握法律的真实性、可靠性产生了某种怀疑”。[②] 语言的模糊性导致法律概念界定的不确定性,“法律推理中遇到的最大障碍是法律概念的不确定性,必然会导致法律适用的随意性”。[③] 其二,法律推理不确定。当前的法律推理主要包括形式推理和实质推理两类。一方面,形式推理在传统逻辑的基础上,形成演绎推理、归纳推理和类比推理等具体推理方法。归纳推理和类比推理一般不能直接形成裁判结论,而是在三段论的体系下形成规范层面的推理大前提,再结合具体的案件事实,形成司法裁判结论。在法律的具体适用过程中,“法律推理是、并且只应该是以法律规范为大前提、以法律事实为小前提的一种演绎推理”。[④] 但是,“法律标准的不确定性、事实认定的不确定性、司法人员个性的不确定性和其他社会因素的不确定性”,[⑤]导致法律运行过程中演绎推理所得出的司法结论具有不确定性。另一方面,对于实质推理而言,其需要在社会公平、正义及惯例等价值判断的基础上,以法律解释、类比案例、个案平衡

---

① 黄金荣:《法的形式理性论——以法之确定性问题为中心》,载《比较法研究》2000 年第 3 期。

② 张翼飞:《法律推理不确定性的内部溯因》,载《求索》2010 年第 1 期。

③ 张虹:《论法律推理中的不确定性》,载《社会科学辑刊》2005 年第 4 期。

④ 周赟:《演绎推理与司法结论的不确定性》,载《厦门大学学报(哲学社会科学版)》2015 年第 6 期。

⑤ 曹祜:《论法律的确定性与不确定性》,载《法律科学(西北政法学院学报)》2004 年第 3 期。

和参考刑事政策等方法，在多维价值观念、道德准则和法律事实之间的关系中进行判断和界定，“涉及对法律规范的理解和解释，或者涉及在多种（有时是相互冲突的）可能性中作出决断，或者涉及对卷帙浩繁的案例进行梳理和选择，有时还涉及对‘法’与‘理’之间复杂关系的认识”，①对于一般司法人员具有较高难度，还易渗入非理性因素，导致司法结论的不确定性。

数量刑法学通过模糊数学、概率论和统计学等研究不确定事物的数学方法，在法律不确定因素中，探索法律的确定性。法律的确定性一直是法学界亘古不变的追求。长期以来，法律的确定性依赖于法律解释学，利用不同的解释方法，通过对大前提和小前提的解释论证，最终得出司法裁判结论。事实上，基于不同解释立场和方法，往往得出不同的裁判结论，何种解释方法才是正确的标准？“如果这个问题悬而未决，各种解释方法的选择和适用就是随机性的，疑难案件的判决就仍然充满变数，由法律不确定而引起的整个司法过程杂乱无章的局面也不会有彻底改观”②，往往又陷入法律解释学自身的不确定性，导致“法律解释只是转移了法律的不确定性，从法律文本转移到了法律解释的过程之中，法律的不确定性没有消失，只是被掩盖在了‘解释’的假象之下”。③ 数量刑法学与刑法解释学路径不同，通过独特的数理逻辑，应用数学中的不确定性方法，研究不确定性中的确定性。其一，客观世界存在着具有模糊性、随机性、偶然性、粗糙性等的不确定现象，建立在确定性基础上的经典数学，以及建立在“非此即彼”二值逻辑基础上的传统逻辑，难以应对事物的不确定性，包括法律的不确定性。数量刑法学主要应用模糊数学、概率论和数理统计等数学方法。这些方法恰好是建立在对不确定性事物的研究基础上形成的不确定性数学方法，④契

---

① 黄伟力：《论法律实质推理》，载《政治与法律》2000 年第 5 期。

② 桑本谦：《法律解释的困境》，载《法学研究》2004 年第 5 期。

③ 田源：《行为法律经济学视野中的“法律确定性命题”——以规则和标准的分类为线索》，载《法制与社会发展》2018 年第 2 期。

④ 不确定性数学方法主要包括模糊数学、概率论和数理统计、灰色系统、属性数学、变权决策等数学方法。

合于法律中的不确定因素研究,有利于在法律的不确定性中寻找确定性。其二,具体而言,数量刑法学针对刑法中“量”的不确定性,如“较大”“巨大”“严重”“特别严重”等立法表述,在模糊数学的基础上,通过模糊语言算子进行模糊隶属度的确定,从而建立模糊识别和判断模型,进而解决刑法中关于“量”的不确定性。数量刑法学针对刑法规范和事实的不确定性,利用数学建模和概率统计的方式以及可能的人工智能算法(神经网络、遗传算法、蚁群算法等方法),从更多维更复杂的不确定罪刑关系中寻找确定性。可以说,数量刑法学擅长在不确定性中探索确定性,既不否认法律的不确定性因素,也不放弃对法律确定性的追求,实现法律确定性和不确定性的辩证统一。

二、法律中应然与实然的对立统一

应然与实然及其相互关系是法理学不可避开的问题。在西方法律思想史上存在自然法与实然法的区分,在实然法(实定法)的领域内,亦存在应然和实然的对立统一。以托马斯·阿奎那、新托马斯主义者为代表的自然法学派认为实然与应然是一致的(一元方法论),而以凯尔森为代表的康德主义者、以拉德布鲁赫为代表的新康德主义者、以贝格鲍姆和索姆洛为代表的法实证主义者、以哈特和罗斯为代表的分析法学者认为实然与应然是不一致的(二元方法论)。[①] 事实上,实然与应然并非割裂的二元形态,而是对立统一的。在坚持应然与实然独立价值的基础上,发现二者存在的差距,研究二者的相互作用和转化运动规律,既能促成应然法的不断实现,还能推进实然法的不断进化。

具体而言,法律中应然和实然的具体表现为:其一,从法律判断的内容上看,法律中的应然是在公平、正义、善良的价值基础上对法律“应当是什么”或“希望是什么”作出的主体性设想和期望;法律中的实然是法律从创制、实施到实现的整个过程中,对立法、守法、执法、司法

---

① 参见[德]阿图尔·考夫曼、温弗里德·哈斯默尔主编:《当代法哲学和法律理论导论》,郑永流译,法律出版社2013年版,第135页。

等环节“实际上是什么”作出的客观性描述和判断。其二,从逻辑基础和确定性程度来看,法律中的应然在价值判断的基础上,在考虑法律内部本身价值的基础上,还涉及政治、经济、文化、道德等外部因素,具有一定的主观性、未然性和不确定性。随着社会价值观念和其他因素的发展变化,法律规范自身的稳定性也造就了其不可摆脱的滞后性。法律中的实然基于事实判断,客观描述实然法及其实施的程度和效果,包括与政治、经济、文化、道德等外部因素的联系和相互作用,具备客观性、已然性和确定性。同时,法律中的实然还能反映出法律在社会变化过程中的适应度,进而反馈于应然判断,还形成了一些如“司法先行”试点改革成果,凸显出实然法的独特价值。其三,从实然法的运行过程来看,法律中的应然主要指法律规范本身,法律中的实然主要指法律规范的适用和实现。法律中的应然是包括法律原则(如罪刑法定、罪刑均衡)及具体规范(如责任年龄、分则罪名)形成的法律规范本身,通过命令性规定(应当如何)和禁止性规定(不应当如何)对行为人进行规范,同时通过责任标准的制定,对裁判者应当如何裁量进行规范。而法律中的实然是指法律中的规范在司法实践中是否得以实施,实施的程度和效果、实施存在的问题等方面的客观描述。如法律中的“僵尸条款”、法律实施后的社会效果、罪刑不均衡、案件量、犯罪率等一系列庞大的问题,都属于法律中的客观实然现象。所以,法律中的应然和实然并非割裂,而是对立统一的,共同作用于法律的制定和实施。

法律中应然和实然的分立。法律中实然和应然具有各自的独立价值,在法律运行过程中二者也存在不一致或差距。其一,法律中的应然是将自然法思想中的公平、正义、善良价值观念赋予法律,形成的一系列法律原则和规范,并不能完全与法律中的实然重合。例如,刑法中的罪刑均衡原则要求重罪重罚和轻罪轻罚,在立法实践和司法实践中,依然存在轻罪重罚、重罪轻罚、同案不同罪、同案不同罚的现象。究其原因,要么是法律应然的规范性出现问题,要么是法律实然的适用出现偏差。其二,法律中应然刻画的法治理想、目标和预期效果等“法律应当是怎么样”的命题,并不完全等同于法治现实、法律实效等“法律实际是怎么样"的命题,二者的逻辑出发点、研究内容、研究方法等方面存在不同。如法律中的应然主要采用抽象的价值分析或解释的手段,主要应用演绎推理的方法,法律中的实然主要采用具体的实证分析手段,主要应用归纳推理的方法。其三,从法律的实践性来看,实践是认识的基础,法律中的实然应当是法律应然的重要认识来源,即法学理论和科学立法应当建立在对法治实践正确认识的基础上。我们往往忽视法治实践的重要作用,习惯于将法律的应然禁锢于纯粹的价值判断和封闭的概念论证体系中,无形中造成法律应然和实然的分立。其四,缺乏法律实然的全面客观认识,没有建立实然和应然的有效沟通途径,使得法律的实然和应然各行其道。法学理论和立法建立的假设、理想和目标,往往通过理论到理论或典型案例进行论证支撑,在此方式下许多法律的应然能有其自身理论体系或个案的例证得以证实。但实际上,理论证明理论或个案证明理论存在极大的不确定性,实践是检验真理的唯一标准中的实践并非单纯的理论实践或极端个案实践,应重点放在法律宏观实然层面进行检验。然而,对于实证研究和量化分析的不足,使得理论和实践沟通渠道不畅,造成了理论划归理论,实践归属实践的路径分离。

数量刑法学对实然和应然对立统一的应对。基于法律应然和实然的独立性价值,二者无法实现完全的重合,但是,使法律应然和实然不断趋近却是可以实现的理想和追求。其一,数量刑法学可以深挖法律应然和实然的独立性价值和合理性内核。从法律应然的角度来看,数量刑法学不局限于刑法内部公平与正义的因素,可以将政治、经济、文化、道德等外部因素引入论证体系中,还能通过数学建模等方式,不局限于单因素的分析,进行多因素共存的复杂论证,进而探索出法律应然的独立价值和合理内核。如贪污罪入罪数额的提高、刑事责任年龄降低等刑法修正的合理性,是刑法应然不可回避的问题,但仅局限于刑事法的内部论证,难以得出应然的合理内核,必须借助社会学、经济学、心理学等外部学科的因素,架构于应然的论证,才能得出合理的结论。从法律实然的角度来看,数量刑法学运用概率论和统计学对大量裁判案例进行实证分析，从整体上得出“法律实际上是怎样”“法律运行状况究竟怎样”“实施效果究竟怎样”等问题的现实答案，在此基础上发现法律实然中的范围、规模、主要内容、影响因素和规律等实然价值，进而归纳出法律实然的合理内核和非理性因素，为应然法的理想和追求奠定坚实的实然基础。其二，数量刑法学可以架起法律应然和实然相互沟通的桥梁。法律应然和实然之间的鸿沟往往源于抽象与具体、规范与事实之间的差异，研究范式的不同造成应然和实然的“两相遥望”，传统研究范式对应然层面更重视概念的推演和实质的判断，对实然层面主要依赖经验的总结。应然层面的高度抽象性与实然层面的个案经验没有形成良性的互动。数量刑法学无论是在应然层面还是在实然层面，都运用量化分析的范式，借助数字并运用数学方法，在应然和实然层面建立起相同的符号沟通语言、研究范式和方法，使二者具备一致的数量基础、量化推理过程和量化结论，促进应然和实然的沟通，架起应然和实然的数字沟通桥梁。其三，数量刑法学可以促成法律应然和实然的趋近和融合。在应然与实然的数字沟通桥梁的基础上，一方面，通过法律实然的量化观察或实证分析，数量刑法学能更全面地发现实然法对应然法的贯彻效果及程度，发现实然法中存在的问题，并进行实然法的纠偏。如应然层面追求的罪刑均衡，实然层面存在的同案不同罪、同案不同罚，造成实然和应然的不重合，为了缩小二者不重合的部分，需要进行量刑规范化的实然层面研究探索，进行实然层面的纠偏。另一方面，法律的实然为应然提供了基础，促进法律应然的实现和完善。在实然层面分析出的问题、特征和规律，可以促进应然法的修正。如贪污罪入罪数额的提高，1997 年《刑法》规定的 5000 元的入罪标准，已经不能满足实然法的合理性需求，造就了“经济发达地区的司法部门倾向于将贿赂犯罪的起点自行认定为 5 万元”[①]的司法先行的实然状况，进而反馈于应然法的修正，最终将数额进行了应然法的修正。所以，数

① 王秀梅：《论贿赂犯罪的破窗理论与零容忍惩治对策》，载《法学评论》2009 年第 4 期。

量刑法学在尊重应然和实然独立价值的基础上,通过数字语言和数学方法,架构起应然和实然沟通的桥梁,促进应然和实然的不断趋近和融合。

三、法经济学视野下法的可计算性

法的可计算性源于法律的经济分析。“无论是现代人建构的知识学还是通过货币影响了的现代生活,都充斥着定量的、算计的特征。”①贝卡里亚认为:“只要刑罚的恶果大于犯罪所带来的好处,刑罚就可以收到它的效果。”②这里就涉及犯罪的预期成本和预期收益的计算问题。基于理性人假设和正当化思想,边沁在功利原理的基础上提出:“惩罚之值在任何情况下,皆须不小于足以超过罪过收益之值”,③将刑罚的正当性与可计算的快乐和痛苦结合在一起。随着经济的不断发展,除了公平和正义以外,不断演化的法律效益逐渐融入法律的价值序列中,使得法律的经济分析研究不断深入,“大有与新分析主义法学、社会法学和新哲理法学等西方三大主流法学派平分天下之势”④。马克斯·韦伯认为:“经济利益也是影响法律创制的最强大因素。”⑤迈克尔·D.贝勒斯在《法律的原则——一个规范的分析》一书中也提出了经济成本和减小损害的两条经济性原则。⑥ 法律中融入的经济分析不断影响着立法、执行和司法等法律运行的各环节,如在立法层面,当危

---

① 何柏生:《论法律价值的数量化》,载《法律科学(西北政法大学学报)》2011年第6期。

② [意]切萨雷·贝卡里亚:《论犯罪与刑罚》,黄风译,北京大学出版社2008年版,第63页。

③ [英]边沁:《道德与立法原理导论》,时殷弘译,商务印书馆2000年版,第225页。

④ 李可:《可计算的刑法》,吉林人民出版社2004年版,第5页。

⑤ [德]马克斯·韦伯:《经济与社会》(第1卷),阎克文译,上海人民出版社2010年版,第453页。

⑥ 迈克尔将经济成本原则表述为:“在所有其他条件均相同的情况下,无论经济成本是直接成本,还是错误成本,任何关心财富的人都有充分的理由选择较低的经济成本,而不选择较高的经济成本。”迈克尔将减小损害原则表述为:“如果人们合理认为,其行为可有效避免更大的损害、不存在损害更小的方法,以及其行为的目的是避免更大的损害,则他们不应当负刑事责任。”参见[美]迈克尔·D.贝勒斯:《法律的原则——一个规范的分析》,张文显等译,中国大百科全书出版社1996年版,第26、391页。

险驾驶罪超过盗窃罪成为我国第一大罪名后，在刑法领域内凸显出的法律效益问题，引起了法学界的极大关注；司法层面，“能不捕的就不捕，能不诉的就不诉”的“少捕慎诉”司法理念，也是在坚持司法公信力和公平正义的基础上，或多或少地考虑了经济效益等因素。随着法律的经济分析不断深入，其依附的可计算性特点也逐渐影响法学理论、思维方式和法学方法。

法律的形式合理性蕴含着可预测性，可预测性要求法律具备可计算性。“从词根上看，‘合理性’中的‘ratio’代表‘计算’和‘根据’，即根据标准计算。”[①]形式合理性需要程序正义、普遍性适用、可操作性和可预测性。法的可预测性与正当性密切相关，对于公民而言，“法律的可预测性意味着公民在相互交往的过程中能够根据法律来预测各自的行为”。[②] 从而，公民在理性的基础上安排和规划自己的行为活动。可预测性是维护自由的重要方法和理念，准确的预测依赖于准确的计算，可预测性建立在可计算性的基础上。虽然“近代西方国家在法制运作形式化发展中，大陆法系国家与普通法系国家存在着一定的不同，但在理性品质上却是相同的，它们的法制运作形式化都是在数学思维指导下完成的，可计算性和可预测性是它们法制运作的内在要求”。[③] 法的可计算性不仅涉及法律经济学在法律投入和产出中的效益计算，还涉及部门法内部的数量关系计算，如程序方面的时效计算、民事损害赔偿金额的计算、刑事责任中刑量的计算等，这些都离不开科学的计算准则和方法。可以说法律的形式合理性从词源、法治要求到规范内容都包含着可计算性的内涵和外延，计算结果的精确性时刻影响着形式合理性。立法者通过科学的计算方法和技术，实现对实质合理性的追求。正如马克斯·韦伯所言：“现代西方资本主义的合理性实质上依赖于对技术的那些决定性因素的可计算性；确实，这些因素是所有更为精确

---

① 陈曦：《法律确定性的统合理性根据与法治实施》，载《社会科学》2016 年第 6 期。

② 邱昭继：《法律的不确定性与法治的可能性》，载《政法论丛》2013 年第 1 期。

③ 魏建国：《数学思维与近代西方法制形式理性化》，载《社会科学研究》2006 年第 4 期。

的计算的基础。而这又意味着这种可计算性实际上依赖于西方科学，尤其是基于数学和实验精确性的自然科学之独特性。”[①]随着法律的定量分析不断发展，更为精确的数学方法和现代信息技术将运用到法的可计算性，更精确的计算结论会不断提高法律的可预测性，更完备的运算规则会不断趋近实质合理性的理想和追求。

法的可计算性促成了计算法学的兴起。在互联网、大数据、人工智能的背景下，受计算社会学影响，基于法的可计算性，近年来我国出现了“计算法学”的概念。钱宁峰提出：“大数据时代法学研究的发展方向是走向基于社会计算的法学，即‘计算法学’。”[②]张妮、徐静村认为：“计算法学是随着人工智能在法学中深入应用而产生的一门交叉学科，使用建模、模拟等计算方法来分析法律关系，让法律信息从传统分析转为实时应答的信息化、智能化体系，旨在发现法律系统的运行规律。”[③]邓矜婷、张建悦提出：“计算法学方法在本质上是将一个法律研究问题的一部分或全部形式化为可以计算的问题，或者由计算机演算的过程。”[④]计算法学作为一种在方法论基础上的研究，是基于法的可计算性的，只是在计算的过程中突出使用以数据驱动为核心的人工智能算法，“在认识论和方法论意义上，计算法学可归属为实证法学的基本范畴”。[⑤] 正如申卫星教授所述：“计算法学是传统法学面对‘计算无处不在’的时代现象和‘计算主义’认识论所形成的一种新范式。”[⑥]计算法学概念的提出及实际应用，印证了法的可计算性，特别是在实证领

---

① [德]马克斯·韦伯：《新教伦理与资本主义精神》，苏国勋等译，社会科学文献出版社2010年版，第10页。

② 钱宁峰：《走向“计算法学”：大数据时代法学研究的选择》，载《东南大学学报(哲学社会科学版)》2017年第2期。

③ 张妮、徐静村：《计算法学：法律与人工智能的交叉研究》，载《现代法学》2019年第6期。

④ 邓矜婷、张建悦：《计算法学：作为一种新的法学研究方法》，载《法学》2019年第4期。

⑤ 于晓虹：《计算法学：展开维度、发展趋向与视域前瞻》，载《现代法学》2020年第1期。

⑥ 申卫星、刘云：《法学研究新范式：计算法学的内涵、范畴与方法》，载《法学研究》2020年第5期。

域的定量分析。计算法学通过数据驱动和人工智能算法,将法的可计算性推向了极致,在计算的精度、广度和复杂程度上具有特殊的优势。从学科发展的角度看,计算法学应属于数量法学进入互联网、大数据、人工智能时代的产物,在法的可计算性基础上,针对法律中的"数""量"及其关系,拓展数量法学的现代化方法。

法的可计算性为数量刑法学奠定了基础。学界往往排斥将简单的计算方法引入刑法,尤其是在最需要计算的量刑环节,石经海教授认为:"量刑只是一门'软科学',不能简单地用'硬指标'去衡量,不能异化为简单的数学运算。"①王越教授也提出:"量刑并非简单的数学运算。"②的确,量刑的计算并非单因素的简单计算,而需要将罪刑均衡视角下的多因素综合复杂计算。最高人民法院试图通过简单的数学四则运算,进行量刑合理性和科学性的规范化改革,但并未全面理解法的可计算性,难以深入刑法的实质正义,造成了机械化和形式化的倾向。法的可计算性带来了通过计算的方式探索刑事公平和正义的可能,不仅包括简单的计算规则,还包括复杂的计算方式:一方面,刑法规范本身就存在许多简单的计算规定。如数罪并罚中对于漏罪的"先并后减"和对新罪的"先减后并"、减刑刑期、刑事追诉时效期限、犯罪数额和数量等的计算。另一方面,刑法中还存在包括多维向量的复杂计算。如正当防卫和紧急避险限度,犯罪预备、未遂和中止的界限,社会危害性和人身危险性大小的评判,情节和后果程度大小的计算,宣告刑的计算等。无论是简单计算还是复杂计算,刑法的公平正义都有着通过计算来实现的可能。虽然《刑法》直接规定的简单计算已经在刑法实践中得到应用,但是,相对复杂的计算却未能完全展开,造成了学界对于计算的机械化印象。数量刑法学基于法的可计算性,针对刑法中的"数""量"及其关系,利用数学方法或现代信息科学技术,可以实现对复杂罪刑关系进行科学化、精确化的计算。数量刑法学在刑事规范的层面,

---

① 石经海:《量刑建议精准化的实体路径》,载《中国刑事法杂志》2020年第2期。

② 王越:《量刑规范性水平的实证检验:以故意伤害罪为例的分析》,载《法学家》2020年第6期。

试图架构相应的罪刑关系数理模型，提高刑法的可预测性；在刑事实践层面，在实证研究的基础上，借助计算法学中的恰当方法，促进刑法实然层面的公平与正义。

第三节　数量刑法学的刑法基础

一、罪刑法定原则的明确性追求

罪刑法定原则是在保障人权和自由，限制司法权滥用的基础上产生的，“通过成文法主义、刑法溯及力的排斥、类推适用禁止、法定刑明确化，规训具体代表国家行使刑罚权的司法者，保障包括犯罪嫌疑人、被告人和罪犯在内的全体国民的人权”。[①] 罪刑法定原则作为现代刑法的基本原则之一，对刑事立法提出了明确性的要求，罪量与刑量应明确规定。但是，随着行政规章、地方性法规、司法解释等规范性文件不断冲击刑法的唯一法源地位，加之刑法日常语言的模糊性以及兜底性条款语义边界的不确定性，“立法者的明确性责任只能部分让渡于司法者”，[②]“罪刑法定原则的严格性与灵活性之间产生了不可避免的矛盾和冲突”，[③]具备理性主义的罪刑法定原则不断受到冲击和挑战。因此，罪刑法定原则也经历了从绝对到相对的发展过程，陈兴良教授将其界定为：“从完全取消司法裁量到限制司法裁量；从完全反对法官对刑法进行解释到允许法官对刑法进行严格解释；从完全否定类推到容许对被告人有利的类推；从完全禁止事后法到从旧兼从轻；从绝对确定的法定刑到相对确定的法定刑。”[④]法官在坚持罪刑法定严格性的基础上，获得了一定的灵活性。许多国家在宪法里面明确规定了罪刑法定

---

① 梁根林：《罪刑法定原则：挑战、重申与重述——刑事影响力案件引发的思考与检讨》，载《清华法学》2019 年第 6 期。

② 高巍：《重构罪刑法定原则》，载《中国社会科学》2020 年第 3 期。

③ 车剑锋：《最高限度与最低限度罪刑法定的划分及其意义——对传统罪刑法定原则分层策略的反思与重构》，载《政治与法律》2017 年第 9 期。

④ 陈兴良：《罪刑法定主义的逻辑展开》，载《法制与社会发展》2013 年第 3 期。

原则,相当多的国家在刑法典的显著位置规定了罪刑法定原则。

罪刑法定原则是数学公理化方法在刑法中的体现。欧几里得的《几何原本》首次引入了公理化方法,从少数简单命题或称为公理出发,通过严密的逻辑推理,推导出一系列的数学定理。随后,通过公理化方法寻找理性的思维方式不断传播,自然科学和社会科学在自身学科体系构建过程中,都曾采用公理化的方法,法学也不例外。“近代《美国宪法》《拿破仑民法典》《德国民法典》等著名的法典,体系之所以严密,一改古代法典体系松散的特点,其原因就在于这些近代法典无一例外地采用了公理化方法”。[①] 我国《刑法》总则第 3 条明确规定了罪刑法定原则,该条款在《刑法》中处于显著的靠前位置,仅在立法宗旨和本法任务两条之后,和数学公理一样,具有简单易懂的特点,对排在后面的《刑法》条文及其司法适用具有最基础的规范和指导意义。如同数学一样,刑事立法在罪刑法定的公理上进行分则定理的推导,即分则具体个罪条文按照罪刑法定原则的形式和实质内容进行制定:从形式上看,《刑法》第 3 条规定的罪刑法定原则,出现了两个“……的,……处刑”的条文结构,相应的“刑法分则各本条(规定具体犯罪与法定刑的条文)的表述方式,均为‘……的,处……’”[②]的条文结构,可以看出,分则在具体个罪的设置上严格按照罪刑法定形式上的条文结构进行个罪的推演和扩展;从内容上看,分则具体个罪“……的,”规定了个罪具体的罪状内容,对应于《刑法》第 3 条的罪之确定,“处……”规定了个罪具体的法定刑内容,对应罪刑法定第 3 条的刑之确定,实现了罪与刑的内容法定化,贯彻了罪刑法定的公理性要求。

罪刑法定原则受到数学法则确定性的影响。数学基于数字和严密论证形成的确定性特征,影响着学者们纷纷借鉴数学方法,进行相关学科的探索。贝卡里亚在《论犯罪与刑罚》中阐述了罪刑法定原则,洛克的《政府论》和孟德斯鸠的《论法的精神》中也蕴含着罪刑法定的思想。

---

① 何柏生:《法律文化的数学解释》,商务印书馆 2015 年版,第 119 页。

② 张明楷:《刑法分则的解释原理》(第 2 版)(上),中国人民大学出版社 2011 年版,第 168 页。

罪刑法定原则的提出，从更深的渊源上来讲，受到了数学观念中确定性的影响：古典自然法学代表性人物卢梭“在其政治学和法学方面的重要著作《社会契约论》中，在制度研究部分大量地采用了数学定律的研究方法”[①]，并将法学命题定律化和数学化，提高确定性和可操作性。洛克虽然是经验主义的代表，但深受笛卡尔哲学的影响，强调知识的确定性，“推崇基于理性推理的数学，肯定特殊知识之外还存在普遍知识”[②]，在普遍性的基础上探索确定性。孟德斯鸠的《论法的精神》融入了数学观念和数学方法，“有不少法律原则是采用公理化方法，通过演绎推理得出的”[③]。贝卡里亚热衷于数学，用数学的方法研究社会问题，如用数学方法研究走私等。贝卡里亚在《论犯罪与刑罚》中还提出：“应当用几何学的精确度来解释这些问题，因为这种精确度足以制胜迷人的诡辩、诱人的雄辩和怯懦的怀疑。”[④]在笛卡尔追求确定性的哲学影响下，西方理性中的数学理念、公理化精神以及对确定性的追求，促进了洛克、卢梭、孟德斯鸠、贝卡里亚等学者罪刑法定思想的孕育。

罪刑法定原则存在明确性难题。在罪刑法定原则下，我国通过刑事立法实现了罪与刑的确定性，《刑法》分则确定了个罪的罪状，并配置了个罪对应的刑种和刑期幅度，意味着超越法定刑规定的刑种及法定刑幅度是不被允许的，从而将司法权限制在立法规定的大框架中，实现了罪与刑的“有规定”。但是，基于立法语言自身不可避免的模糊性和歧义性，刑事立法虽然做到了“有规定”，但“规定并不清晰”，明确性程度并不高，导致对于同一刑法问题，可能会出现不同的理解和分歧。正如牛津大学法学院院长恩迪科特教授所述：“如果某人要对法律确定性做一番全面的考察，他就必须在语言层面上或在规则与规则适用

① 钱福臣：《法学研究中的卢梭式数学定律法及其评价》，载《苏州大学学报（哲学社会科学版）》2011年第4期。

② 胡景钊：《洛克知识学说述评》，载《中山大学学报（社会科学版）》2004年第5期。

③ 何柏生：《法律文化的数学解释》，商务印书馆2015年版，第126～127页。

④ ［意］切萨雷·贝卡里亚：《论犯罪与刑罚》，黄风译，北京大学出版社2008年版，第28页。

的层面上作出考察,语言的本性或其他东西的本性使得法律问题可能有多个正解。"①"具体到中国刑法中,可能让罪刑法定暴露其自身矛盾的至少有两类刑法规定:一类是纯正情节犯,……另一类暂且称其为纯正兜底犯",②这两类犯罪满足了"有规定"的罪刑体系周延性,但内容缺乏明确性。法律作为具备抽象性的普遍规范,难以给出具体和翔实的标准,对法律明确性的追求,往往不能通过立法本身实现,这与罪刑法定的明确性要求和普通公众的预测可能性期盼形成了冲突。此时,刑法解释学介入法律条文和司法实践之间的抽象与具体、滞后与发展、有限与无限关系中,"借助刑法解释来确立明确的标准",③具体而言,即通过司法解释、指导性案例、学理解释或裁判者的经验给出似乎明确的判断标准。然而,刑法解释受到不同的效力层次、解释方法和价值倾向等因素的影响,往往形成不同的结论且难以达成共识。解释理论越精细复杂,民众的可理解程度越低,反而拉大了与明确性的距离。另外,刑法解释本身也是使用与立法语言一样的自然语言,也难以避免语言自身的模糊性,所以刑法解释仍然存在客观性和明确性欠缺的问题。

罪刑法定视域下的数量刑法学。既然罪刑法定原则受数学公理化方法和确定性的影响,便为数量刑法学用数字和数学方法应对罪刑法定的明确性提供了可能。罪刑法定原则包括罪之确定和刑之确定两个方面,刑事立法对罪的确定,主要采用自然语言表达,形成了以估量为基本因子的"模糊罪量体系",罪刑法定的明确性障碍集中于罪之确定上;刑事立法对刑量的确定,主要采用了数字的表达,形成了以数字区间为基本因子的"数字刑量体系",数字具备天然的明确性特征,数字区间也带来了相对罪刑法定原则的灵活性,刑量的确定性在立法层面争议不大,但源于罪与刑之间的因果关系,在刑法适用层面,罪量的明

---

① [英]蒂莫西·A. O. 恩迪科特:《法律中的模糊性》,程朝阳译,北京大学出版社 2010 年版,第 101 页。

② 白建军:《坚硬的理论,弹性的规则——罪刑法定研究》,载《北京大学学报(哲学社会科学版)》2008 年第 6 期。

③ 闻志强:《重申罪刑法定的基本理念》,载《法商研究》2015 年第 1 期。

确性障碍也带来了刑量轻重的争议。所以,罪刑法定明确性的关键问题在于如何解决罪的确定。罪的确定包含罪质的确定和罪量的确定,在质量互变规律的作用下,二者又呈现出复杂性,由于刑法中大部分条文都采用如“较大”“巨大”“严重”“特别严重”等模糊罪量表达,如何将这些罪量从模糊变为清晰、从抽象标准转化为具体的量化尺度,就成了罪刑法定明确性的关键性问题。针对罪量的模糊性表达,数量刑法学可以通过模糊数学方法,建立模糊语言算子解构罪量,建立相应的数字标准,力图实现罪量的明确化。当然,数量刑法学主要以刑法中的“数”“量”关系为研究对象,对于不存在罪量因素的罪质明确化,数量刑法学只能依赖于质量互变规律,以及实证研究中总结出的特征和规律,反馈于刑法的定性判断和认识,促进罪质的明确化。

二、罪刑均衡原则的数量化观念

罪刑均衡原则的量化观念和数学思想。贝卡里亚在论述刑罚和犯罪相对称的主题时,提出了罪之阶梯:“它的最高一级就是那些直接毁灭社会的行为,最低一级就是对于作为社会成员的个人所可能犯下的、最轻微的非正义行为。在这两极之间,包括了所有侵害公共利益的、我们称之为犯罪的行为,这些行为都沿着这无形的阶梯,按从高到低顺序排列。”①在应用几何学的基础上,贝卡里亚还提出了与罪之阶梯相对应的刑之阶梯:“如果说,对于无穷无尽、暗淡模糊的人类行为组合可以应用几何学的话,那么也很需要一个相应的、由最强到最弱的刑罚阶梯。”②可见,贝卡里亚的罪刑均衡思想不仅提出了罪刑阶梯的概念,还蕴含着数学方法的应用前提。另外,贝卡里亚在刑罚和犯罪相对称的论证中,还提及了“数学”“计算”“精确”“标尺”等与数学和物理学相关的名词。边沁在论述惩罚与罪过之间的比例时,提出:“罪过的害处

① [意]切萨雷·贝卡里亚:《论犯罪与刑罚》,黄风译,北京大学出版社2008年版,第66页。

② [意]切萨雷·贝卡里亚:《论犯罪与刑罚》,黄风译,北京大学出版社2008年版,第66页。

越大，以惩罚方式可能值得付出的代价也就越大。”[①]在功利主义原理的基础上，通过快乐和痛苦的计算，建立起犯罪与刑罚之间的均衡路径。其在论述惩罚所应有的特性时，十分重视对量的计算和比较，认为：“应赋予一套惩罚的第一个特性，是在量上的可变，以符合罪过的收益或损害所能有的每一不同分量”，[②]展示出其在罪刑均衡中关于量化和计算的思想。然而，以往的研究往往忽视了贝卡里亚、边沁刑事古典学派在罪刑均衡上的量化观念和数学思想，没有将数学计算在罪刑均衡原则上进行深入扩展。正如贝克尔教授所述：“贝卡利亚和边沁在 18 世纪和 19 世纪对刑法学作出了重大贡献，他们明确地应用了经济计算，但不幸的是，这种分析在最近一个世纪被淡漠了。”[③]随后，无论是以康德、黑格尔为代表的古典报应主义，还是以龙勃罗梭、加罗法洛为代表主张刑罚个别化的刑事实证学派，抑或以团藤重光和大塚仁代表的人格责任论，在罪刑均衡或罪责刑相适应的论述中，虽然都涉及影响刑罚量适用中的行为因素或行为人因素的考察和评价，但偏向对行为和行为人因素在罪刑均衡中质的分析，并未走上量化分析和数学应用的道路。

对罪刑均衡原则的再认识。首先，均衡建立在罪刑关系之中，不存在罪或刑均衡的孤立判断。而这种关系，表现为罪与刑之间的因果关系。其次，罪刑之间的这种关系，应当是罪与刑两个集合之间的映射关系，或者可以称之为函数关系。白建军教授将罪刑均衡界定为：“罪量系统与刑量系统之间以罪量系统为主导的因果关系。”[④]再次，罪刑之间的均衡是需要进行比较的，在相同的参照水平上才能建立比较的可能性，从而实现对是否均衡的认识。最后，罪刑均衡的罪与刑的比较，涉及多个维度和多种因素，具有较强的复杂性。正如刘守芬教授所述：

① ［英］边沁：《道德与立法原理导论》，时殷弘译，商务印书馆 2000 年版，第 227 页。

② ［英］边沁：《道德与立法原理导论》，时殷弘译，商务印书馆 2000 年版，第 227 页。

③ ［美］加里·S. 贝克尔：《人类行为的经济分析》，王业宇、陈琪译，格致出版社、上海三联书店、上海人民出版社 2008 年版，第 104 页。

④ 白建军：《罪刑均衡实证研究》，法律出版社 2004 年版，第 257 页。

"我们在立法、司法中实际运用罪刑均衡原则的时候,就要做到先从罪刑均衡整体出发,提出罪刑均衡的目标,在实现整体目标(犯罪与刑罚均衡)的前提下,考虑犯罪质与刑罚质、犯罪量与刑罚量、犯罪度与刑罚度等'子元素'之间的均衡关系,不能只从犯罪或刑罚的某一角度或某一层次来运用罪刑均衡原则。"①总体而言,罪刑均衡是一种罪与刑之间,以罪量系统为主导,涉及多个维度和多种因素综合判断的复杂关系。然而,基于罪量系统存在自然语言的模糊性,加之多因素叠加后的认识难度,对罪刑均衡的精确化实现似乎成了难以完成的理想化追求。正如刘守芬教授认为罪刑均衡的精确性存在现实可能性,但要"设计出以此理论为前提的囊括犯罪构成所有变量的计算软件,包括对客观危害和主观恶性的量化模式,其中还需要相关的各类学科对于行为、心理、社会等诸多因素可量化性的理论支持",②从传统的研究范式来看,确实存在较大难度。

罪刑均衡原则实现对数量化的需求。罪刑均衡中的刑罚(除去死刑和无期徒刑)完全由数字进行刻画,形成了以数字区间为基本因子的"数字刑量体系","数"的精确性契合了罪刑法定明确性的要求,"数"的可计算性为实现罪刑均衡提供了量化表征的可能。然而,用自然语言刻画的罪量系统,形成的以估量为基本因子的"模糊罪量体系"却具有模糊性。罪刑均衡的实现,要将表达罪行大小的"量"与刻画刑罚轻重的"数"相适应,进而产生了文字量与数字量、模糊量和数字刑相统一的命题,形成了"模糊罪量—数字刑量"相适应的结构模型。从而产生了罪刑均衡实现的两方面需求:其一,立法中的模糊罪量要对接"数字刑量体系"中的法定刑数字幅度,司法中具体模糊罪量还要与数字幅度中的具体数字进行合理关联。数字作为罪刑均衡的最终表达形式,其具备的精确性和可计算性特点,倒逼模糊罪量的确定性,提出了对模糊罪量量化和数字化的需求。其二,罪刑均衡体现为"模糊罪

① 刘守芬:《罪刑均衡论》,北京大学出版社2004年版,第44页。

② 刘守芬、方泉:《罪刑均衡的立法实现》,载《法学评论》2004年第2期。

量—数字刑量”的结构均衡，评价二者的均衡需要在相同的参照水平和评价准则的基础上构建罪刑关系模型，在模糊罪量进行量化的基础上，通过数字的可计算性和比较性，才能正确评判复杂的罪刑关系。概言之，立法环节追求罪量与数字区间的均衡，司法环节追求具体罪量与刑量确定之数的均衡，需要对模糊罪量进行合理量化，架构罪量与刑量的数学模型。

罪刑均衡视域下的数量刑法学。罪刑均衡原则，从最早提出者的观点和论证思路上看，存在着量化观念和数学思路，产生了罪刑均衡原则在实现过程中的量化和数学分析的需求。储槐植教授曾提出：“罪与刑的关系，从哲学上看是因果关系，从数学看是等量等值关系。”[①]这一观点揭示出了罪刑均衡中量化的特征和数学分析的必要，为数量刑法学关于量化分析方案的设计和数学应用奠定了基础。对于如何去探索罪刑之间的等值等量关系的问题，长期以来，我们依靠主观的经验或估堆，往往难以形成统一且精确的标准。数量刑法学，基于量化分析的方案和数学模型的构建，可以为探索数学上罪刑均衡的等值等量关系提供可能，力图促进科学的罪刑体系构建和公正的刑罚裁量。白建军教授在《罪刑均衡实证研究》一书中，通过对罪量系统和刑量系统的变量体系设置、关系构建和量化分析，从数量化的角度，以实证分析的范式，探索了实然层面的罪刑均衡，得出了许多重要结论，[②]给罪刑均衡的数量化论证树立了先锋典范，也为数量刑法学利用量化方式和数学方法研究罪刑均衡问题提供了重要例证。

罪刑均衡原则为数量刑法学的展开提出了标准和要求。储槐植教授认为：“罪刑均衡问题，既是一个刑法学问题，又是一个高深的数学问题。”[③]如何在刑法问题和数学问题之间建立科学的联系，如何发现其中高深的数学问题，并通过严密的推理论证进而得出正确的结论，对这些问题的回答，在某种意义上为数量刑法学提出了研究的标准和要

① 储槐植：《我国刑法中犯罪概念的定量因素》，载《法学研究》1988年第2期。
② 参见白建军：《罪刑均衡实证研究》，法律出版社2004年版，第103～382页。
③ 储槐植、何群：《论我国数量刑法学的构建》，载《中国法学》2019年第3期。

求。在从刑法问题转化为数学问题的过程中,需要合理的量化方法、科学的数学分析、严密的推理论证、可进行实践检验的量化结论。首先,应考虑用自然语言刻画的罪量系统中各个因素量化的可行性和科学性;其次,应科学建立罪量系统和刑量系统之间的数学模型;最后,应在刑法实践中检验罪刑关系数学模型的可靠性,并通过应然和实然的互动,不断优化和发展罪刑关系的数学模型。数量刑法学针对以上三个方面的要求,建构自身的研究体系:首先,对自然语言刻画的罪量系统,通过模糊数学的引入,利用模糊语言算子,进行模糊罪量的量化评价和判断;其次,罪刑关系是一个多维度和多因素的复杂关系,应建立合理的变量系统,通过线性代数构建立法应然层面的罪刑关系模型,并通过概率论和数理统计构建司法实然层面的罪刑关系模型;最后,基于相同的数字参考标准,在应然层面与实然层面的罪刑关系模型之间,通过应然对实然的指导以及实然对应然的反馈关系,检验罪刑关系模型的准确度并进行优化,为立法和司法提供参考标准。

综上所述,罪刑均衡作为刑法的基本原则之一,系支撑数量刑法学存在和发展的重要缘由,数量刑法学也以促进罪刑均衡的实现为使命。

三、刑事一体化下的整合性需要

刑事一体化思想的提出与发展。储槐植教授早在 1989 年就提出了刑事一体化的思想,并将刑事一体化的基本点界定为:“刑法和刑法运行处于内外协调状态才能实现最佳社会效益。”[①]这与德国整体刑法学的理论内涵相似,在刑法动态性和实践性的基础上,倡导刑法学的研究不能局限于刑法本身,而应当在内外关系中促进刑法学的纵深开拓。储槐植教授进一步界定了这种内外关系:“内部关系主要指罪刑关系,以及刑法与刑事诉讼的关系。外部关系更加复杂:其一为前后关系,即刑法之前的犯罪状况;刑法之后的刑罚执行情况。其二为上下关系,即刑法之上的社会意识形态、政治体制、法文化、精神文明等;刑法之下主

① 储槐植:《建立刑事一体化思想》,载《中外法学》1989 年第 1 期。

要指经济体制、生产力水平、物质文明等。”[①]刑事一体化的关键在于内部关系中各要素之间、内部与外部关系中各要素之间的深度融合，进而促进刑法自身的合理性，并实现刑法的最佳社会效益，强调内外关系中的“化”字。

长期以来，我们的刑法学研究往往固守刑法本身，局限于在刑法之中研究刑法。刑法学研究虽然与刑事政策学、犯罪学、刑事诉讼法学等也有交叉融合，但与经济学、社会学、心理学等学科的外部沟通欠缺，在刑法之外的交叉研究融合仍然不足。而国外的研究不断融入其他学科的内容，如瑞士蒙特勒大学犯罪学学院的研究学者通过 MANCOVA（多元协方差分析）和 ANCOVA（协方差分析）程序，对 261 名性罪犯和 150 名非性暴力罪犯进行智力水平亚量表比较，发现他们在词汇量、理解能力、算术能力、心算计算能力、物体组装能力、字母数排序能力、感知能力等主观认识能力方面的显著差异。[②] 内华达大学心理系研究学者，利用期望效用理论和心理机制的数学解释，论证嫌疑人在审讯过程中特定时刻否认或认罪的决定以及认罪决定如何随时间而变化。[③] 新西兰学者根据来自两个青少年监狱网站的 60 名青少年（16 ~ 19 岁）的数据，对获释青年（51 人）4 年后综合再犯罪率进行了评估，在控制了其他已知的风险因素之后，通过计算逮捕率、严重性和犯罪释放后的持续性来预测未来犯罪的可能性。[④] 我国也有少部分学者将犯罪学、经济学、心理学的研究成果融入刑法学中，但由于缺乏相同的量化关系平台和数学沟通语言，刑事一体化下的多学科深度融合仍然存在屏障。

“刑事一体化思想就是主张从刑事学科系统整体的高度来把握各

---

① 储槐植：《再说刑事一体化》，载《法学》2004 年第 3 期。

② See Guay et al., *On Intelligence and Crime: A Comparison of Incarcerated Sex Offenders and Serious non-sexual Violent Criminals*, International Journal of Law and Psychiatry, Vol. 28: 4, p. 405 - 417(2005).

③ See Yang et al., *The Interrogation Decision-Making Model: A General Theoretical Framework for Confessions*, Law and Human Behavior, Vol. 41: 1, p. 80 - 92(2017).

④ See Rucklidge ed., *Criminal Offending and Learning Disabilities in New Zealand Youth: Does Reading Comprehension Predict Recidivism*, Crime & Delinquency, Vol. 59: 8, p. 1263 - 1286 (1993).

相应刑事学科研究的内在规律,其理论意义是显著的。"①然而,其实现过程中存在诸多难题:其一,多学科的交叉融合是一个庞大的工程,刑事一体化并非将其他学科完全融入刑法学,而是发掘其他学科与刑法学的交集,汲取其合理的成分,提升刑法学的科学性和实践性,促进刑法学与其他学科的交叉发展。但是,各学科之间的研究逻辑基础、研究对象和研究范式存在差异,如何将其研究成果融入刑法学本身就存在着巨大的挑战。其二,从刑法学的研究历史和群体上看,我们长期致力于刑法文本的解释,沉浸于刑法之中的刑法学探索,研究群体主要集中于理论刑法学和注释刑法学,欠缺从刑法之外研究刑法的学术群体,缺少刑事一体化思想下的学术环境和人才储备。其三,从研究方法上看,刑法之外的其他学科如犯罪学、经济学、心理学、社会学等学科已经较为成功地将数学方法和数量分析融入自身的研究,并形成了数据基础上的诸多结论。然而刑法学还未完全展开数量研究,数学方法的应用也较为初级,造成刑法学在吸取其他学科优秀成果时的理解和沟通障碍,还会因研究方法的不同产生对其他学科结论的怀疑和排斥心理。其四,针对具体刑法问题,在内部关系与外部关系各因素融合后,会产生出极强的复杂性论证,传统的三段论逻辑无法妥善处理多因素在同一情景下的推理,往往产生许多不同的认识和观点,造成其他学科理论难以融入刑法研究中。综上,刑事一体化是将刑法置于内部和外部关系等多要素中,寻求刑法科学性和正当性的最优解,但由于以上问题的存在,刑事一体化思想的实现存在较大困难。

数量刑法学是刑事一体化思想发展的重要环节,是解决"化"字的重要路径。刑事一体化和数量刑法学都是储槐植教授的重要学术构想,在各自的论证过程中,看似二者并没有任何关联,但储槐植教授的这两种学术构想都渗透着刑法科学性和实践性的共性。数量刑法学的展开是刑事一体化思想发展的重要环节,是刑法学打破自身学科壁垒,促进刑法学的开放性,与相关学科进行深度融合,实现刑事一体化中最

---

① 高维俭:《刑事一体化思想若干问题研究》,载《当代法学》2006 年第 2 期。

关键的“化”字的重要路径。理由包括以下三个方面：

其一，刑法之外的数量世界异常丰富多元，而刑法自身的数量研究十分薄弱，造成与其他学科沟通融合过程中的障碍。如宏观经济学或微观经济学都成功运用了数学进行论证并得出结论；心理学、社会学等学科对量化分析和数学方法的应用也已经逐渐成熟；离刑法学最近的犯罪学也通过量化分析手段和数学方法的运用，进行犯罪现象、犯罪原因、犯罪预测和预防的研究，而刑法学本身的定量分析不足，往往难以理解、接受甚至排斥这些学科的量化分析结论，无益于刑事一体化的“化”字的解决。数量刑法学从刑法自身的“数”“量”及其关系出发，以定量分析和数学方法的应用为主要认识路径，形成与刑法之外的其他学科相一致的研究范式，进而更容易理解、认同和重视其他学科的优秀成果，架构起学科沟通的桥梁，将刑法之外的优秀成果顺利应用于刑法学研究。

其二，从刑法的实践性来讲，针对刑事立法和刑事司法过程中的具体问题，仅在刑法之内分析论证，虽然也能给出立法或司法结论，但难以实现刑法的最佳社会效益。刑法的实践性品质追求对刑法之外的各种因素进行全面的分析，须考虑诸如犯罪的数量、犯罪率、初犯率、再犯率等犯罪学指标；人均 GDP、国民经济收入情况、基尼系数、恩格尔系数、居民消费价格指数（CPI）等经济学指标；人口总量、文化程度、职业分布、人口流动等社会学指标。而仅依赖定性分析，难以将这些量化指标体系综合融入刑事立法和刑事司法的实践中。数量刑法学基于量化分析的优势，能够在刑法自身的量化体系中，不断融入刑法之外的各种合理因素和量化指标体系，进而构建自身兼具正当性和实践性的量化分析模型，促成刑法最佳社会效益的实现。

其三，从刑法的科学性来讲，针对刑事立法和刑事司法过程中的具体问题，当刑法之外的各种因素融入其中时，定性分析和传统的三段论推理往往难以应对多因素交织的具有复杂性的推理和判断，造成同一刑法问题倚重不同单因素而形成不同的认识和结论，无法达成共识和给出科学的判断标准。高维俭教授提出：“强调刑法问题的解决，往往不在于刑法本身,而在于刑法之外(之前、之后、之上、之下等方面),以及有关因素的动态运行中所形成的刑罚机制及刑法机制。”①如刑事责任年龄的提高并非仅考虑刑法的内部论证,还需要考虑社会年龄结构、人口素质水平、未成年人心理认知情况等多种因素;再如贪污罪入罪门槛的提高,也需要考虑当前的犯罪形势、司法裁判的实际情况、经济发展水平等多因素的共同作用,仅依靠单因素的判断,难以给出科学的结论。数量刑法学基于数学方法的应用,擅长多因素的复杂论证和模型构建,可以将刑事立法和刑事司法中涉及的各种因素融入一个数量模型中进行论证,通过界定和论证各种因素的权重值大小,对刑事一体化内部关系、外部关系中的多种因素进行科学的量化评判,总结出其中的特征和规律,针对刑事立法和刑事司法过程中的具体问题,提供一个综合各种影响因素的量化决策方案和判断标准。

综上所述,数量刑法学是刑事一体化思想实现过程中的重要环节,通过量化分析方式和数学方法的应用,打破刑法学自身壁垒,破解刑法学与其他学科的沟通障碍,解决多因素共存难题,促进多学科深度融合,塑造刑法实践性和科学性品质,是刑事一体化最为关键的“化”字的重要实现路径。

---

① 高维俭:《刑事学科系统论》,载《法学研究》2006年第1期。

第三章　数量刑法学之本体性探究

> 因为社会控制的几种形式和样式在界定越轨行为并对其作出反应的程度上有差异，所以每种形式和样式皆可作为一项可用数量表示的变量来测量或计算。这在法律领域内尤其明显，该领域内对越轨行为的反应经常有明显的数量特征。①
>
> ——[美]唐纳德·布莱克

随着数学方法不断融入法学研究，数量在法学中的认识论意义和方法论功能日益凸显，产生了"计量法学""计算法学"的概念和学科构想，但其仅是从方法论层面重视了"计量"或"计算"之用，并未深入法律中的"数""量"之体，忽视"数""量"作为独立对象的本体性地位。我国刑法"定性＋定量"的立法模式，使得在追求刑法实质正当化的过程中，需要厘清刑法中"数""量"的基本内涵、体系结构及其体现的罪刑关系。正视刑法中"数""量"及其关系的本体价值，从数量的工具性向本体性的探索转向，是数量刑法学展开进路的重要逻辑起点。基于此，数量刑法学以刑法中的"数""量"及其关系为展开的基础，通过对刑法中"数""量"进行类型化划分，提出以数字区间为基本因子的"数字刑量体系"和以估量为基本因子的"模糊罪量体系"。在罪刑法定和罪行均衡原则下，笔者对分则483个罪名进行类型化的实证考察，论证

---

① [美]唐纳德·布莱克：《正义的纯粹社会学》，徐昕、田璐译，浙江人民出版社2009年版，第12页。

了“模糊罪量—数字刑量”的罪刑关系结构，归纳出不同类型的结构在刑法中的分布特征，提出由此形成的刑法学中关于罪量明确性与罪刑均衡性的两大核心问题。

第一节　刑法中“数”的内涵及其体系

“数”源于对数量本质的抽象，刑法中的“数”是对罪刑大小和刑罚轻重的数字刻画。确定性和合理性是法现代化的重要因素，[①]刑法中“数”的确定性契合了罪刑法定明确性的要求，“数”的可计算性为实现罪刑均衡提供了量化表征的可能。虽然“数”在刑事立法和司法适用中不可或缺，理论研究也经常涉及，但“数”作为抽象的形式化符号往往让学界忽略其在刑法中的独立理性和价值，缺乏对刑法中“数”的本体考察和在“数”的基础上进行刑法合理性的探索，从而限制了刑法中“数”的功能发挥、数学方法的应用和数理逻辑的理论构造。数字的科学性、确定性、简单性、客观性等特质深刻影响着近现代法律的发展，[②]并随着数学方法不断介入刑法学，孕育了在“数”的逻辑基础上展开数量刑法学研究的现实可能性和可行性。

一、刑法中“数”之规范及其类型划分

从数的本身分类来看，数分为狭义数和广义数两类，我国刑法中的“数”属于狭义数范畴，罪刑规范的设置并未运用复数、无理数、零和负有理数，仅规定了正有理数，即正整数和正分数。统计发现：除去表示《刑法》条文的序数以外，刑法中的正整数包括 1、2、3、5、6、7、10、13、14、15、16、18、20、25、30、35、50、75 等 18 个；正分数包括 1/2、1/100、2/100、5/100、10/100、20/100、30/100、50/100 等 8 个，分则中的“数”

---

① 参见葛洪义：《法律与理性——法的现代化问题解读》，法律出版社 2001 年版，第 5 页。

② 参见汪地彻：《论数字的哲学特性对法律发展的影响》，载《自然辩证法研究》2016 年第 10 期。

远多于总则中的“数”。在所有正有理数中,3、5、7、10 等 4 个数字运用最多,表示刑期的“3 年”共计出现 448 次,“10 年”共计出现 249 次,“5 年”共计出现 252 次,“7 年”共计出现 134 次。但是,在 10 以内的正整数中,除去用于表示法条的序数以外,罪刑规范的设置中并未使用 4 和 8 这两个偶数。

刑法对“数”的运用,在满足罪刑规范的基础上,还与“数”暗含的我国法文化传统和价值相关。以刑法中出现最多的 3、5、7、10 为例:老子提出“三生万物”,“三”可以表示开端、中间和终结。《刑法》中的 3 既可以刻画重罪的最低刑,也可以刻画轻罪的最高刑,还可以介于中间刑,这可能就是《刑法》中 3 出现次数最多的原因。我国传统法律制度中 5 的应用广泛,存在“五听”(辞听、色听、气听、耳听、目听)、“准五服从制罪”中的“五服”(斩衰、齐衰、大功、小功、缌麻)等法律制度,以及奴隶制五刑(墨、劓、剕、宫、大辟)、封建制五刑(笞、杖、徒、流、死)等刑罚等级。现行《刑法》中的主刑也分为 5 类(管制、拘役、有期徒刑、无期徒刑、死刑)。5 在刑法中出现的次数也较多。元世祖在笞刑减刑中曾提出“天饶他一下,地饶他一下,我饶他一下”,古代婚姻关系中存在“七出或七去”制度,7 具有周期性,具备量变到质量的性质,我国《刑法》常常将 7 年作为某些个罪的最高刑。佛教里面的“十善十恶”,传统法律制度中的“重罪十条”和“十恶不赦”,表达了 10 具有罪刑较重的区分意义,我国《刑法》也将 10 年作为某些个罪基本犯的最高刑或加重犯罪构成的最低刑。综上,这些“数”具备的法文化传统和价值潜在地影响着刑法对“数”的运用。

从功能上看,刑法作为定罪量刑的依据,立法者编制的“数”自然要服务于定罪量刑的目的,通过“数”的规定性界定罪行大小和刑罚轻重。刑法中的“数”主要包括罪行之数和刑量之数,呈现出罪行之数规定较少、刑量之数规定完备的特征:一方面,罪行之数规定较少。罪行之数常作为判断基本犯罪构成和加重犯罪构成是否成立之数。如《刑法》第 140 条规定的生产、销售伪劣产品罪,将“销售金额 5 万元以上不满 20 万元”作为基本犯罪构成的成立条件,将“销售金额 20 万元以上不满 50 万元”“销售金额50 万元以上不满 200 万元”“销售金额200 万元以上”对应3 个加重犯罪构成的成立条件。罪行之数使得刑法的适用客观明确,但也存在机械化和僵硬性的质疑,在但书规定不能充分发挥作用的前提下,往往受到理论界的诟病。所以,在《刑法》总则中除了描述刑事责任年龄和共同犯罪成立条件的“数”之外,并不存在直接刻画罪行之数,而且在分则罪名体系中,罪行之数出现的次数也比较少。另一方面,刑量之数规定完备。刑量之数是通过与刑种的搭配刻画刑罚轻重之数,通常是两个“数”的显性和隐性表达。刑量之数的显性表达是通过最小数和最大数两个数的明确结合,确定刑罚的幅度,如 3 年以上 10 年以下有期徒刑;刑量之数的隐性表达是使用一个数或者不使用数,结合《刑法》总则的规定,可以推出两个数形成的刑罚幅度,如使用一个数的 3 年以下有期徒刑,即为 6 个月以上 3 年以下的刑罚幅度;再如不使用数,直接规定拘役,即为 1 个月到 6 个月的刑罚幅度。总则中,刑量之数根据刑罚的种类,通过“数”的最小值和最大值,确定每个刑种的幅度,任何一个刑种都不能游离于这个幅度之外。分则中,立法者根据某种罪行的大小,通过“数”与刑种的结合,确定了个罪刑罚的可裁量幅度,每个罪名都必然存在相应的刑量之数,形成了较为完备的刑量之数规范体系。

从明确性的程度上看,刑法中的“数”包括区间之数和确定之数。刑法的明确性和精准性需求,促使数字与刑法不断融合,进而形成一系列的规范和责任标准。随着罪刑法定从绝对走向相对,刑法中的“数”也从绝对确定之数向区间之数演进,在罪刑规范中呈现出区间之数远多于确定之数的特征。区间之数规定了一个可以选择的数值区间,通过区间幅度的确定性与区间具体数值的不确定性,形成相对罪刑法定。如《刑法》规定的“已满 12 周岁不满 14 周岁的人”“已满 14 周岁不满 16 周岁的人”“已满 16 周岁的人”“不满 18 周岁的人”“已满 75 周岁的人”,通过数刻画了 5 个不同的刑事责任年龄区间。在刑罚的立法规定中,大多数罪名也以区间数的形式刻画刑量大小。确定之数有两层含义:一方面,包括刑法规定的确定数字标准,如总则中的第 87 条规定的追诉时效期限、[①]第81条规定的假释适用条件期限、[②]分则中如第347条规定的毒品数量,[③]都是确定的数字标准。另一方面,从刑事司法运行的角度来看,法律规定是大前提,其中所有的区间数在具体的案件推理判断中,都要走向具体的确定之数。以刑量区间数为例,法院最终的宣告刑只能是一个确定的数字,不可能是模棱两可的区间数。

虽然《刑法》中的"数"还包括章节条款的序数、共犯之数、刑期折抵之数、数罪并罚、减刑等数字之规定,但这些数字规定较为单一或分散,加之刑法中的罪量之数规定并不多。反观刑量之数规定较为完备且比较系统,从罪刑关系的角度上看,在相对罪刑法定的指引下,数量刑法学主要以区间数形式构成的刑量之数为研究基础。

二、以区间为基本因子的"数字刑量体系"

孤立的"数"只具备抽象的形式意义,刑法中的"数"主要体现在刑量上。"数"在不同应用语境下与刑罚的相互组合,将"数"具备的度量性转化为刑法的刑量表达,聚集了社会公众的期待与立法者的理性共识。"数"的度量性将刑事正义现实化和形象化,具备全新的刑法实质内涵和价值,形成了刑量之数系统性的"数字体系"。除去绝对确定的无期徒刑[④]

---

① 《刑法》第87条规定:犯罪经过下列期限不再追诉:(一)法定最高刑为不满五年有期徒刑的,经过五年;(二)法定最高刑为五年以上不满十年有期徒刑的,经过十年;(三)法定最高刑为十年以上有期徒刑的,经过十五年;(四)法定最高刑为无期徒刑、死刑的,经过二十年。如果二十年以后认为必须追诉的,须报请最高人民检察院核准。

② 《刑法》第81条第1款规定:被判处有期徒刑的犯罪分子,执行原判刑期二分之一以上,被判处无期徒刑的犯罪分子,实际执行十三年以上,如果认真遵守监规,接受教育改造,确有悔改表现,没有再犯罪的危险的,可以假释。如果有特殊情况,经最高人民法院核准,可以不受上述执行刑期的限制。

③ 《刑法》第347条第2款第1项规定:走私、贩卖、运输、制造鸦片1千克以上、海洛因或者甲基苯丙胺50克以上或者其他毒品数量大的。

④ 绝对确定的无期徒刑为《刑法》第151条的规定,对走私武器、弹药、核材料或者伪造的货币,情节特别严重的,处无期徒刑,并处没收财产。

和死刑[①]，总则每个刑种及刑罚的具体运用都由“数”进行刻画，分则每个罪名的刑量都由“数”进行度量，按照罪名体系的先后顺序和罪行的轻重程度不同，形成了由“数”规定的一个或者多个刑种的期限。与罪名体系相配合的刑量体系完全由“数”进行表达，形成了庞大的“数字刑量体系”。

“数字刑量体系”以数字区间为基本因子的价值。确切的数嵌入刑量体系满足了罪刑法定原则法定化、实定化、明确化的要求，并符合人们对刑法明确性的追求，但却必须面临由语义的模糊性、法的滞后性和人类理性的有限性带来的认知障碍。随着从绝对罪刑法定到相对罪刑法定的转向，刑法中植入了数学集合论中的区间概念，以数字区间取代确切的数字，形成整体上兼具灵活性和稳定性的“数字刑量体系”。数字区间具备最小值、最大值、区间跨度、中值等数量指标，立法者将其与刑种进行组合，形成了刑量的幅度。我国刑法以数字区间作为“数字刑量体系”的基本因子，实现罪刑法定明确性追求的同时，克服了确定之数僵硬性的弊端。就明确性而言，数字区间关于刑量最小值、最大值和可自由裁量的幅度是确定的，这是立法者根据经验事实和观念共识，基于罪责刑相适应原则确定的最低刑量、最高刑量和浮动空间，通过数字区间标识刑法的确定性和可预测性。就灵活性而言，浮动的空间虽然会弱化明确性的程度，但“限度之内的模糊能够扩充刑法规范的涵摄力”，[②]给刑法的实质正义圈定了自留地，以应对复杂多变的刑事犯罪状况，在规范和自由之间，赋予司法自由裁量的价值，展示出数字区间明确且灵活的理性维度。

以数字区间为基本因子的“数字刑量体系”具备刑法现代化的合

① 对于绝对确定的死刑而言，存在 4 种情况：(1) 劫持航空器致人重伤、死亡或者使航空器遭受严重破坏的，处死刑；(2) 拐卖妇女、儿童情节特别严重的，处死刑，并处没收财产；(3) 暴动越狱或者聚众持械劫狱情节特别严重的，处死刑；(4) 在危害国家安全罪行中，除第 103 条第 2 款、第 105 条、第 107 条、第 109 条外，对国家和人民危害特别严重、情节特别恶劣的，可以判处死刑。

② 付玉明、陈树斌：《刑法规范的明确性与模糊性——诠释学视野下的刑法解释应用》，载《法律科学(西北政法大学学报)》2013 年第 6 期。

理性价值,但多个因子组合对应一个法定刑却可能极大压榨明确性的空间。“如果刑法规定的法定刑过于含混不清,则行为人的犯罪行为与刑罚之间就不可能建立起有效联结”,①在缺乏明确指引进行对冲的情形下,势必降低公众对刑法的可预测性,极端情况下,可能导致自由裁量权的滥用,脱离数字合理性的藩篱,弱化罪刑关系的整体均衡性。在我国《刑法》中,“或者”一词的出现频率最高,一共出现1310次,且大多数见于“数字刑量体系”中,导致刑量存在多种选择的可能性。例如,《刑法》第238条规定的非法拘禁罪,②就存在4个可以选择的基本因子,即6个月到36个月的有期徒刑,1个月到6个月的拘役、3个月到24个月的管制、12个月到60个月的剥夺政治权利。基本因子在同一法定刑中的数目与刑法明确性存在紧张关系,数目越多就容易弱化明确性的要求,自由裁量权的选择性也就越大,公众对刑法的可预测性也会降低。

三、刑法中“数”的确定性可能及归宿

“数”的精确性带来刑法中“数”的确定性可能,增加刑法的确定性程度,带来对“确定之数”的合理性追求。人类在对数字的运用过程中,伴随着精确性和模糊性的辩证认识过程。常量数学时期,完全排斥模糊性和不确定性;函数、极限思维出现后,人们开始从不确定中寻找确定性;20世纪模糊数学诞生后,人们更清晰地认识了确定性和模糊性的数理关系,并在模糊的不确定性中探求数字的确定性。“模糊是语言的一种固有属性,客观地存在于语言之中”,③以语言为载体的刑法也附随语言本身所具备的多义性和不确定性,给刑法的明确性笼罩了一层迷雾。以数字区间为基本因子的“数字刑量体系”刻画了刑的

---

① 陈小炜、马荣春:《实现刑法公众认同进路的考量——以刑法规范的明确性为视角》,载《法学杂志》2016年第8期。

② 《刑法》第238条第1款规定:非法拘禁他人或者以其他方法非法剥夺他人人身自由的,处三年以下有期徒刑、拘役、管制或者剥夺政治权利。具有殴打、侮辱情节的,从重处罚。

③ 刘蔚铭:《法律语言研究》,中国经济出版社2003年版,第187页。

可能性范围,逆向反映了罪行的轻重幅度,勾画出罪行在不确定状态下的"数字体系",具备对犯罪行为进行刑事后果量化评价的可能性。数字区间中的各个确定性数字作为罪刑衡量的标尺,包含数字区间中各种复杂的犯罪行为,进一步增加了刑法的确定性内涵表达,带来了刑法中"数"的确定性可能和对"确定之数"的合理性追求。

"确定之数"是实现刑法功能的最终归宿。刑法功能的实现需要刑事立法和刑事司法的协调配合,体现于刑事立法的数字区间和刑事司法中的确定之数。数字区间既是刑法功能实现的重要环节,也是刑法功能实现的前提。在数字区间中最终确定一个体现刑事正义的合理性之数,从数字区间向"确定之数"合法性转化,是刑法功能实现的必然路径。落实和充分发挥刑法应有的功能,从"立法区间应然之数"向"司法确定实然之数"的理性演变,是刑法走向"数"之确定性的最终归宿。这个过程体现在刑法的适用中,"立法区间应然之数"到"司法确定实然之数"演变过程不仅要面对多个因子的选择,在确定好因子后,最终还要找到一个确切的数,与相应的刑种配合,作为宣告刑必不可少的部分。易言之,基于同一罪状的不同犯罪行为,既要确定合适的幅度,又要在幅度中最终找出精确的刑量,以实现法益保护和人权保障的功能。

"确定之数"在刑法中具有独立价值。刑事立法层面的明确性是在反对司法专断和擅断的背景下提出的,相对确定的数字区间兼具灵活性和稳定性的特点。在正确进行事实认定和价值判断后,相对确定的数字区间必然要走向刑事司法层面的"确定之数",对刑法明确性的贯彻提出了更高的要求。"确定性使含有社会进步因素的法律能够有效实施或使法律的实施起到推动社会进步的作用"①,在追寻司法层面"确定之数"的过程中,数字被赋予了刑事正义、刑事理性、刑事科学等价值色彩。这些确定的数字也不断内化为检验刑事裁判合理性的标

① 葛洪义、陈年冰:《法的普遍性、确定性、合理性辩析——兼论当代中国立法和法理学的使命》,载《法学研究》1997 年第 5 期。

准,并潜移默化地自洽于刑事司法人员的经验之中,作为衡量刑事正义与否的标准。对应数字区间的应然分布,确定之数具备实然性的特质,将立法的盖然性规定转化为司法的确定性,从立法“数”的相对确定走向司法“数”的绝对确定,成为公众对刑事正义感知的最直观标识,时刻传达着刑法的规范性和有效性,发挥着刑法的功能价值,凸显出“确定之数”合理性的重要意义。

第二节 刑法中“量”的内涵及其体系

“量”体现着事物的外在规定性,描述事物的大小、多少、轻重等。对“量的规定性的掌握,是我们科学地认识进而哲学地把握客观世界的必由之路。”①刑法中的“量”除了本书所述的基于数字区间的刑量体系表达以外,还包括通过汉语的表意系统,形成用文字进行刻画的“量”。刑法中的“量”是一种模糊概括量,是在犯罪行为多样性和刑事立法认识能力有限的影响下,产生的对刑法中“量”的概括性表达。由此,需要通过合理化的解释排除语言带来的歧义和含混,实现定罪量刑的规范化和准确性。与“数”的客观性不同,刑法中的“量”更依赖解释,力图达成解释主体和社会公众关于罪刑轻重的共识;与“数”的明确性不同,刑法中的“量”更具备模糊性色彩,存在更为广阔的解释空间和多种解释路径。学界通常将刑法中的“量”与罪刑结合在一起进行刑事理论的构造,缺乏对刑法中“量”的本体性考察和梳理,未充分认识到刑法中“量”的独立价值及存在的明确性问题,对刑法中“量”的解释往往也存在各种分歧。

一、刑法中“量”之规范及其类型划分

刑法中的“量”包括数字和文字描述的两种类型。基于本书已经论述了以数字区间为基本因子的“数字刑量体系”,为了深入探讨“数”

---

① 萧焜焘:《自然哲学》,商务印书馆2018年版,第11~12页。

"量"表征的罪刑意义,将刑法中"量"的讨论范围限定在通过形容词、程度副词等文字结合刻画的"量"。因为刑的轻重已由"数字刑量体系"所规定,所以研究视域主要集中于刑法中刻画罪行大小的文字"量"。

刑法中的文字"量"更多地体现为一种估量,是立法者在日常生活经验和司法现状的认知基础上,通过比较某一构成要件要素的性质或状态得出的大约量。估量建立在人类模糊类比能力的基础上,不表现为显性的数字标记,而是通过形容词或者程度副词刻画罪行的轻重。估量在《刑法》中占据了很大的比例,正如梁根林教授所述:"我国刑法分则三分之二以上的条文,根据不同犯罪侵犯法益的性质、方式等不同情况,以'数额较大''情节严重''情节恶劣'或者'严重后果'等形式,明文规定了构成犯罪必须达到的罪量要求。"[①]统计发现:估量在我国《刑法》中出现的频率较高,"严重"共计出现 374 次,"特别严重"共计出现 136 次,"较大"共计出现 61 次,"较重"共计出现 22 次,"巨大"共计出现 63 次,"特别巨大"共计出现 34 次等。众多的估量源于应对犯罪多样性和刑事规范有限性之间的矛盾,是克服刑法滞后性弊端的立法应对,但也导致了估量明确性不足的问题。

从语言的形式上看,刑法中的估量可以划分为"形容词型"估量和"形容词 + 程度副词型"估量两类。在分则罪名体系中,"形容词型"估量用于刻画基本犯罪构成和加重犯罪构成的成立条件,以"严重""较大""恶劣"等形式出现。其中,大多数"形容词型"估量用于刻画基本犯罪构成,如虚假广告罪中的"情节严重"、[②]非法占用农用地罪中的"数量较大"、[③]虐待部属罪中的"情节恶劣"[④]等;也有小部分罪名将

---

① 梁根林:《但书、罪量与扒窃入罪》,载《法学研究》2013 年第 2 期。

② 《刑法》第 222 条规定:广告主、广告经营者、广告发布者违反国家规定,利用广告对商品或者服务作虚假宣传,情节严重的,处二年以下有期徒刑或者拘役,并处或者单处罚金。

③ 《刑法》第 342 条规定:违反土地管理法规,非法占用耕地、林地等农用地,改变被占用土地用途,数量较大,造成耕地、林地等农用地大量毁坏的,处五年以下有期徒刑或者拘役,并处或者单处罚金。

④ 《刑法》第 443 条规定:滥用职权,虐待部属,情节恶劣,致人重伤或者造成其他严重后果的,处五年以下有期徒刑或者拘役;致人死亡的,处五年以上有期徒刑。

"形容词型"估量用于刻画加重犯罪构成,如非法持有枪支罪的"情节严重"、①破坏交通工具罪的"严重后果"②等。"形容词型"估量刻画加重犯罪构成多见于行为犯或危险犯中。"形容词 + 程度副词"型估量,一般用于刻画加重犯罪构成的条件,以"特别巨大""特别严重""特别恶劣"等形式出现,如欺诈发行证券罪中的"数额特别巨大"、③危险物品肇事罪中的"后果特别严重"、④违规出具金融票证罪中的"情节特别严重"、⑤重大责任事故罪中的"情节特别恶劣"⑥等。一般而言,"形容词 + 程度副词"型估量都建立在"形容词"型估量的基础上,从而形成了罪行的不同程度阶梯,具体而言,同一罪名中常以"较大""巨大""特别巨大",或者"严重""特别严重"的形式同时出现,从而刻画该罪名罪量的不同程度。

从估量的作用对象上看,主要分为"数额型""数量型""情节型""后果型"等 4 类估量。"数额型"估量一般以"较大""巨大""特别巨大"进行刻画,刑法中一般不出现具体的数额,对于其确切的数额标准由司法解释进行明确;"数量型"也以"较大""巨大""特别巨大"的形式出现,其确切的数量标准同样依赖于司法解释进行明确;"情节型"

---

① 《刑法》第 128 条规定:违反枪支管理规定,非法持有、私藏枪支、弹药的,处三年以下有期徒刑、拘役或者管制;情节严重的,处三年以上七年以下有期徒刑。

② 《刑法》第 119 条规定:破坏交通工具、交通设施、电力设备、燃气设备、易燃易爆设备,造成严重后果的,处十年以上有期徒刑、无期徒刑或者死刑。

③ 《刑法》第 160 条规定:在招股说明书、认股书、公司、企业债券募集办法等发行文件中隐瞒重要事实或者编造重大虚假内容,发行股票或者公司、企业债券、存托凭证或者国务院依法认定的其他证券,数额巨大、后果严重或者有其他严重情节的,处五年以下有期徒刑或者拘役,并处或者单处罚金;数额特别巨大、后果特别严重或者有其他特别严重情节的,处五年以上有期徒刑,并处罚金。

④ 《刑法》第 136 条规定:违反爆炸性、易燃性、放射性、毒害性、腐蚀性物品的管理规定,在生产、储存、运输、使用中发生重大事故,造成严重后果的,处三年以下有期徒刑或者拘役;后果特别严重的,处三年以上七年以下有期徒刑。

⑤ 《刑法》第 188 条规定:银行或者其他金融机构的工作人员违反规定,为他人出具信用证或者其他保函、票据、存单、资信证明,情节严重的,处五年以下有期徒刑或者拘役;情节特别严重的,处五年以上有期徒刑。

⑥ 《刑法》第 134 条规定:在生产、作业中违反有关安全管理的规定,因而发生重大伤亡事故或者造成其他严重后果的,处三年以下有期徒刑或者拘役;情节特别恶劣的,处三年以上七年以下有期徒刑。

估量一般以“轻微”“较轻”“严重”“恶劣”“特别严重”“特别恶劣”等形式出现，由于其程度区分存在难度，司法解释常以列举的形式进行明确，并且在解释中常伴有兜底条款，使得“情节型”估量的明确性程度并不高，从而造成“情节型”估量在判断中的诸多争议；“后果型”估量一般以“严重”“特别严重”的形式出现，和“情节型”估量一样，对其解释的明确性程度也不高。

从估量在犯罪构成中的作用来讲，可以分为“单一减轻型”“单一加重型”“单一犯罪成立型”“犯罪成立 + 加重型”“犯罪成立 + 减轻型”“加重 + 减轻型”等 6 种类型。“单一减轻型”是指在基本犯罪成立的基础上，罪状中仅出现一种估量，其作用在于判断减轻犯罪构成的成立，如间谍罪中的“情节较轻”；[①]“单一加重型”是指在基本犯罪成立的基础上，罪状中仅出现一种估量，其作用在于判断加重犯罪构成的成立，如帮助恐怖活动罪中的“情节严重”；[②]“单一犯罪成立型”是指罪状中仅出现一种估量，其作用在于判断基本犯罪构成的成立，如虚假广告罪中的“情节严重”；[③]“犯罪成立 + 加重型”是指在罪状中的估量既判断基本犯罪构成的成立，也判断加重犯罪构成的成立，如虚开发票罪中的“情节严重”和“情节特别严重”；[④]“犯罪成立 + 减轻型”是指在罪状中的估量既判断基本犯罪构成的成立，也判断减轻犯罪构成的成立，如隐瞒境外存款罪中的“数额较大”是基本犯罪构成的成立条件，“情

---

① 《刑法》第 110 条规定：有下列间谍行为之一，危害国家安全的，处十年以上有期徒刑或者无期徒刑；情节较轻的，处三年以上十年以下有期徒刑：（一）参加间谍组织或者接受间谍组织及其代理人的任务的；（二）为敌人指示轰击目标的。

② 《刑法》第 120 条之一规定：资助恐怖活动组织、实施恐怖活动的个人的，或者资助恐怖活动培训的，处五年以下有期徒刑、拘役、管制或者剥夺政治权利，并处罚金；情节严重的，处五年以上有期徒刑，并处罚金或者没收财产。

③ 《刑法》第 222 条规定：广告主、广告经营者、广告发布者违反国家规定，利用广告对商品或者服务作虚假宣传，情节严重的，处二年以下有期徒刑或者拘役，并处或者单处罚金。

④ 《刑法》第 205 条之一规定：虚开本法第二百零五条规定以外的其他发票，情节严重的，处二年以下有期徒刑、拘役或者管制，并处罚金；情节特别严重的，处二年以上七年以下有期徒刑，并处罚金。

节较轻”是出罪的条件；[①]“加重 + 减轻型”是指在基本犯罪成立的基础上，估量既判断加重犯罪构成的成立，也判断减轻犯罪构成的成立，如走私武器、弹药罪中的“情节特别严重”和“情节较轻”。[②]

二、以估量为基本因子的“模糊罪量体系”

对于刑法中量的性质而言，理论界存在客观处罚条件说、构成要件说、可罚的违法性说、超过的客观要素说等不同观点。陈兴良教授基于“罪体—罪责—罪量”犯罪论体系的构造，提出：“在我的罪体—罪责—罪量的犯罪论体系中，犯罪的数量要素是罪体—罪量以外的一个独立要件，这就是罪量要件。”[③]路军教授将其界定为犯罪量化要件，提出：“犯罪量化要件是指刑法分则性罪刑条文规定的，以明确的数量或其他程度词标明的、表明行为程度的犯罪成立要件。”[④]基于《刑法》分则条文的规定，估量不仅影响基本犯罪构成认定，也影响减轻或加重犯罪构成的判断，在对犯罪正确定性的基础上，对估量进行充分认识和评估具有重要的意义。数量刑法学借鉴陈兴良教授的罪量要件概念，进一步挖掘估量形成的罪量体系、合理性价值以及明确性问题。

刑法中的估量以其具备的纵横结构，构成以估量为基本因子的“模糊罪量体系”。刑法中的“量”主要体现在对罪行轻重的刻画上，作为犯罪构成和加重犯罪构成的判断标准，形成了关于罪行大小的“量”的纵横结构。横向比较而言，“量”的规定性主要体现在“数额”“数量”“情节”“后果”等方面，应对不同犯罪类型的多样性和复杂性，形成关于各种犯罪的“量”的横向体系，既包括基本犯罪构成也包含加重犯

---

① 《刑法》第 395 条第 2 款规定：国家工作人员在境外的存款，应当依照国家规定申报。数额较大、隐瞒不报的，处二年以下有期徒刑或者拘役；情节较轻的，由其所在单位或者上级主管机关酌情给予行政处分。

② 《刑法》第 151 条规定：走私武器、弹药、核材料或者伪造的货币的，处七年以上有期徒刑，并处罚金或者没收财产；情节特别严重的，处无期徒刑，并处没收财产；情节较轻的，处三年以上七年以下有期徒刑，并处罚金。

③ 陈兴良：《规范刑法学》（第 4 版）（上册），中国人民大学出版社 2017 年版，第 197 页。

④ 路军：《中国刑法犯罪量化要件研究》，法律出版社 2010 年版，第 40 页。

罪构成。纵向比较而言,"量"的规定具备梯度,用以区分个罪的轻重程度:对"数额"和"数量"而言,包含"较大""巨大""特别巨大"的 3 个梯度;对"情节"而言,包含"显著轻微""轻微""较轻""较重""严重(恶劣)""特别严重(恶劣)"等 6 个梯度;对"后果"而言,包含"严重""特别严重"2 个梯度。这一纵横结构充斥于《刑法》分则的罪名体系中,形成以估量为基本因子的"模糊罪量体系"。但是,相比"数字刑量体系",《刑法》中"量"的内涵缺乏同一性,受不同罪名的搭配结构、语境和社会因素的影响,文字所表示的相同"量"的程度并不相同,例如同样是"数额较大",盗窃罪对应的是 1000 ~ 3000 元,而贪污罪对应的是 30,000 元;同时,《刑法》中"量"缺乏整体联动性,"数字刑量体系"可以根据数字区间直观比较不同罪名之间的刑量轻重,但刑法中不同罪名的罪行大小却难以根据"量"的大小进行比较。可见,"模糊罪量体系"具备纵横结构,但缺乏同一性和可比性。

质量互变规律下刑法中估量具备合理性价值。在唯物辩证法的质量互变规律指导下,分则体系中的罪行估量结构是基于总则对犯罪成立的"定性 + 定量"原则构建而成的。刑量"确定之数"的追求和归宿造就了以数字区间为基本因子的"数字刑量体系",但受犯罪行为的多样性、多变性和认识的局限性影响,数字无法完全精细化评价罪行的轻重,《刑法》中大部分罪名只能依靠估量来进行评价。① 犯罪是质和量的统一体,《刑法》中的估量并不必然导致具体数字的出现,而是在犯罪质的内在规定性和量的外在规定性基础上进行的综合性概括描述。在质量互变过程中,存在"度"这一重要概念,它是指事物从一种状态转到另一种状态的"临界点",《刑法》中的估量与"度"的概念类似,是描述罪行"临界点"的量。罪行的"临界点"作为判断是否成立犯罪和是否属于加重犯罪构成的标准,用于区分犯罪的成立与否、轻罪或重罪

---

① 《刑法》中也存在较少用"数"对罪行轻重刻画的情形。例如,"走私、贩卖、运输、制造鸦片一千克以上、海洛因或者甲基苯丙胺五十克以上""种植罂粟五百株以上不满三千株""拐卖妇女、儿童三人以上"等,这些就是用"数"确定的精确罪行量。

的界限。估量描述的临界点具备阈值[①]的可操作性,即使违法行为的严重性不断增加,如果没有达到某一犯罪的阈值,也不能认定为犯罪。同样,基本犯罪构成中的后果和情节未触及阈值,也无法认定加重犯罪构成。刑法中估量作为划分是否犯罪、轻罪或重罪的标准,是体现刑法对明确性追求的概括量。另外,估量的阈值可以随着社会经济发展状况及刑事政策的变化,进行合理的调整,克服刑法的滞后性弊端。

兼顾稳定性和灵活性的估量无法摆脱模糊性。刑法中的"量"是在质量互变规律的指导下,以罪刑均衡为原则,对罪行轻重的高度抽象概括。但是刑法中的"量"却笼罩着模糊性的迷雾,使刑法面临确定性和合理性不足的挑战,主要表现为"概念适用标准的模糊或者几个标准之间的冲突引发了不确定性"[②]。其一,刑法中的"量"不同于刑量体系中的"数",无法摆脱文字语言自身的模糊性,在不同的罪名、语境和主体适用中,会存在不同的认识和解读,具有较强的主观性,难以形成法律共同体和社会公众关于估量的共识。其二,刑法中的估量作为一种"临界点"的量,阈值如何才具备正当性和合理性,并能够有效区分罪与非罪、轻罪与重罪质的界限,受到客观世界和主观认识的多重变量影响。其三,刑法中的估量并非以单一存在而评价罪行大小,还包括本书所述的估量纵向梯度,如"情节较轻""情节较重""情节严重""情节特别严重"等,各个梯度的基准和幅度并不明确,增添了刑法的模糊性。其四,刑法中的估量存在共存评价同一罪行轻重的竞合问题,如聚众哄抢罪以"数额较大"或者"有其他严重情节"共存作为犯罪成立的选择标准;[③]再如,集资诈骗罪以"数额巨大"或者"有其他严重情节"

---

① 阈值一般是指一种效应产生与否的最低值或者最高值。刑法中估量的阈值特性,使其成为判断基本犯罪构成和加重犯罪构成的界线标准。

② 邱昭继:《法律的不确定性与法治——从比较法哲学的角度看》,中国政法大学出版社 2013 年版,第 121 页。

③ 《刑法》第 268 条规定:聚众哄抢公私财物,数额较大或者有其他严重情节的,对首要分子和积极参加的,处三年以下有期徒刑、拘役或者管制,并处罚金;数额巨大或者有其他特别严重情节的,处三年以上十年以下有期徒刑,并处罚金。

共存作为加重犯罪构成的选择标准。[①] 其五，还存在将类型不同的模糊量置于同一位阶，相同的模糊量又游离于犯罪成立或者加重犯罪构成中，加剧了刑法中"量"的模糊性。如《刑法修正案(九)》将"较重情节""严重情节""特别严重情节"置于贪污罪的罪刑体系中，2016 年"两高"《关于办理贪污贿赂刑事案件适用法律若干问题的解释》(以下简称《贪贿司法解释》)却没有区分情节的程度，将相同的情节与数额结合，相同的情节既可以作为贪污罪基本犯罪构成的成立条件，又可以作为加重犯罪构成的成立条件，[②]引起了关于明确性的诸多理论争议。

综上所述，刑法中的"量"主要是以估量为基本因子的模糊罪量，在质量互变规律下具备合理性价值，但其在罪名体系中缺乏同一性和可比性，加之语言自身的模糊性、适用环节的混乱，模糊罪量的明确性有待提高。

三、刑法中"量"的确定化可行性与必要性

"由于法律语言的自身缺陷，立法技术局限性等原因，刑事立法具有模糊性是人们不得不承认和正视的一个事实。"[③]"现实存在的模糊性导致我们必须通过数字化的形式以达致认识的精确性，而现实存在的秩序性使得通过数字化的形式来表达法律成为可能。"[④]刑法中的"量"是对罪行轻重的概括性立法表达，模糊罪量与刑法的明确性形成

---

① 《刑法》第 192 条规定：以非法占有为目的，使用诈骗方法非法集资，数额较大的，处三年以上七年以下有期徒刑，并处罚金；数额巨大或者有其他严重情节的，处七年以上有期徒刑或者无期徒刑，并处罚金或者没收财产。

② 2016 年最高人民法院、最高人民检察院《关于办理贪污贿赂刑事案件适用法律若干问题的解释》(法释〔2016〕9 号)第 1 条规定："(一)贪污救灾、抢险、防汛、优抚、扶贫、移民、救济、防疫、社会捐助等特定款物的；(二)曾因贪污、受贿、挪用公款受过党纪、行政处分的；(三)曾因故意犯罪受过刑事追究的；(四)赃款赃物用于非法活动的；(五)拒不交代赃款赃物去向或者拒不配合追缴工作，致使无法追缴的；(六)造成恶劣影响或者其他严重后果的。"该 6 种情节既可以作为贪污罪基本犯罪成立的条件之一，又可以作为加重犯罪的成立条件之一。

③ 康均心、王敏敏：《刑事立法模糊性的合理限度》，载《刑法论丛》2009 年第 2 期。

④ 曲笑飞：《法律数字化现象研究》，载《法律科学(西北政法大学学报)》2013 年第 1 期。

了对立,难以满足刑法的实践性要求,刑法的规范性和可预见性期待模糊罪量的确定化。虽然科学全面整合刑法的明确性和模糊性是一种遥远的理想追求,但仅针对刑法中的“量”而言,基于“量”的内涵及其外在规定性,刑法中的模糊罪量具备确定化的理论可能性,特别是美国控制论专家扎德教授提出“模糊集”后,刑法中模糊罪量的确定化具备了现实可行性。

“数字刑量体系”倒逼模糊罪量的确定性。除了罪刑法定要求的明确性,刑法中始终贯彻罪刑均衡的思想。模糊罪量要对接“数字刑量体系”中的法定刑数字幅度,还要与数字幅度中的具体数字能进行合理关联,数字作为罪刑轻重的最终表达形式,其具备的精确性和可计算性特点,倒逼模糊罪量的确定性。具体而言,一方面,刑法中模糊罪量规定的阈值大小、阈值范围、阈值个数要与刑量大小、刑量幅度、法定刑个数相匹配;另一方面,在具体宣告刑的确定过程中,还需要将模糊罪量同法定刑幅度、幅度界值的具体数字进行对应。模糊罪量和“数字刑量体系”对接、模糊量与数字的比较,无形中渗入了数字明确化的特性和要求。这一罪刑均衡的实现过程,形式上是模糊的罪行“量”到“数字刑量体系”的转化,实质上是模糊罪量自身的确定化演进。

刑法的实践性促进刑法“量”的确定性。刑法要实现法益保护和人权保障的功能,实现对犯罪的一般预防和特别预防,最终体现在刑罚的轻重和执行上。模糊罪量不仅决定刑罚是否应该发动,还决定刑罚的轻重,并由此产生具体犯罪中宣告刑的“确定之数”。具体犯罪中刑量的“确定之数”是模糊罪量的规范性产生的实然结果,是应然层面的模糊罪量向实然层面刑量的“确定之数”的转化。法律的实践性要求从抽象走向具体、从模糊走向清晰,形成了“数额”“数量”“情节”“后果”的模糊罪量,契合并归宿于司法层面的“确定之数”。同时,司法中的“确定之数”也反馈于模糊罪量阈值的修正,形成模糊罪量和“确定之数”之间的动态平衡,指向于“数额”“数量”的修正以及“后果”“情节”的罗列,贪污罪数额的提高就是比较典型的例证。

第三节　刑法中“数—量”的关系结构

刑法中的“量”主要表达罪行的大小,刑法中的“数”主要刻画刑罚的轻重,“量”的外在规定性在立法层面体现于法定刑中不同的数字区间分布,在司法层面显现于实然的司法“确定之数”。罪刑均衡追求表达罪行大小的“量”与刻画刑罚轻重的“数”要相适应,产生了文字量与数字量、模糊量和确定数相统一的命题,形成了“模糊罪量—数字刑量”相适应的关系结构。“模糊罪量—数字刑量”的关系结构贯穿于刑事立法和司法整个过程,追求模糊罪量与数字区间的适应、“模糊量”与“确定之数”的契合,也成为立法正当性和司法合理性的检验标尺,时刻考验着立法和司法智慧。笔者以《刑法修正案(十一)》修订后的483个罪名为基本单位,以描述“数额”“数量”“情节”“后果”等类型的“较大”“巨大”“特别巨大”“较轻”“严重”“特别严重”等模糊罪量为基本对象,结合相对应的刑种、刑期幅度等指标,探索“模糊罪量—数字刑量”的关系结构,以及由此引出的数量关系结构的明确性与罪刑均衡性问题。

一、“模糊罪量—数字刑量”关系结构

模糊罪量在罪名体系中所占的比重大,对基本犯罪构成和加重犯罪构成的认定起着关键性的作用。“我国《刑法》分则罪名中广泛地存在罪量要素”,[①]“罪量是由刑法明文规定的,包括刑法总则第13条的‘但书规定’以及刑法分则中具体‘个罪’的数额较大或者情节严重等”。[②]

统计发现:在《刑法》分则483个罪名中,有415个罪名采用模糊罪量的表达方式,在罪名体系中所占的比重大,为85.9%;模糊罪量存在

---

① 王华伟:《网络语境中的共同犯罪与罪量要素》,载《中国刑事法杂志》2019年第2期。

② 屈学武:《中国刑法上的罪量要素存废评析》,载《政治与法律》2013年第1期。

“单一减轻型”“单一加重型”“单一犯罪成立型”“犯罪成立 + 加重型”“犯罪成立 + 减轻型”“加重 + 减轻型”等 6 种类型。其中“犯罪成立 + 加重型”“单一加重型”“单一犯罪成立型”所占比重较高,分别为 34.2%、33.3%、25.3%,合计占所有模糊表达的 92.8%。可见,《刑法》对基本犯罪构成和加重犯罪构成的认定主要依赖模糊罪量的表达;以模糊罪量在同一罪名中出现类型的个数进行划分,可以分为单一型模糊罪量、双重型模糊罪量、混合型模糊罪量。① 单一型模糊罪量占 82.4%,双重型模糊罪量占 16.6%,混合型模糊罪量占 1%,后两者将“数额巨大”“情节严重”“后果严重”等不同性质的模糊罪量置于同等的位置,加重了刑法的模糊程度。

数字刑量可选择的区间多且幅度较大。“与国外刑法相比,我国刑法分则规定的刑罚幅度普遍较大。”②罪名体系采用模糊罪量的表达方式,每个罪名对应一个或者多个法定刑,每个法定刑又可能涉及多个刑种,使得模糊罪量对应较多的数字区间以及自由刑较大幅度空间的双重抉择。一方面,模糊罪量对应较多的数字区间选择。415 个罪名的模糊罪量对应有 1 ~ 5 个数字区间的选择,最典型的是组织、利用会道门、邪教组织、利用迷信破坏法律实施罪,③其“情节较轻”的模糊罪量对应有期徒刑、拘役、管制、剥夺政治权利、单处罚金的 5 个数字区间选择。全部 415 个罪名的模糊罪量对应 2 个数字区间的频率最高,一共有 162 个罪名,占据 39%;同时,415 个罪名的模糊罪量对应共计 881 个数字区间,平均数为 2.112,即每个模糊罪量平均对应约 2.12 个数字区间。另一方面,模糊罪量对应的自由刑可选择的幅度较大。除去

---

① 单一型模糊罪量是指在同一罪名中仅存在“数额”“数量”“情节”“后果”等一种类型的模糊量。如虚假广告罪中仅存在“情节严重”的一种模糊量表达。双重性模糊罪量是指在同一罪名中出现两种类型的模糊量,如贪污罪中的“数额较大”和“严重情节”。混合型模糊罪量是指在同一罪名中出现三种类型的模糊量,如虚报注册资本罪的“数额巨大”“后果严重”“严重情节”。

② 苏永生:《“酌定从重处罚情节之否定”——一个罪刑法定主义的当然逻辑》,载《政法论坛》2016 年第 6 期。

③ 《刑法》第 300 条规定:情节较轻的,处三年以下有期徒刑、拘役、管制或者剥夺政治权利,并处或者单处罚金。

单独适用剥夺政治权利、单处罚金和管制的情况，将拘役、有期徒刑、无期徒刑、死刑进行自由刑数字幅度的量化考察。为了描述无期徒刑、死刑，克服与自由刑数字之间的比较鸿沟，本书将无期徒刑、死刑（缓期两年执行）可能被剥夺的自由时间进行大致估计，严格按照2019年最高人民法院公布实施的《关于办理减刑、假释案件具体应用法律的补充规定》进行估算，无期徒刑相当于324个月的自由刑刑期①、死刑相当于372个月的自由刑刑期②（下文再详细论证其合理性）。在此基础上进行统计描述，笔者发现模糊罪量对应的自由刑幅度区间较大，均值为89.3个月，中位数为60个月，最小幅度为6个月，最大的幅度为253个月。较大的裁量幅度，增加了刑量数字区间到“确定之数”的不确定性。

“模糊罪量—数字刑量”有3种关系结构。罪刑均衡的实现，要求在立法层面模糊罪量应与刑量的数字区间相适应，在司法层面模糊罪量应与刑量的确定之数相契合。同一罪名中的模糊罪量类型个数、数字空间可选择数和最大裁量幅度3个指标刻画了“模糊罪量—数字刑量”的特征，将3个指标结合，形成了刑法中“模糊罪量—数字刑量”的3种结构（见图3.1）。单一型模糊罪量对应1~5个不同的数字区间，最大的裁量幅度均值为241个月；双重型模糊罪量对应1~4个不同

---

① 2019年最高人民法院《关于办理减刑、假释案件具体应用法律的补充规定》（法释〔2019〕6号）第3条规定：“判处无期徒刑，符合减刑条件的，执行四年以上方可减刑。确有悔改表现或者有立功表现的，可以减为二十三年有期徒刑；确有悔改表现并有立功表现的，可以减为二十二年以上二十三年以下有期徒刑；有重大立功表现的，可以减为二十一年以上二十二年以下有期徒刑。”无期徒刑刑期相当于$(4+23)\times 12=324$个月的自由刑刑期，虽然存在立功和重大立功少于324个月的情形，但也存在超过4年仍为减刑的情形，二者对冲后，选择324个月较为妥当。

② 2019年最高人民法院《关于办理减刑、假释案件具体应用法律的补充规定》（法释〔2019〕6号）第4条规定：“被判处死刑缓期执行的，减为无期徒刑后，符合减刑条件的，执行四年以上方可减刑；确有悔改表现或者有立功表现的，可以减为二十五年有期徒刑；确有悔改表现并有立功表现的，可以减为二十四年六个月以上二十五年以下有期徒刑；有重大立功表现的，可以减为二十四年以上二十四年六个月以下有期徒刑。”由于死刑刑种两种结局的限制，仅考虑可以实现计算可能性的死缓。死缓刑期相当于$(2+4+25)\times 12=372$个月的自由刑刑期，选择此数字的原因同前注。

的数字区间,最大裁量幅度均值为 147. 2 个月;混合型模糊罪量仅存在 3 个数字区间的情形,最大裁量幅度均值为 54 个月。虽然单一型模糊罪量在罪量的确定上相对清晰,但其刑量可选择的数字区间最多,裁量幅度最大,导致了“模糊罪量—数字刑量”结构在刑罚裁量过程中的模糊性;虽然混合型模糊罪量的裁量幅度最小,但由于存在 3 种模糊罪量的表达,需要处理模糊罪量之间的比较、包容、转化、竞合等问题,导致了“模糊罪量—数字刑量”结构在罪量确定过程中的模糊性。

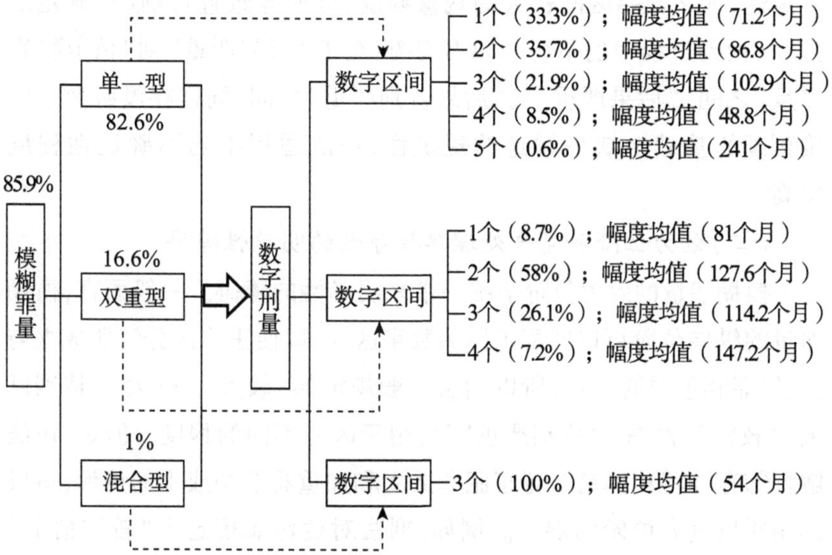

图 3. 1　“模糊罪量—数字刑量”结构

二、数量关系结构的明确性和均衡性问题

(一)细化规定的缺失和增量缺位带来的不确定性

大量的模糊罪量处于无细化规定的不确定状态。罪名体系中占据 85. 9% 的 415 个罪名采用模糊罪量的表达方式,而立法解释或司法解释仅对部分模糊罪量进行了明确的细化规定,如贪污罪的“数额”和“严重情节”、盗窃罪的“数额”、非法行医罪的“情节严重”等,立法解释或司法解释并未对所有模糊罪量进行全覆盖的细化规定,造成部分模糊罪量的不确定性状态。

模糊罪量缺乏增量的规定带来不确定性。模糊罪量更贴近“度”的概念，是描述罪行“临界点”的量，用于区分犯罪成立与否、轻罪和重罪的界限。在司法适用中，“临界点”性质的模糊罪量可以便于对接数字区间，但无法给予宣告刑“确定之数”的指引。例如贪污罪“数额巨大”以20万元为起点，“数额特别巨大”以300万元为起点，犯罪数额在20万元和300万元之间，可以确定适用第二档法定刑，即3年以上10年以下，并处罚金或者没收财产。但由于缺乏增量的规定性，加之数字区间较大的裁量幅度，可能导致宣告刑的“确定之数”在裁判过程中的不统一和不均衡；至于“情节严重”到“情节特别严重”之间，“后果严重”到“后果特别严重”之间，同样在没有数字明确刻画的基础上缺少增量的规定性，司法适用中的不确定性程度更高。

（二）效力位阶和竞合处理路径导致的明确性障碍

模糊罪量的效力位阶不统一带来明确性的障碍。一般而言，模糊罪量的纵向位阶可以匹配不同的数字区间，以便正确区分犯罪成立与否、轻罪和重罪的界限，所以刑法一般规定如“较大”“巨大”“特别巨大”“较轻”“严重”“特别严重”等，用于区分不同的程度。但是，司法解释却存在将相同情节置于犯罪成立和加重犯罪构成中的情形，造成模糊罪量效力位阶的混乱。例如，刑法对贪污罪规定了“较重情节”“严重情节”和“特别严重情节”。《贪贿司法解释》并未区分模糊罪量的严重程度，其规定的6种严重情节既可以适用于“较重情节”，也可以适用于“严重情节”，甚至还可以适用于“特别严重情节”，背离立法原意解释产生的示范效应，可能影响其他没有细化规定的模糊罪量的司法适用。

模糊罪量的竞合处理方式不统一带来明确性的障碍。对于双重型和混合型的模糊罪量而言，同一罪名中存在不同类型的模糊量，有两种表达方式：一种是刑法以“或者”的形式表述同一罪状中模糊量的并列关系；另一种是将模糊罪量放置于不同的罪状中（犯罪构成或加重犯罪构成中）。对于“并列关系”而言，刑法规定本应是二者择一的选择模式，如诈骗罪的"数额较大"和"情节严重"的司法适用。但是，司法解释却还存在合并叠加的解释路径。如贪污罪数额未达到起刑点3万元可以累加"情节"；①又如敲诈勒索罪达到"数额巨大""数额特别巨大"标准的80%，可以累加"严重情节"和"其他特别严重情节"；②再如盗窃罪达到"数额较大""数额巨大""数额特别巨大"的50%可以累加"情节"。③ 对于将模糊罪量放置于不同罪状中的情形，虽然在同一罪名中的罪量程度不同，但存在内容上的相互独立、交叉、包含的不同处理方式：如拒不支付劳动报酬罪的"数额较大"和"造成严重后果"，司法解释的规定将两种类型置于相互独立的地位，规定了不同的内容；④又如滥用职权罪和玩忽职守罪犯罪成立要求的"重大损失"和加重犯

---

① 2016年最高人民法院、最高人民检察院《关于办理贪污贿赂刑事案件适用法律若干问题的解释》（法释〔2016〕9号）第1条第2款规定："贪污数额在一万元以上不满三万元，具有下列情形之一的，应当认定为刑法第三百八十三条第一款规定的'其他较重情节'，依法判处三年以下有期徒刑或者拘役，并处罚金：（一）贪污救灾、抢险、防汛、优抚、扶贫、移民、救济、防疫、社会捐助等特定款物的；（二）曾因贪污、受贿、挪用公款受过党纪、行政处分的；（三）曾因故意犯罪受过刑事追究的；（四）赃款赃物用于非法活动的；（五）拒不交代赃款赃物去向或者拒不配合追缴工作，致使无法追缴的；（六）造成恶劣影响或者其他严重后果的。"

② 2013年最高人民法院、最高人民检察院《关于办理敲诈勒索刑事案件适用法律若干问题的解释》（法释〔2013〕10号）第4条规定："敲诈勒索公私财物，具有本解释第二条第三项至第七项规定的情形之一，数额达到本解释第一条规定的'数额巨大''数额特别巨大'百分之八十的，可以分别认定为刑法第二百七十四条规定的'其他严重情节''其他特别严重情节'。"

③ 2013年最高人民法院、最高人民检察院《关于办理盗窃刑事案件适用法律若干问题的解释》（法释〔2013〕8号）第6条规定：盗窃公私财物，具有本解释第二条第三项至第八项规定情形之一，或者入户盗窃、携带凶器盗窃，数额达到本解释第一条规定的"数额巨大""数额特别巨大"百分之五十的，可以分别认定为刑法第二百六十四条规定的"其他严重情节"或者"其他特别严重情节"。

④ 2013年最高人民法院《关于审理拒不支付劳动报酬刑事案件适用法律若干问题的解释》（法释〔2013〕3号）第3条规定：具有下列情形之一的，应当认定为刑法第二百七十六条之一第一款规定的"数额较大"：（一）拒不支付一名劳动者三个月以上的劳动报酬且数额在五千元至二万元以上的；（二）拒不支付十名以上劳动者的劳动报酬且数额累计在三万元至十万元以上的。第5条规定：拒不支付劳动者的劳动报酬，符合本解释第三条的规定，并具有下列情形之一的，应当认定为刑法第二百七十六条之一第一款规定的"造成严重后果"：（一）造成劳动者或者其被赡养人、被扶养人、被抚养人的基本生活受到严重影响、重大疾病无法及时医治或者失学的；（二）对要求支付劳动报酬的劳动者使用暴力或者进行暴力威胁的；（三）造成其他严重后果的。

罪构成的“情节特别严重”,司法解释的规定存在二者在 3 项内容上的交叉重合;①再如侵犯商业秘密罪的“重大损失”和“特别严重后果”,司法解释仅规定了 1 项“特别严重后果”,包含于“重大损失”的内容之中。② 综上,现有司法解释对不同模糊罪量的独立、交叉、包含的不同处理路径而产生的示范效应,会影响其他没有细化规定的模糊罪量的司法适用。

(三)调和量的介入加重了罪刑均衡实现的模糊度

“形式规则限定着运算领域,而调节系统则支配着在某一独立存在的领域中所执行的运算。”③我国《刑法》根据社会危害性程度和人身危险性大小,设置了“从轻”“减轻”“从重”的刑量调节规定,形成了独立的调节机制。由于这些规定通过文字的形式出现,并影响数字刑量的确定,本书将其称为调和量。统计发现:《刑法》中“从轻”出现 20 次、“减轻”出现 30 次、“从重”出现 43 次。这些调和量除了“从重”处

① 2012 年最高人民法院、最高人民检察院《关于办理渎职刑事案件适用法律若干问题的解释(一)》(法释〔2012〕18 号)第 1 条规定:国家机关工作人员滥用职权或者玩忽职守,具有下列情形之一的,应当认定为刑法第三百九十七条规定的“致使公共财产、国家和人民利益遭受重大损失”:(一)造成死亡 1 人以上,或者重伤 3 人以上,或者轻伤 9 人以上,或者重伤 2 人、轻伤 3 人以上,或者重伤 1 人、轻伤 6 人以上的;(二)造成经济损失 30 万元以上的;(三)造成恶劣社会影响的;(四)其他致使公共财产、国家和人民利益遭受重大损失的情形。具有下列情形之一的,应当认定为刑法第三百九十七条规定的“情节特别严重”:(一)造成伤亡达到前款第(一)项规定人数 3 倍以上的;(二)造成经济损失 150 万元以上的;(三)造成前款规定的损失后果,不报、迟报、谎报或者授意、指使、强令他人不报、迟报、谎报事故情况,致使损失后果持续、扩大或者抢救工作延误的;(四)造成特别恶劣社会影响的;(五)其他特别严重的情节。

② 2020 年最高人民法院、最高人民检察院《关于办理侵犯知识产权刑事案件具体应用法律若干问题的解释(三)》(法释〔2020〕10 号)第 4 条:实施刑法第二百一十九条规定的行为,具有下列情形之一的,应当认定为“给商业秘密的权利人造成重大损失”:(一)给商业秘密的权利人造成损失数额或者因侵犯商业秘密违法所得数额在三十万元以上的;(二)直接导致商业秘密的权利人因重大经营困难而破产、倒闭的;(三)造成商业秘密的权利人其他重大损失的。给商业秘密的权利人造成损失数额或者因侵犯商业秘密违法所得数额在二百五十万元以上的,应当认定为刑法第二百一十九条规定的“造成特别严重后果”。

③ [英]托马斯·克伦普:《数字人类学》,郑元者译,中央编译出版社 2007 年版,第 10 页。

罚以外，绝大多数出现在《刑法》总则中，[①]所以，分则中所有罪名都要受到总则调和量的约束，从而影响罪名体系中数字区间和“确定之数”的确定。

调和量本身存在规定缺位和不确定性。其一，法定刑幅度内的“从轻”“从重”的基点和程度不明，“具体规则供给不足”。[②]《刑法》第62条规定了法定刑限度内的从重、从轻处罚，但是，从重、从轻的基点应该在哪里？从重、从轻调整的幅度应该是多少？并没有统一的适用标准，理论界存在包括“中线论”在内的4种不同认识，[③]当同一罪状面对不同数字区间选择和较大的裁量幅度时，可能走向畸轻或者畸重的极端，影响罪刑均衡的实现。其二，“减轻”一般会带来更多的数字区间选择。“减轻”判处刑罚是在法定刑以下的幅度内进行选择，如故意伤害致人重伤，本应处3年到10年有期徒刑，如若适用“减轻”规定，那么就是适用3年以下有期徒刑、拘役或者管制，从单一数字区间变为3个可选择的数字区间，产生更多的数字区间选择。其三，加重犯的“减轻”将带来裁量空间的极大膨胀。“由于在法定刑以下判处刑罚，使得减轻处罚的幅度可能会相当宽”，[④]对于加重犯而言，适用“减轻”将导致较大的裁量跨度，带来裁量空间的极大膨胀，造成刑种和刑量的极大不确定性。例如《刑法》第125条规定的非法制造、买卖、运输、邮寄、储存枪支、弹药、爆炸物罪，[⑤]当具体犯罪对应10年以上有期徒刑、无期徒刑或者死刑时，如若适用“减轻”规定，就会造成从死刑减轻到3年以上10年以下有期徒刑的较大裁量跨度。

---

① 在《刑法》分则中，“从轻”或“减轻”仅在贪污罪、行贿罪、介绍贿赂罪、挪用公款罪、非法吸收公众存款罪、收买被拐卖的妇女儿童罪、拒不支付劳动报酬罪等7个罪名中直接规定。

② 时延安：《酌定减轻处罚规范的法理基础及司法适用研究》，载《法商研究》2017年第1期。

③ 参见胡学相：《论从重、从轻、减轻和免除处罚的适用》，载《国家检察官学院学报》1997年第3期。

④ 彭文华：《酌定减轻处罚的自由裁量与技术制衡》，载《法学评论》2016年第3期。

⑤ 《刑法》第125条第1款规定：非法制造、买卖、运输、邮寄、储存枪支、弹药、爆炸物的，处三年以上十年以下有期徒刑；情节严重的，处十年以上有期徒刑、无期徒刑或者死刑。

“从重”“从轻”“减轻”的竞合带来不确定性。有学者从量刑情节的角度提出:“同类的量刑情节竞合的处理方法不明,不同种类的量刑情节的竞合更是存在很大的问题。”①如果模糊调和量“从重”“从轻”“减轻”同时出现在一个案件中,则存在4种可能的形式,即“从重+从轻”“从重+减轻”“从轻+减轻”“从重+从轻+减轻”。“从重+从轻”可以在一个法定刑幅度内解决,但存在“从重”和“从轻”的逆向调整的问题,最终可能形成直接抵消后的“不从重、不从轻”“最终从重”“最终从轻”的三种可能结局;“从轻+减轻”形式下,由于“减轻”的程度大于“从轻”,可能会形成“既减轻又从轻”和“只减轻”的两种可能结局;“从重+减轻”虽然只能形成在下一个量刑幅度内从重处理,但基于本书所述的“减轻”本身带来的巨大不确定性,也会形成多种不确定性结局;“从重+从轻+减轻”形式基于以上的可能性结局,其带来的不确定性程度更高。理论界对模糊调和量的竞合存在“整体综合判断说”“分别综合判断说”“优势情节说”“抵消说”等不同方案。②《关于常见犯罪的量刑指导意见(试行)》采用“抵消说”的基本思路,提出了“同向相加、逆向相减”的方法调节基准刑,但该方法缺乏调和量的位阶顺序性考量,将各种模糊调和量等量齐观,造成了个别罪名基准刑调节幅度过大、量刑畸轻,甚至出现最终宣告刑为零或者负数的尴尬境地。

① 刘军:《减轻处罚的功能定位与立法模式探析》,载《法学论坛》2015年第3期。

② 参见郝川、左智鸣:《冲突量刑情节适用原则的反思》,载《法学杂志》2020年第4期。

第四章　数量刑法学之规范性构造

> 我们能够用纯粹数学的构造来发现概念以及把这些概念联系起来的定律，这些概念和定律是理解自然现象的钥匙。①
>
> ——[美]爱因斯坦

“模糊性以及因模糊性产生的不确定性，是立法的基本特征”，②“20世纪70年代开始，如何解决法律的不确定性问题即法律推理、法律解释、漏洞填补、法律续造问题，成为法学研究的一个国际性中心问题”，③“除了数量等逻辑语言，其他法律文本都需要对其文义进一步释明和解释”。④ 当前我们主要依靠司法解释、案例类比、学理解释、裁判经验等来应对刑法的明确性和解决罪刑不均衡问题，但却存在主观性有余、精准度不足、科学性欠缺等问题。“对法的模糊性作进一步的分析是必要的，而找到法的模糊性背后的方法和事物正是我们的目标。”⑤在应对模糊罪量自身明确性以及“模糊罪量—数字刑量”均衡性的方案上，数量刑法学存在“理—数—理”和“象—数—理”的认识逻辑，进而产生了数量刑法学不同的研究进路。数量刑法学之规范性构

① 许良英等编译：《爱因斯坦文集》（第1卷），商务印书馆2009年版，第448页。

② [英]蒂莫西·A. O. 恩迪科特：《法律中的模糊性》，程朝阳译，北京大学出版社2010年版，第6页。

③ 王洪：《制定法推理与判例法推理》，中国政法大学出版社2016年版，第174页。

④ 高巍：《重构罪刑法定原则》，载《中国社会科学》2020年第3期。

⑤ 董泽史：《二元犯罪论的理论构想——以刑法的精确性与模糊性为视角》，载《中国刑事法杂志》2012年第3期。

造,是在刑法中"数""量"及其关系的逻辑起点上,从刑法规范和刑法学基本理论出发,以"理—数—理"为主要认识逻辑,运用模糊数学、线性代数、层次分析法等数学方法,构建符合刑法规范和刑法理论的数理模型,进而解决模糊罪量自身明确性以及"模糊罪量—数字刑量"均衡性问题的数量研究方案。

第一节　模糊罪量明确化的规范路径

"法的确定性只在相对意义上存在,法的模糊性是指法律所具有的归属不完全的属性,它是与法的普遍性相伴而生的基本技术特征。"①囿于认识能力的有限性、法的滞后性和犯罪的多样性,刑法规范必须进行高度抽象和概括性的表达,以精准体现规范的实质内涵和尽量达到罪刑规范可能涵摄的外延,所以,作为比其他部门法更强调确定性的刑法,仍然需要运用模糊的法律语言。正视罪量模糊性的积极价值,并非否定刑法的明确性或消极地陷入模糊性的不可知,而应当积极剖析罪量模糊因子及其影响因素,在刑法规范和基本理论的基础上,在模糊性中探寻明确性的实现路径。

一、模糊罪量程度及其评价因素的模糊性

模糊罪量的模糊性主要由罪量的程度、程度的影响因素及其各自权重的缺失或不清晰所导致。《刑法》总则中,但书规定的"显著轻微"以及非刑罚性处置措施中规定的"轻微"等模糊表述,其程度标准到底如何设置、评价程度的因素及其权重到底应该如何确定,至今没有统一的判断标准和认识界限。分则中,对数额型和数量型模糊罪量,司法解释尽可能对"较大""巨大""特别巨大"规定了具体数值,但这些数值作为阈值合理性的评估论证不足,阈值范围内增量的规范性仍然欠缺;情节和后果型的模糊罪量阈值标准设置的理由和阈值范围内量的规定

① 陈云良:《法的模糊性之探析》,载《法学评论》2002 年第 1 期。

也存在上述问题,加之兜底条款规定的介入,进一步加深了罪量的模糊性。

(一)模糊罪量程度的模糊性

刑法中存在大量的模糊罪量,主要包括“数额”“数量”“情节”“后果”4 种类型。数额和数量型模糊罪量存在“较大”“巨大”“特别巨大”等 3 种立法描述;情节型模糊罪量存在“显著轻微”“轻微”“较轻”“较重”“严重”“恶劣”“特别严重”“特别恶劣”等 8 种立法描述,“显著轻微”在《刑法》第 13 条的“但书”加以规定,“轻微”在《刑法》第 37 条的非刑罚性处置措施中规定,其他的 6 种情节见于分则的各个具体罪名之中;后果型模糊罪量存在“严重”“特别严重”2 种立法描述。本书主要通过最为典型的数额型和情节型模糊罪量探讨罪量程度的模糊性。

数额型模糊罪量的程度仍然模糊。数额型模糊罪量依赖与具体数字的结合确定适用标准,对数额的解释存在幅度标准和精确标准两类,如贪污罪的 3 万元到 20 万元作为“数额较大”,20 万元到 300 万元作为“数额巨大”、300 万元以上作为“数额特别巨大”①的认定标准就是一种幅度标准;集资诈骗以 10 万元作为“数额较大”、100 万元作为“数额巨大”、5000 万元作为“数额特别巨大”②的认定标准就是一种精确标准。幅度标准需要依赖各省、自治区、直辖市或司法裁判人员对阈值进行第二次解释,仍然具备较大的模糊性,并且幅度越大模糊性越高,如贪污罪以 20 万元到 300 万元作为“数额巨大”的标准,中间的跨度为 280 万元,到底以哪个具体数额为裁量标准,准确界定的难度较大。当然,幅度标准的设置在于应对我们幅员辽阔所导致的地区差异性,避免陷入“唯数额论”的弊端,但也形成了刑法适用中的模糊性,造成了认定的复杂化,如若选择不当,也会形成罪刑适用的地区性不均衡。精

① 2016 年最高人民法院、最高人民检察院《关于办理贪污贿赂刑事案件适用法律若干问题的解释》(法释〔2016〕9 号)第 1 条第 1 款、第 2 条第 1 款、第 3 条第 1 款。

② 2022 年最高人民法院《关于审理非法集资刑事案件具体应用法律若干问题的解释》(法释〔2022〕5 号)第 8 条。

确标准作为模糊罪量的阈值具备可操作性,虽然给出了罪量程度的明晰判断,但仅是发挥了阈值的区分效果,并不能解决阈值范围内的增量对罪刑的影响,如个人集资20万元,仅能认定属于基本犯罪构成,并对接相应的法定刑,但对于超过10万元部分的罪量评判,却没有统一的适用标准,带来了最终宣告刑(确定之数)判断上的模糊。

情节型模糊罪量的模糊程度最高。情节型模糊罪量包含8个层次或者说8种轻重程度,分别为"显著轻微""轻微""较轻""较重""严重""恶劣""特别严重""特别恶劣"。"显著轻微"是《刑法》总则第13条"但书"规定的出罪判断标准;"轻微"的作用是免予刑事处罚;"较轻"是一些严重犯罪减轻犯罪构成的成立条件,如间谍罪的情节"较轻";"较重"仅是基本犯罪构成的成立条件,如利用影响力受贿罪的情节"较重";"严重"是基本犯罪构成和加重犯罪构成成立的条件,如不报、谎报安全事故罪的情节"严重"为基本犯罪构成的成立条件,走私淫秽物品罪的情节"严重"为加重犯罪构成的成立条件;"恶劣"仅是基本犯罪构成的成立条件,如虐待罪的情节"恶劣";"特别严重"仅是加重犯罪构成的成立条件,如非法经营罪的情节"特别严重";"特别恶劣"也仅是加重犯罪构成的成立条件,如重大责任事故罪的情节"特别恶劣"。情节型模糊罪量的模糊程度最高:其一,数额和数量型模糊罪量仅存在3种程度的判断,而情节型模糊罪量需要结合总则区分8种程度,模糊性更高,辨别和判断的难度更大。其二,从词义上看,"恶劣"的程度应高于"严重",但其在刑法中的作用边界却较为模糊,情节"恶劣"仅是基本犯罪构成的成立条件,情节"严重"却可以是加重犯罪构成的成立条件。另外,二者在情节"特别恶劣"和"特别严重"的作用却几乎相近,仅是加重犯罪的成立条件。其三,《刑法》中还存在程度的缺失或跳跃现象,并未出现程度的依次过渡,如走私文物罪中仅规定了情节"特别严重"和"较轻",其二者之间存在"较重""严重"两个程度的缺失,导致罪量跨程度判断,增加了罪量认定的模糊。其四,虽然司法解释对部分罪名明确了8种程度的判断标准,但仅是给出了基本犯罪构成和加重犯罪构成的界分标准,其他程度仍然不明确,且仍然存在大量罪名并未给予明确的规定。其五,同数额型和数量型模糊罪量一样,司法解释给出了判断标准仅是发挥了阈值的区分效果,并未解决情节的增量问题。如司法解释将向 30 人次以上非法出售或者提供试题、答案作为组织考试作弊罪情节“严重”的认定标准之一。[①] 假设具体案件涉及 100 人或 1000 人,并未有相关规定或者裁判标准,虽然也能对接相应法定刑的幅度,但对最终宣告刑的确定仍然模糊。

(二)模糊罪量评价因素及其关系的模糊性

罪量定位和内涵的认识分歧导致罪量评价因素的混乱。以最为典型的情节型模糊罪量为例,刑法并未对情节进行明确的定义,理论界对刑法中的“情节”在犯罪体系中的定位存在争议。高铭暄教授认为:“刑法规定情节严重或情节恶劣才构成犯罪时,只是一种提示性的规定,而很难说是一种构成要件。”[②]陈兴良教授认为作为罪量要素的情节是指:“刑法明文规定的,表明行为的法益侵害程度而为犯罪成立所必需的一系列主观与客观的情状。”[③]张明楷教授认为:“作为整体的评价要素的‘情节严重’中的情节,并不是指任何情节,只能是指客观方面的表明法益侵害程度的情节”,[④]即得出“‘情节’在犯罪构成体系中,只能定位为违法性要素的结论”,[⑤]所以反映人身危险性大小的预防性情节“只是在成立犯罪以后的量刑阶段才能考虑的预防要素”。[⑥]刘艳红教授认为“情节严重”是对犯罪行为客观方面的描述,属于客观方面量的构成要件。[⑦] 还有学者基于个罪的分析,认为“严重情节”不

---

① 2019 年最高人民法院、最高人民检察院《关于办理组织考试作弊等刑事案件适用法律若干问题的解释》(法释〔2019〕13 号)第 5 条。

② 高铭暄主编:《中国刑法学》,中国人民大学出版社 1989 年版,第 83 页。

③ 陈兴良:《规范刑法学》(第 4 版)(上册),中国人民大学出版社 2017 年版,第 200～201 页。

④ 张明楷:《犯罪构成体系与构成要件要素》,北京大学出版社 2010 年版,第 241 页。

⑤ 陈洪兵:《“情节严重”司法解释的纰缪及规范性重构》,载《东方法学》2019 年第 4 期。

⑥ 张明楷:《阶层论的司法运用》,载《清华法学》2017 年第 5 期。

⑦ 参见刘艳红:《情节犯新论》,载《现代法学》2002 年第 5 期。

属于犯罪构成要件,是与违法、责任要素无关的独立处罚条件。[①] 模糊罪量定位和内涵的诸多争议,影响模糊罪量评价体系的建构,造成模糊罪量评价因素的混乱,造成了司法解释的扩张和偏误。如有的司法解释将“曾受过刑事处罚或行政处罚”作为贪污罪基本犯罪构成和加重犯罪构成成立的条件之一,就似乎突破了预防刑要素在责任刑之下的限度;再如司法解释将“赃款赃物用于非法活动”作为贪污罪基本犯罪构成和加重犯罪构成成立的条件,一定程度上超出贪污罪构成要件的法益保护范围和保护目的;同理,还存在将毁灭、伪造证据,转移财产,拒不交代赃款赃物去向,拒不配合追缴工作等作为情节型模糊罪量的评判因素,与罪刑法定、法益保护目的、期待可能性和罪数原理等基本刑法理论相冲突。罪量定位和内涵的认识分歧导致罪量评价因素的混乱,不利于对罪量大小进行正确的评价,造成外延不断扩展的示范效应,影响对司法解释未明晰规定的其他模糊罪量的评价。

模糊罪量之间的界限和关系具有模糊性。刑法通过“或者”的立法表达界定了“数额”“数量”“情节”“后果”等模糊罪量相互独立的地位,“将数额、结果或者其他情节以不同形式并列地规定”[②],从而形成模糊罪量之间并列的逻辑关系。囿于犯罪多样性导致的定罪和量刑困境,理论界和司法解释扩张了立法对模糊罪量并列的逻辑关系界定,形成了模糊罪量在并列关系基础上的包容或交叉关系。其一,对于包容关系而言,有学者基于对情节的广义解释,认为“犯罪数额就是一种犯罪情节”[③],形成“数额”包含于“情节”的关系。对于刑法中的单一模糊罪量而言,司法解释习惯将其他模糊罪量的内容扩充到该单一模糊罪量中。如虚假诉讼罪仅规定了“情节严重”,司法解释将“致使他人债权无法实现,数额达到一百万元以上”,“非法占有他人财产,数额达

---

① 参见郝川、欧阳文星:《骗取贷款罪:反思与限定》,载《西南大学学报(社会科学版)》2018 年第 3 期。

② 闵凯:《经济犯罪的情节和数额》,载《政治与法律》2009 年第 10 期。

③ 张勇:《犯罪数额研究》,中国方正出版社 2004 年版,第 23 页。

到十万元以上”等作为“情节严重”的认定标准。[①] 再如生产、销售不符合安全标准的食品罪，司法解释将特定的“数额”作为“其他严重情节”的判断标准。[②] 对于刑法以“或者”并列表达的两种模糊罪量，司法解释将“数额”融入“情节”的判断中，如抢夺罪规定了“数额较大”或者“其他严重情节”，司法解释将达到“数额巨大”标准的50%作为“其他严重情节”的判断标准之一。[③] 敲诈勒索罪的司法解释更为明显，直接将达到“数额巨大”“数额特别巨大”标准的80%作为该罪“其他严重情节”“其他特别严重情节”的唯一判断标准。[④] 其二，对于交叉关系而言，数额的僵化导致的立法和司法适用困境，造成了理论界对“数额中心论”的排斥，对于数额犯的认定往往寄希望于加入“情节”因素，将并列的模糊罪量交叉融合起来，将“情节”和“数额”捆绑在一起，在一个较低数额的基础上配合“情节”，作为定罪量刑的标准。贪污罪、盗窃罪、非法持有毒品罪的司法解释就采用这种交叉的形式。模糊罪量在并列关系基础上扩展的包容或交叉关系，虽然在定罪量刑上具备合理性，但并未建立并列、交叉、包容3种逻辑关系适用的基本原则和适用规则，导致不同罪名中模糊罪量之间的界限和关系混乱，带来罪量大小评价标准的模糊。

（三）模糊罪量评价因素权重的模糊性

模糊罪量并列的立法表达，本应使模糊罪量在定罪量刑中具备相同的地位和权重。为了应对犯罪的多样性和复杂性，理论界和司法解释给出了扩大的适用路径，打破了这一并列关系，使得模糊罪量之间呈现出并列、包容和交叉的3种逻辑样态。在包容和交叉的关系中，各模

---

① 2018年最高人民法院、最高人民检察院《关于办理虚假诉讼刑事案件适用法律若干问题的解释》（法释〔2018〕17号）第3条。

② 2021年最高人民法院、最高人民检察院《关于办理危害食品安全刑事案件适用法律若干问题的解释》（法释〔2021〕24号）第3条。

③ 2013年最高人民法院、最高人民检察院《关于办理抢夺刑事案件适用法律若干问题的解释》（法释〔2013〕25号）第3条。

④ 2013年最高人民法院、最高人民检察院《关于办理敲诈勒索刑事案件适用法律若干问题的解释》（法释〔2013〕10号）第4条。

糊罪量在定罪量刑中作用力到底是多少，或者说模糊罪量竞合后各自的权重是多少，司法解释虽然对部分罪名进行了规定，但大多数罪名的适用仍然模糊。

学界对模糊罪量竞合后的权重判断存在较大争议。“长期以来，我国刑法存在一种迷思，即认为对于侵犯财产犯罪、职务犯罪以及经济犯罪而言，数额是其社会危害性严重程度最直接甚至是唯一的征表形式。”①对于“数额中心论”僵化的弊端或数额超载等问题，理论界又提出了情节和数额的二元标准，在二元标准下又形成了关于数额和情节权重的不同认识，形成了“主次关系”和“并重关系”的争议，以贪污贿赂罪最为典型。高铭暄教授认为：“贪污数额是衡量贪污犯罪成立与否、刑罚轻重的主要依据。”②赵秉志教授提出：“将数额和情节都作为衡量贪贿行为社会危害程度的基本依据，使之在贪污受贿犯罪的定罪量刑中都发挥决定性的作用。”③然而，对于情节和数额究竟是“应择一重选择”，④还是“既重视数额，又重视情节，综合考量二者之后再作出判断”，⑤存在不同的认识和解读。《贪贿司法解释》出台后，陈兴良教授认为：“数额还是基本的标准，而情节只是起到补充性的标准。”⑥二元视角下的并重关系或主次关系的争议，导致对罪量权重大小认识不同，竞合后其影响力大小到底应该是多少，理论界并未给出清晰的判断标准。

司法解释对模糊罪量竞合后的权重判断并不统一，形成了 3 种不

---

① 于志强、王鼎：《情节要素的适用路径变革与探索——以情节与数额关系为着眼点》，载《政法论坛》2019 年第 2 期。

② 高铭暄、范连玉：《略析贪污罪中贪污数额起点与共犯责任》，载《云南社会科学》2014 年第 1 期。

③ 赵秉志：《贪污受贿犯罪定罪量刑标准问题研究》，载《中国法学》2015 年第 1 期。

④ 周斌、李豪：《刑法修正案（九）：终身监禁切断严重贪腐犯罪退路》，载《法制日报》2015 年 9 月 6 日，第 5 版。

⑤ 最高人民法院研究室、最高人民法院刑法修改工作小组办公室编著：《〈刑法修正案（九）〉条文及配套司法解释理解与适用》，人民法院出版社 2015 年版，第 383 页。

⑥ 陈兴良：《〈关于办理贪污贿赂刑事案件适用法律若干问题的解释〉总置评》，载《浙江社会科学》2016 年第 8 期。

同的解释方式。其一,权重平均分配标准,即各种模糊罪量不能单独认定犯罪的成立或法定刑加重,通过各模糊罪量各占50%的比例进行平均叠加合计,从而形成新的判断标准。如《刑法》以“数额较大”作为抢夺罪犯罪成立的唯一标准,但司法解释对仅达到“数额较大”数额标准的50%的,规定了有10种情节时,也可以认定抢夺罪的成立,同时对“其他严重情节”或“其他特别严重情节”,通过“数额巨大”和“数额特别巨大”数额标准的50%来规定,[①]形成“数额不足,情节来补;情节不够,数额来凑”的解释,并且因素的权重各占50%,盗窃罪亦是如此。其二,权重主次分配标准。如《刑法》将“数额巨大”或“有其他严重情节”,“数额特别巨大”或“有其他特别严重情节”作为敲诈勒索罪加重犯罪构成的成立标准。司法解释规定具备基本情节时,只要具备“数额巨大”或“数额特别巨大”的80%,就认定成立加重的犯罪构成,此处数额占据的权重达到80%,情节占据20%,形成以“数额为主,情节为辅”的权重判定方式。其三,未明确权重的直接判断标准。《刑法》将“数额”或“情节”作为贪污罪基本犯罪构成和加重犯罪构成的成立标准,司法解释将两种模糊罪量融合在一起,将“1万元以上不满3万元”“10万元以上不满20万元”“150万元以上不满300万元”与6种“严重情节”进行结合,共同决定贪污罪的成立和法定刑升格,但并未给出具体的权重大小。笔者通过“数额+情节”与“单一数额”的权重对比计算,[②]得出在犯罪的成立上,“严重情节”的权重占到了0.76,第一个加重犯罪构成中,“严重情节”的权重有所降低,占到了0.72,在第二个

① 2013年最高人民法院、最高人民检察院《关于办理抢夺刑事案件适用法律若干问题的解释》(法释〔2013〕25号)第2、3、4条。

② 以标准数额为基数1,通过不足数额占标准数额比重的算术平均数,计算情节的权重大小。“1万元以上不满3万元”与“3万元以上不满20万元”,1万元是3万元的1/3,3万元是20万元的3/20,二者算数平均约为0.24,意味着在犯罪的成立上,数额因素的权重为0.24,严重情节的权重为0.76,严重情节占据主要作用;“10万元以上不满20万元”与“20万元以上不满300万元”,二者比较后的算数平均约为0.28,意味着第一个加重犯罪构成中,严重情节的因素占到了0.72;“150万元以上不满300万元”与“300万以上”,按照以上计算方法,数额因素的权重为一个0.25到0.75的变动区间,对应的严重情节权重是0.75到0.25的区间。

加重犯罪构成中,“严重情节”的权重在0.25到0.75的一个变动区间。未明确权重大小的直接判断,数额和情节型模糊罪量的权重,随着所规定的数额值大小在不断变化,处于既可能是“数额为主,情节为辅”,又可能是“情节为主,数额为辅”的徘徊和变动中。

二、模糊罪量量化的必要性和可行性论证

我国《刑法》“定性+定量”的立法模式,使得“定性”和“定量”具备同等重要的价值,但长期以来,“重定性,轻定量”的思维,导致“定量”研究的缺失或不足,已经严重制约着刑法的明确性和精确性。模糊罪量作为刑法中最典型的定量因素之一,具备量化的内生性需求,并能与模糊数学完美契合,具备量化的必要性和可行性。

(一)模糊罪量量化的必要性

模糊罪量的量化是其作为“定量”因素的内在需求。模糊罪量是刑法无法避免并主动选择的立法表达,具备独特的存在性价值和功能性意义,完全否定或消除模糊罪量的存在并不合理,也并不现实。除了走私、贩卖、运输、制造毒品罪,生产、销售伪劣产品罪等少数罪名用具体的数字表明“定量”因素外,我国《刑法》中的“定量”因素大部分以模糊罪量的形式出现。统计发现:《刑法》分则的483个罪名中有415个罪名采取模糊罪量的形式,占据所有罪名的85.9%,所以刑法中的“定量”因素的教义学研究和司法适用,应该主要针对模糊罪量展开。模糊罪量作为判断犯罪成立与否、轻罪和重罪界限的定量因素,其自身的有无、大小、多少对定罪量刑具备重要的意义。但基于“重定性,轻定量”的思维倾向,模糊罪量作为“量”的规定性并未完全释放,其规范性和裁判功能并未完全发挥。面对模糊罪量程度、评价因素及权重的模糊,依据司法解释、学理解释、指导性案例或裁判者经验进行的定性判断和少数定量分析,仅是暂时性地解决了局部或特殊的问题。正视模糊罪量的价值,深入模糊罪量的实质,探索模糊罪量的量化路径,才有可能提出涵摄刑法中所有模糊罪量的长效全局性方案。

模糊罪量的量化是刑法明确化的重要方面。“从哲学角度来看,

语义的模糊性是绝对的,而明确性则是相对的",[①]"限度之内的模糊能够扩充刑法规范的涵摄力,进而为刑法解释提供能动的空间",[②]在此认识基础上,刑法解释成为刑法明确化的主要路径。在行为性质的认定上,刑法解释发挥着重要的功效,但对于"定量"的解释却渐显乏力,造成罪量明确化实现过程的客观性和科学性不足,形成罪量评价中的估堆思维,罪刑不均衡的情况时有发生。刑法明确性的要求体现于行为定性明确和定量明确两个方面,刑法解释解决了定性的明确性问题,但定量的明确仍然举步维艰。定量的明确需要在量的规定性基础上进行量化研究,模糊罪量的量化不仅可以提高模糊罪量作为阈值的可操作性,还可以提升阈值范围内罪量大小的可测量性,给出司法实践关于罪量的适用标准以及对罪质更为全面充分的认识。

模糊罪量的量化是罪刑均衡的重要路径。模糊罪量的阈值大小、范围、个数对应法定刑轻重、幅度、个数。法定刑是以数字精确刻画的刑量,要实现模糊罪量与法定刑的准确对接,需要对模糊罪量进行量化。法定刑是一个数字区间,如"3 年以上 10 年以下有期徒刑",在刑法的适用中,还需要在这个数字区间中找出具体的"确定之数"作为宣告刑,因为仅根据定性判断难以实现罪刑关系的整体均衡。从形式上看,模糊罪量最终要进行从"文字"量到"数字"量的转化,从"模糊"量到"清晰"数的转化,在"情节严重"的适用过程中,首先要根据模糊罪量的大小匹配对应的数字区间,如 3 年以上 10 年以下,然后根据罪量和刑量的影响因素,选择 3 年、5 年或其他确定数字的宣告刑。这样的转化过程渗入了数字的因素,基于数字的明确性和精确性特点,带来了模糊罪量明确化和精确化的必要性,也产生了对文字表达的模糊罪量进行量化的内生需求。

(二)模糊罪量量化的可行性

"对客观对象进行量化,在量化基础上进行数量的分析、测算和计

---

① 吴振国:《汉语模糊语义研究》,华中师范大学出版社 2003 年版,第 54 页。

② 付玉明、陈树斌:《刑法规范的明确性与模糊性——诠释学视野下的刑法解释应用》,载《法律科学(西北政法大学学报)》2013 年第 6 期。

算,这是一种常用的数学思想方式"。[1] 但是,客观世界事物的复杂性往往呈现出"亦此亦彼"的模糊性,形成了关于大小、多少、轻重、快慢等模糊概念,无法满足康托建立在"非此即彼"基础上的经典集合论之互补律要求。[2] 1965 年,美国控制论专家扎德教授在《信息与控制》杂志发表了一篇《模糊集合》论文,[3]标志着模糊数学的诞生,也使得其被誉为"模糊集之父"。模糊数学通过"把隶属关系进一步数量化",[4]为模糊概念判断、评价和推理提供了可量化的理论和方法支撑,使模糊罪量的量化具备了理论可行性。模糊数学是继经典数学之后,数学学科新的发展方向,利用严密的模糊逻辑和推理,将数学的应用范围从精确现象领域扩大到模糊现象领域,模糊数学的应用几乎涉及国民经济的各个领域,尤其在科学技术、经济管理、社会科学方面的应用更为广泛。[5]

模糊数学的理论正逐渐应用到刑法学的研究。储槐植教授等通过"模糊数学以及分层评估的方法,计算出目前我国污染环境罪的刑罚配置主要存在两个重要问题:惩治力严重不足,以及刑罚威慑力不够";[6]石经海教授提出:"量刑情节模糊集合、隶属度、'非可加性'模糊测度等模糊数学因素,更能发挥量刑规律下的法官软性裁量之善";[7]在此基础上,严海杰进行了"量刑情节数量化之模糊数学模型建构";[8]罗猛等针对网络犯罪海量化的犯罪数额,提出对其认定的科学

---

① 何柏生:《数学精神与法律文化》,上海人民出版社 2005 年版,第 10 页。

② 参见杨纶标等编著:《模糊数学的原理及应用》,华南理工大学出版社 2011 年版,第 1 页。

③ See Zadeh. L. A. , *Fuzzy Sets*, Information and Control, Vol. 8:3, p. 383 - 353 (1965).

④ 王燕荣:《数学方法论》,西南交通大学 2018 年版,第 62 页。

⑤ 参见谢季坚、刘承平:《模糊数学方法及其应用》(第 4 版),华中科技大学出版社 2013 年版,第 2 ~ 3 页。

⑥ 储槐植、何群:《论我国数量刑法学的构建》,载《中国法学》2019 年第 3 期。

⑦ 石经海、严海杰:《中国量刑规范化之十年检讨与展望》,载《法律科学(西北政法大学学报)》2015 年第 4 期。

⑧ 严海杰:《量刑情节数量化之困境与出路》,载《量刑研究》2019 年第 2 期。

基础“源于模糊数学等数学方法的应用”;[①]康均心等通过模糊数学原理“从模糊性的语义、层次、属性三个角度对刑事立法模糊性的内涵加以界定”;[②]余松龄等阐述了“模糊集合在犯罪人分类要求中的应用”;[③]杨书文教授将模糊数学的隶属度与模糊集合、隶属函数等概念应用于“复合罪过形式概念之认识论基础”[④]中进行论证。模糊数学的基本理论和研究方法,已经被逐渐应用到刑法学的研究之中,相比经典集合论基础上的精确数学而言,更适合刑法学理论的分析。但是,现有研究仅是将模糊数学的原理和方法,应用于刑法中的某个理论或者个罪,并未涉及定量因素中最为重要的模糊罪量判断。同时,多数研究仅是将模糊数学的基本原理进行大致介绍,提出引入刑法学研究的优势,而真正将模糊数学方法充分运用于刑法学的研究并不多见。

模糊数学原理和方法契合模糊罪量的分析,是模糊罪量量化的最佳方法。相比以解释为主的定性研究和建立在精确数学基础上的定量研究而言,模糊数学的研究方法最适合模糊罪量的研究:其一,从研究对象上看,模糊数学是以大小、多少、轻重等模糊概念或现象作为研究对象,判别如事物“轻重”概念的“较轻”“较重”“特别轻”“特别重”等模糊概念的集合和界限。模糊罪量在立法表达中的“较大”“巨大”“特别巨大”“显著轻微”“轻微”“较轻”“较重”“严重”“恶劣”“特别严重”“特别恶劣”等模糊概念,刚好属于模糊数学的研究对象,是模糊数学应用的范畴。其二,从罪量的模糊性上讲,模糊罪量表现出的程度模糊性、评价因素和界限模糊性、模糊罪量竞合后权重的模糊性,恰好是模糊数学中的模糊隶属度、模糊变换、模糊综合评判、多层次模糊综合评判等方法所擅长解决的问题。其三,模糊推理相比传统精确数学推理,更接近人脑的思维和语言的表达,使得其在人工智能和语言学中展现

① 罗猛、邓超:《从精确计量到等约计量:犯罪对象海量化下数额认定的困境及因应》,载《预防青少年犯罪研究》2016 年第 2 期。

② 康均心、王敏敏:《刑事立法模糊性基础问题研究》,载《北方法学》2009 年第 2 期。

③ 余松龄、文姬:《控制论在犯罪人分类中的应用初探》,载《湖南大学学报(社会科学版)》2005 年第 5 期。

④ 杨书文:《复合罪过形式论纲》,北京大学 2001 年博士学位论文,第 78 页。

出了独特的优势。模糊罪量作为立法的模糊语言表达,将模糊推理应用于罪量的判断,更能精准地模拟立法和司法的语言表达和思维过程。其四,从结论上来讲,模糊数学对模糊事物进行量化、判断和推理,进而形成"化模糊为清晰""变模糊为精确"的严密结论。"化模糊为清晰"的推演结论适应了刑法罪刑法定明确性的需求,"变模糊为精确"的量化结果为罪刑均衡的实现奠定了基础。其五,模糊罪量量化后形成的罪量数字能顺利对接"数字刑量体系",还能利用数字的客观性、精确性、计算性等特质,顺利运用高等数学、线性代数等数学方法,驾乘人工智能和大数据等现代信息科技,进行多维的数量运算,促进罪刑法定明确性和罪刑均衡的实现。

三、模糊罪量量化的具体路径及实际应用

立法以模糊罪量的表述方式给出了罪量的程度。数额型模糊罪量虽然存在幅度型模糊罪量,但相较其他模糊罪量而言,较为明确。后果型模糊罪量相较情节型模糊罪量而言,程度的划分较少,相对明确。情节型模糊罪量的程度划分较多,基于对其广义或狭义的理解,存在模糊罪量评价因素的混乱、界限和权重的模糊,且在某些情况下可以包含其他罪量因素。"在我国刑法立法、司法实践以及刑法理论中,'情节'是应用最为广泛、最具意义,但同时也是最为含混的关键词之一。"①所以,本书以程度划分最多、争议最大的情节型模糊罪量为例,进行模糊罪量的量化路径探索。

(一)模糊罪量评价因素的界定

情节型模糊罪量的内涵是确定罪量评价因素的前提,笔者将其界定为以下几个方面:

其一,情节型模糊罪量应属于影响犯罪认定的罪量要件。从情节的功能上讲,分为定罪情节和量刑情节;基于实定法的立场,从各模糊罪量所处的分则中的位置来看,其应该属于影响基本犯罪构成和加重

① 高维俭:《罪刑辩证及其知识拓展》,法律出版社 2010 年版,第 114 页。

犯罪构成成立的定罪情节,而非量刑情节。

其二,从情节的出现顺序来看,分为罪前情节、罪中情节和罪后情节。虽然有的司法解释已经将表明人身危险性的罪前情节作为模糊罪量的评判因素,但却存在"重复评价,最终不适当地扩大了犯罪圈,侵犯了行为人的合法权益"①的风险。"情节是体现行为人对刑法所保护价值否定意志程度的事实",②仅能存在于犯罪行为之中,"行为人的人身危险性程度可以成为量刑的调节依据,但不宜成为具体情节的定性根据"。③ 虽然也有少数学者认为:"已然之罪的社会危害性是定罪的主要根据,但未然之罪的人身危险性也是定罪的根据"④,但学界更多地坚持否定说,即"人身危险性只能是量刑根据,而不能与社会危害性并列作为定罪的根据"。⑤

其三,虽然刑法中也存在将受过刑事处罚或行政处罚作为入罪的判断标准,⑥但也仅是依据累犯的立法精神和行政前置性立法规则对极少数罪名进行违法性判断。事实上,从刑法的体系来看:一方面,集中反映人身危险性的条款是放在刑罚论中进行规定,累犯及缓刑和假释适用中"再犯"的概念也是规定于刑罚论中。毒品犯罪的再犯在《刑法》分则中的定位也仅是量刑从重处罚的依据,非法吸收公众存款罪

---

① 李永升、胡冬阳:《人身危险性导入罪量要素之检讨》,载《国家检察官学院学报》2017 年第 2 期。

② 廖瑜:《情节的定义》,载《北京大学学报(哲学社会科学版)》2008 年第 3 期。

③ 王利荣:《案外情节与人身危险性》,载《现代法学》2006 年第 4 期。

④ 许美:《酌定量刑情节规范适用研究》,黑龙江人民出版社 2016 年版,第 72 页。

⑤ 陈兴良:《走向哲学的刑法学》,法律出版社 1999 年版,第 395 页。

⑥ 《刑法》第 201 条第 4 款规定:"有第一款行为,经税务机关依法下达追缴通知后,补缴应纳税款,缴纳滞纳金,已受行政处罚的,不予追究刑事责任;但是,五年内因逃避缴纳税款受过刑事处罚或者被税务机关给予二次以上行政处罚的除外。《刑法》第 290 条第 3 款规定:多次扰乱国家机关工作秩序,经行政处罚后仍不改正,造成严重后果的,处三年以下有期徒刑、拘役或者管制。"《刑法》第 153 条规定:走私本法第一百五十一条、第一百五十二条、第三百四十七条规定以外的货物、物品的,根据情节轻重,分别予以不同处罚,如走私货物、物品偷逃应缴税额较大或者一年内曾因走私被给予二次行政处罚后又走私的,处三年以下有期徒刑或者拘役,并处偷逃应缴税额一倍以上五倍以下罚金。

和贪污罪在《刑法》中的罪后情节也仅是量刑从轻的处罚依据。① 另一方面,自首、立功等罪后情节也是放在刑罚论中,作为量刑从轻、减轻或者免除处罚的依据。基于此认识,情节型模糊罪量中的情节不应包含反映人身危险性的罪前情节。因为再犯、累犯、自首、立功等罪后情节,已由《刑法》总则或一些分则条款进行规定,所以,本书也将其排除出模糊罪量的情节之外,在之后的量刑环节中再加以解决。

其四,立法对罪量进行了数额型、情节型、后果型、数量型等4种并列表达,但4种模糊罪量的外延因素实际上是涵摄于广义情节的概念之中,呈现出不同犯罪的并列、交叉、包容3种样态。为了能正确评价情节型模糊罪量的大小,本书将涵摄于数额和后果的模糊罪量评判因素,纳入情节模糊罪量的评判对象,当出现交叉或包容的关系时,评价因素不变,只需要处理好各自的权重即可。

综上所述,情节型模糊罪量的评价因素是由行为本身及其导致的危害后果并影响犯罪认定的罪中情节因素。具体而言,包括行为人在犯罪过程所表现出的犯罪动机、对象、手段和方法、时间、地点、结果、行为本身等因素。所以,情节型模糊罪量的因素集合为 $U=\{U_1,U_2,U_3,U_4,U_5,U_6,U_7\}$,其中,$U_1=\{$犯罪动机$\}$,$U_2=\{$犯罪对象$\}$,$U_3=\{$犯罪时间$\}$,$U_4=\{$犯罪地点$\}$,$U_5=\{$犯罪手段$\}$,$U_6=\{$犯罪结果$\}$,$U_7=\{$行为本身$\}$。

犯罪动机及其评价因素。“犯罪动机不是法定的犯罪构成要件,但作为犯罪主观方面的一个重要情节,在定罪量刑中有着不可忽视的作用。”②“‘情节’中的犯罪动机和其他‘情节’因素相结合实现了对犯罪认定质的规定性基础上的定量限制。”③犯罪动机对罪量的影响如下:其一,动机的性质影响罪量大小。有学者将动机的内容分为政治、

① 《刑法》第176条第3款规定:有前两款行为,在提起公诉前积极退赃退赔,减少损害结果发生的,可以从轻或者减轻处罚;《刑法》第383条第3款规定:犯第一款罪,在提起公诉前如实供述自己罪行、真诚悔罪、积极退赃,避免、减少损害结果的发生,有第一项规定情形的,可以从轻、减轻或者免除处罚;有第二项、第三项规定情形的,可以从轻处罚。

② 陈忠林主编:《刑法学》(上),北京法律出版社2006年版,第127页。

③ 张异:《犯罪动机研究》,西南政法大学2010年博士学位论文,第57页。

财物、报复等11类。[①] 在此基础上，薛瑞麟教授将动机分为恶的犯罪动机、可宽恕的犯罪动机和中性犯罪动机等3类。[②] 动机性质越恶劣，反映出犯罪分子的主观恶性越大。其二，动机产生的诱因影响罪量大小。"虽然犯罪动机是在犯罪分子的需要和犯罪诱因的共同作用下产生的，但犯罪分子的需要和犯罪诱因在各种犯罪动机形成过程中所起的作用力大小还是存在差别的。"[③]一般而言，"外在诱因所起作用越大，则行为人的主观恶性越小，外在诱因所起作用越小，行为人的主观恶性越大"。[④] 反之，犯罪分子的内在诱因所起作用越大，主观恶性也越大。其三，动机的强度直接影响犯罪分子进行犯罪的坚决程度，反映出犯罪人的主观恶性程度，并可能直接影响犯罪的预备、未遂、中止或既遂形态的出现。一般而言，动机强度越强，犯罪分子的坚决程度越高，罪量程度越大。本书依据以上三个方面的内容，建立犯罪动机的评价因素集，U_1 = {犯罪动机} = {动机性质，动机诱因，动机强度}。

犯罪对象及其评价因素。传统观点认为犯罪对象是指"犯罪行为直接施加影响的具体人或物"。[⑤] 虽然理论界对犯罪对象的内涵和外延以及在犯罪构成中的地位存在争议，但不可否认"犯罪对象对于定罪量刑有着重要的影响"。[⑥] 虽然不同的犯罪对象影响罪与非罪、此罪与彼罪的判断，不同的犯罪对象反映不同的社会危险性，但在模糊罪量个罪的犯罪构成特点上考虑，犯罪对象的特殊性决定情节的严重程度。其一，特殊人群。在《刑法》中，如将"未成年人"作为强迫他人吸毒罪

---

① 11类具体为：政治动机、财物动机、性动机、报复动机、自尊动机、友情动机、妒忌动机、戏谑动机、恐惧动机、好奇动机、大义灭亲。参见高汉声主编：《犯罪心理学》，南京大学出版社1993年版，第157~158页。

② 3大类具体为：政治动机、宗教仇恨或民族仇恨动机、财物动机、性动机、报复动机、妒忌动机属于恶的犯罪动机；基于保护社会利益、个人利益免受不法侵害的需要而产生的动机，基于正义感而产生的大义灭亲的动机，其他利他主义动机属于可宽恕的犯罪动机；自尊动机、友情动机、恐惧动机、戏谑动机属于中性犯罪动机。参见薛瑞麟：《关于犯罪动机的几个问题》，载《宁夏大学学报(人文社会科学版)》2017年第2期。

③ 张异：《犯罪动机研究》，法律出版社2014年版，第28~29页。

④ 王剑波、章政：《犯罪动机与死刑适用》，中国政法大学出版社2018年版，第21页。

⑤ 马克昌主编：《犯罪通论》，武汉大学出版社2005年版，第122页。

⑥ 常磊：《犯罪对象概念的批判性考察》，载《法制与社会发展》2009年第4期。

从重处罚的犯罪对象。在司法解释中,如将随意殴打“精神病人、残疾人、流浪乞讨人员、老年人、孕妇、未成年人”作为寻衅滋事罪“情节恶劣”的犯罪对象,[①]将诈骗“残疾人、老年人或者丧失劳动能力人”作为诈骗罪从重处罚的犯罪对象。[②] 其二,特殊物品。在《刑法》中,如将“军用物资或者抢险、救灾、救济物资”作为抢劫罪加重犯罪构成的犯罪对象,将“用于救灾、抢险、防汛、优抚、扶贫、移民、救济款物”作为挪用公款罪从重处罚的犯罪对象。在司法解释中,将“救灾、抢险、防汛、优抚、扶贫、移民、救济、防疫、社会捐助等特定款物”作为贪污罪的“其他较重情节”的犯罪对象等。其三,特殊机构。基于有些犯罪对象关乎国计民生,《刑法》规定将“银行或者其他金融机构”作为抢劫罪加重犯罪构成的犯罪对象,将“全国重点文物保护单位和省级文物保护单位的古文化遗址、古墓葬”作为盗掘古文化遗址、古墓葬罪加重犯罪构成的犯罪对象等。特定的犯罪对象体现着刑法对特殊人群、特殊物品、特殊机构的特定保护,相较一般犯罪对象而言,其体现出更严重的社会危害性,影响模糊罪量的大小。本书依据以上三个方面的内容,建立犯罪对象的评价因素集,U_2 = {特殊人群,特殊物品,特殊机构}。

犯罪时间及其评价因素。犯罪时间是指:“犯罪人实施犯罪行为时所处的时间或时期。”[③]在同一犯罪构成中,犯罪时间不同,可能反映出的社会危害性程度也不尽相同。一方面表现为特殊时期。在《刑法》中,如“在公安机关查处卖淫、嫖娼活动时”作为旅馆业、饮食服务业、文化娱乐业、出租汽车业等单位的人员构成包庇罪的成立条件,将“战时”作为破坏武器装备、军事设施、军事通信罪和过失损坏武器装备、军事设施、军事通信罪的从重处罚条件。在司法解释中,将“在预防、控制突发传染病疫情等灾害期间”作为生产、销售伪劣产品罪,生

① 2013 年最高人民法院、最高人民检察院《关于办理寻衅滋事刑事案件适用法律若干问题的解释》(法释〔2013〕18 号)第 2 条。

② 2011 年最高人民法院、最高人民检察院《关于办理诈骗刑事案件具体应用法律若干问题的解释》(法释〔2011〕7 号)第 2 条。

③ 敦宁:《量刑情节适用的理论与实践》,中国人民公安大学 2012 年版,第 264 页。

产、销售假药罪，生产、销售劣药罪，生产、销售不符合标准的医用器材罪，非法经营罪，诈骗罪，故意伤害罪，故意杀人罪，寻衅滋事罪等罪名从重处罚的条件；[①]将“在自然灾害、事故灾难、公共卫生事件、社会安全事件等突发事件发生时期”作为生产、销售假药、劣药罪的从重处罚条件。[②] 另一方面表现为一些罪名的特殊时刻，如危险驾驶行为发生的时间不同，其对公共安全的抽象危险性大小也不同，在同一地点，上下班人员较多时段的抽象危险性，一般要高于凌晨人员较稀疏的时段。所以，本书以是否属于特定时期，并结合个罪的时刻特殊性，建立犯罪时间的评价因素集，U_3 = {犯罪时间} = {特殊时期，特殊时刻}。

犯罪地点及其评价因素。犯罪的地点是指：“犯罪人实施犯罪所处的具体场所或地理位置。”[③]同一犯罪构成中，犯罪地点的不同，可能反映出的社会危害性程度也不尽相同。在《刑法》中，如将“公众场所”作为强奸罪和强制猥亵、侮辱罪的加重犯罪构成的犯罪地点；将“国家级自然保护区”作为盗伐林木罪、滥伐林木罪从重处罚的条件。在司法解释中，将“公共场所或者公共交通工具”作为扒窃型盗窃罪基本犯罪构成的成立条件；[④]将“公共场所或者公共交通工具”作为已经确诊的新型冠状病毒感染肺炎病人、病原携带者构成以危险方法危害公共安全罪的成立条件；[⑤]将在“学校或者其他教育培训机构”作为组织、利

---

① 2003 年最高人民法院、最高人民检察院《关于办理妨害预防、控制突发传染病疫情等灾害的刑事案件具体应用法律若干问题的解释》（法释〔2003〕8 号）第 2 条、第 3 条、第 6 条、第 7 条、第 9 条、第 11 条。

② 2009 年最高人民法院、最高人民检察院《关于办理生产、销售假药、劣药刑事案件具体应用法律若干问题的解释》（法释〔2009〕9 号，已失效）第 7 条。

③ 敦宁：《量刑情节适用的理论与实践》，中国人民公安大学 2012 年版，第 264 页。

④ 2013 年最高人民法院、最高人民检察院《关于办理盗窃刑事案件适用法律若干问题的解释》（法释〔2013〕8 号）第 3 条。

⑤ 2020 年最高人民法院、最高人民检察院、公安部、司法部印发《关于依法惩治妨害新型冠状病毒感染肺炎疫情防控违法犯罪的意见》（法发〔2020〕7 号）在第二部分准确适用法律，依法严惩妨害疫情防控的各类违法犯罪中，第一点依法严惩抗拒疫情防控措施犯罪的部分规定。

用会道门、邪教组织、利用迷信破坏法律实施罪从重处罚的条件;[①]将“在戒毒场所、监管场所贩卖毒品”作为贩卖毒品罪“情节严重”的判断标准。[②] 基于以上分析,本书以是否属于造成社会危害性程度增加的所处空间(私密、公众、国家空间),考虑当众的程度(如在场人数等因素),建立犯罪地点的评价因素集,U_4 = {犯罪地点} = {所处空间,当众程度}。

犯罪手段及其评价因素。犯罪手段是指:“犯罪人实施犯罪的危害行为时所采用的具体方法。”犯罪手段是犯罪行为的一部分,在同一犯罪构成中,不同的犯罪手段反映出的社会危害性大小不同。在《刑法》中,犯罪手段基于构成要件的不同具备多样性,有些是作为犯罪成立的条件,如抢劫罪中的“暴力、胁迫或者其他方法”,抗税罪的“暴力、威胁方法”;有些是作为加重犯罪构成的成立条件,如故意伤害罪中的“特别残忍手段”,拐卖妇女、儿童罪中的“以出卖为目的,使用暴力、胁迫或者麻醉方法”;有些是作为从重处罚的条件,如招摇撞骗罪中的“冒充人民警察”,食品监管渎职罪中的“徇私舞弊”,受贿罪中的“索贿”。笔者认为,在判断犯罪手段的严重程度时,应根据残忍性、破坏性、欺骗性、缜密性程度进行判断,并结合其在个罪中的地位进行衡量,确定其严重程度的上限和下限,从而建立犯罪手段的评价因素集,U_5 = {犯罪手段} = {残忍性程度,破坏性程度,欺骗性程度,缜密性程度}。

犯罪结果及其评价因素。犯罪结果作为刑法中的重要内容,可以分为构成要件结果和非构成要件结果、物质性结果和非物质性结果、直接结果和间接结果 3 类,[③]外延十分广泛。从模糊罪量的角度看,此处的犯罪结果仅局限于能作为情节型模糊罪量评判要素的结果,表现为犯罪行为直接造成的损害结果或间接造成的危害后果,包括人身伤害、自身违法所得、他人或公共财产损失、秩序破坏等因素。如将“严重损

---

① 2017 年最高人民法院、最高人民检察院《关于办理组织、利用邪教组织破坏法律实施等刑事案件适用法律若干问题的解释》(法释〔2017〕3 号)第 8 条。

② 2016 年最高人民法院《关于审理毒品犯罪案件适用法律若干问题的解释》(法释〔2016〕8 号)第 4 条。

③ 参见高铭暄、马克昌主编:《刑法学》(第 7 版),北京大学出版社 2016 年版,第 75 ~ 76 页。

害未成年人、残疾人身心健康”作为虐待被监护、看护人罪的“情节恶劣”;[①]将“导致考试推迟、取消或者启用备用试题”作为组织考试作弊罪的“情节严重”;[②]将“违法所得数额在一百万元以上的”作为利用未公开信息交易罪的“情节严重”;[③]将“造成他人经济损失一百万元以上”作为虚假诉讼罪的“情节严重”。[④] 笔者认为,在判断犯罪结果的严重程度时,应根据其与行为的关联性大小、结果的不同因素及其程度确定,从而建立犯罪结果的评价因素集,U_6 = {犯罪结果} = {人身伤害,秩序破坏,财产损失,违法所得}。

行为本身及其评价因素。刑法给出了行为本身的定性认识,但并未给出行为程度量的标准,行为对象的数额和数量、行为次数、行为持续时间等因素影响着罪量大小的判断。对行为对象的数量而言,如将“伪造信用卡五张以上不满二十五张的”作为伪造、变造金融票证罪的“情节严重”;[⑤]又如,将“卖淫人员累计达十人以上的”作为组织卖淫罪的“情节严重”;[⑥]再如,将“行踪轨迹信息、通信内容、征信信息、财产信息五十条以上”作为侵犯公民个人信息罪的“情节严重”。[⑦] 对行为的次数而言,如将“多次造成刑事案件证据灭失”作为拒不履行信息网络安全管理义务罪的“情节严重”;[⑧]又如将“多次组织考试作弊”作为

---

① 2019年最高人民法院《关于审理走私、非法经营、非法使用兴奋剂刑事案件适用法律若干问题的解释》(法释〔2019〕16号)第3条。

② 2019年最高人民法院、最高人民检察院《关于办理组织考试作弊等刑事案件适用法律若干问题的解释》(法释〔2019〕13号)第2条。

③ 2019年最高人民法院、最高人民检察院《关于办理利用未公开信息交易刑事案件适用法律若干问题的解释》(法释〔2019〕10号)第5条。

④ 2018年最高人民法院、最高人民检察院《关于办理虚假诉讼刑事案件适用法律若干问题的解释》(法释〔2018〕17号)第3条。

⑤ 2018年最高人民法院、最高人民检察院《关于办理妨害信用卡管理刑事案件具体应用法律若干问题的解释》(法释〔2018〕19号)第1条。

⑥ 2017年最高人民法院、最高人民检察院《关于办理组织、强迫、引诱、容留、介绍卖淫刑事案件适用法律若干问题的解释》(法释〔2017〕13号)第2条。

⑦ 2017年最高人民法院、最高人民检察院《关于办理侵犯公民个人信息刑事案件适用法律若干问题的解释》(法释〔2017〕10号)第5条。

⑧ 2019年最高人民法院、最高人民检察院《关于办理非法利用信息网络、帮助信息网络犯罪活动等刑事案件适用法律若干问题的解释》(法释〔2019〕15号)第5条。

组织考试作弊罪的“情节严重”；[①]再如将“三次以上”作为内幕交易、泄露内幕信息罪的“情节严重”。[②] 对于行为持续的时间而言，如将“生产、销售持续时间较长”作为生产、销售不符合安全标准的食品罪“情节严重”的认定标准之一；[③]又如将“六个月以上”作为非法提供、非法使用武装部队专用标志罪的“情节严重”；[④]再如将“生产、销售的时间”作为生产、销售假药罪“情节严重”的认定标准之一。[⑤] 在判断行为本身的严重程度，笔者认为，应根据其行为自身的社会危害性进行判断，从而建立行为本身的评价因素集，U_7 = {行为本身} = {行为对象数额或数量，行为次数，行为持续时间}。

（二）模糊罪量评价模式的选择：单一评价模式转向综合评价模式

现行的单一评价模式带来司法适用难题。情节型模糊罪量包括了犯罪动机、犯罪对象、犯罪时间、犯罪地点、犯罪手段、犯罪结果、行为本身等因素。但限于难以应对多种因素之间的关系和权重，司法解释不得不采取列举的方式，将各种单一因素分别作为情节型模糊罪量的评判标准，形成了模糊罪量的单一评价模式。这种单一评价模式虽然对模糊罪量进行了明确化，但却会忽视其他因素对情节型模糊罪量的影响力，形成情节不足或情节超载的现象，造成司法适用的难题，主要表现为以下两方面。其一，如果行为不具备司法解释的任何单一因素“量”的要求，但却具备司法解释中多个因素时，是否可以累加计算作为“情节严重”的判断依据？如司法解释规定将“组织考生跨省、自治

---

① 2019 年最高人民法院、最高人民检察院《关于办理组织考试作弊等刑事案件适用法律若干问题的解释》（法释〔2019〕13 号）第 2 条。

② 2012 年最高人民法院、最高人民检察院《关于办理内幕交易、泄露内幕信息刑事案件具体应用法律若干问题的解释》（法释〔2012〕6 号）第 6 条。

③ 2021 年最高人民法院、最高人民检察院《关于办理危害食品安全刑事案件适用法律若干问题的解释》（法释〔2021〕24 号）第 3 条。

④ 2011 年最高人民法院、最高人民检察院《关于办理妨害武装部队制式服装、车辆号牌管理秩序等刑事案件具体应用法律若干问题的解释》（法释〔2011〕16 号）第 3 条。

⑤ 2022 年最高人民法院、最高人民检察院《关于办理危害药品安全刑事案件适用法律若干问题的解释》（高检发释字〔2022〕1 号）第 3 条。

区、直辖市作弊”“多次组织考试作弊”“组织三十人次以上作弊”“提供作弊器材五十件以上”“违法所得三十万元以上”①作为组织考试作弊罪“情节严重”的单一判断因素。如果行为系跨多个县市区、已经有过两次组织作弊行为、组织人次为25人、提供作弊器材为40件、违法所得20万元,是否属于“情节严重”?如果回答是否定的,那么行为将不能适用“情节严重”进行裁判,应该进行出罪处理,但却违背常识、常情、常理。如果回答是肯定的,如何累加计算情节的量,现在并没有相应的理论和裁判依据支撑。其二,司法解释习惯于将单一因素的加重作为“情节特别严重”的判断依据,比较典型的例子是司法解释对非法转让、倒卖土地使用权罪的“情节严重”规定了5项内容,其“情节特别严重”基于这5项内容的加重进行单一判断。但如果行为具备两个或者两个以上“情节严重”的因素要求,是否可以上升为“情节特别严重”进行裁判?如果回答是否定的,那么会造成溢出情节缺乏刑法的评价,陷入情节有余而评价不足的困境。如果回答是肯定的,如何累加并升格,也没有相应的理论和裁判依据支撑。

现行单一评价模式为兜底条款的解释带来障碍。情节型模糊罪量常常伴有“其他情节严重”“其他情节特别严重”的兜底条款,源于立法和司法解释对反映罪量的各个单一因素列举的不完全性,需要根据具体案件的情况进行综合判断。储槐植教授提出堵截构成要件,并提出其适用应遵循的不得已及内涵外延限制的两条原则。② 孕育出兜底条款的同类解释规则,目的是在保障人权的基础上限缩兜底条款的无限扩张。但是同类解释规则也会导致情节型模糊罪量的适用障碍,主要体现在以下几方面:其一,评价情节的各因素被限定在已经列举事项的范围内,会忽略其他因素对情节的影响。例如,司法解释对伪造、变造金融票证罪的“情节严重”仅规定了伪造信用卡的张数、信用卡内存款

① 2019年最高人民法院、最高人民检察院《关于办理组织考试作弊等刑事案件适用法律若干问题的解释》(法释〔2019〕13号)第2条。

② 参见储槐植:《刑事一体化与关系刑法论》,北京大学出版社1997年版,第358~359页。

余额和透支余额、空白信用卡的张数等行为的对象或数额，[①]作为“情节严重”的判断标准，同时还在几种行为之后规定了“其他情节严重的情形”。如果按照同类解释的规则，这里的“其他情节严重的情形”仅局限于行为的数量和数额，作为犯罪动机、对象、手段和方法、时间、地点、结果等其他衡量情节的因素就被排除在外，不能全面判断情节的严重程度。其二，列举具有不完全性、不充分性，不同罪名情节型模糊罪量的评价因素的范畴各不相同，没有统一的参考标准。如上述的伪造、变造金融票证罪的“情节严重”仅将行为的数量和数额作为判断因素，而组织考试作弊罪将犯罪时期、犯罪地点、犯罪次数、行为对象人数、行为方式的数量、违法所得等因素[②]作为“情节严重”的判断标准，造成兜底条款同类解释中可类比的范畴差异，导致罪行评判标准的不一致。其三，兜底条款同样也面临本书所述的情节不足或情节超载问题，在此不再赘述。

罪量的评价应为多种因素基础上的综合评价。罪量的多因素综合评价可以克服认识的局限性，应对犯罪的多样性。每个罪名都涉及犯罪动机、对象、手段和方法、时间、地点、结果、行为本身等因素，虽然各个因素对情节型模糊罪量大小的作用不同，但局限于某些或者个别因素对罪量大小进行判断，并不全面也不科学，甚至会导致评判标准的混乱，形成司法适用中的困惑。综合评价模式可以克服单一化模式的弊端，解决情节不足或情节超载的问题，并为兜底条款的解释提供全面统一的判断标准。但是，罪量的综合评价模式相较单一化模式而言，较为复杂，单纯依赖解释无法解决多种因素的影响力大小和竞合后的处理方式，所以需要依赖模糊数学的量化，进而化繁为简。本书在“显著轻微”“轻微”“较轻”“较重”“严重”“恶劣”“特别严重”“特别恶劣”等8种立法描述的基础上，形成了情节型模糊罪量的“显著轻微”“轻微”“较轻”“一般”“较重”“严重（恶劣）”“特别严重（恶劣）”等7种模糊

---

① 2018年最高人民法院、最高人民检察院《关于办理妨害信用卡管理刑事案件具体应用法律若干问题的解释》（法释〔2018〕19号）第1条。

② 2019年最高人民法院、最高人民检察院《关于办理组织考试作弊等刑事案件适用法律若干问题的解释》（法释〔2019〕13号）第2条。

程度评价。基于衡量情节的因素不存在负向量，本书以[0,100]的评价分值作为各种情节因素的判断论域，最终的得分与情节型模糊罪量的模糊隶属函数进行对应，通过相应的阈值进行程度的判断。

罪量的综合评价模式建立在对罪量评价因素及其权重正确认识的基础上。本书已经论证了情节型模糊罪量的因素和判断模式，下面要解决的问题是各个因素权重及隶属函数的确定。

(三)模糊罪量评价因素权重及隶属函数的确定

1.罪量评价因素的权重确定

权重的确定有主观赋权法、客观赋权法、组合赋权法等3大类方法，每类方法都有其相应的优势和不足。较为常用的层次分析法[①]是美国运筹学家、匹兹堡大学教授T. L. Saaty(萨迪)提出的，其基本思想是"将一个复杂系统的评价问题分为若干个层次和因素，通过两两因素重要度的比较，确定全部元素相对重要性的权系数"。[②]基于罪量评价具备多层次和多因素的特点，本书采用层次分析方法进行权重设置。基本步骤包括：(1)确定层次结构和评价因素；(2)构造两两比较的判断矩阵，一般采用1~9及其倒数的标度方法[③]进行判断矩阵的构造；(3)计算判断矩阵的λmax(最大特征根)，并通过归一化处理得到各个指标的权重系数；(4)进行一致性检验。计算一致性指标 $CI=\frac{\lambda max-n}{n-1}$，并与一致性指标RI[④]进行比较。当 $CR=\frac{CI}{RI}<0.10$，认为层次分析权

① 层次分析法是美国运筹学家Saaty教授在20世纪70年代中期提出的一种系统分析方法，它综合运用定性与定量分析方法，模拟人的思维过程，把一个复杂问题表现为递阶的层次结构，将经验判断量化。参见王磊主编：《分布式ATS体系构建与仿真评估》，国防工业出版社2019年版，第206页。

② 阎少宏、王宏编著：《模糊数学基础及应用》，化学工业出版社2018年版，第44页。

③ 1表示两个因素相比，具有相同重要性；3表示两个因素相比，前者比后者稍微重要；5表示两个因素相比，前者比后者明显重要；7表示两个因素相比，前者比后者强烈重要；9表示两个因素相比，前者比后者极端重要；2,4,6,8表示上述相邻判断的中间值；倒数如前者比后者是3，后者比前者就是1/3。

④ RI表示一致性指标，是一个行向量，具体为RI=[0,0,0.52,0.89,1.12,1.26,1.36,1.41,1.46,1.49,1.52,1.54,1.56,1.58,1.59]。

系数的分配是合理的。[①]

由于层次分析法属于主观赋权法中的一种,为了平衡和克服层次分析方法判断中评价的主观性,笔者通过对 24 名具有刑法学专业博士研究生学历的学者(含高校教师、实务部门人员和博士研究生)进行问卷调查,[②] 构建判断矩阵,利用层次分析法进行权重值的计算,形成了被调查学者关于罪量评价因素权重的参考意见。[③] 在参考意见的基础上,笔者考虑到不同学者在行为本身和犯罪结果之间对罪量评价因素的认识不同,将二者权重界定为行为本身≈犯罪结果;另外,考虑到刑事立法和司法解释常常将犯罪时间和犯罪地点作为罪量评价的因素,远远高于犯罪动机出现的频率,以及认定犯罪中的具体作用力,将犯罪时间和犯罪地点的重要性调整为高于犯罪动机,最终形成在"(行为本身≈犯罪结果)>犯罪手段>犯罪对象>(犯罪时间≈犯罪地点)>犯罪动机"的基础上进行判断矩阵的构建,得到各个指标的权重系数,同时满足所有 CR 值(一致性比率)都小于 0.10 的一致性检验,完成第一层因素权重值的计算(见表 4.1)。

表 4.1　第一层权重判断矩阵

U	U_1 犯罪动机	U_2 犯罪对象	U_3 犯罪时间	U_4 犯罪地点	U_5 犯罪手段	U_6 犯罪结果	U_7 行为本身
U_1 犯罪动机	1	1/5	1/3	1/3	1/7	1/9	1/9
U_2 犯罪对象	5	1	3	3	1/5	1/7	1/7
U_3 犯罪时间	3	1/3	1	1	1/7	1/9	1/9
U_4 犯罪地点	3	1/3	1	1	1/7	1/9	1/9
U_5 犯罪手段	7	7	7	7	1	1/5	1/5
U_6 犯罪结果	9	7	9	9	5	1	1
U_7 行为本身	9	7	9	9	5	1	1

① 参见许建强、李俊玲主编:《数学建模及其应用》,上海交通大学出版社 2018 年版,第 110~115 页。

② 为了让权重的界定更加专业,笔者仅选择刑法学博士进行调查,问卷共涉及 7 个方面、42 个问题、378 个选项。由于问卷涉及选项过多,加之刑法学者少有涉及判断矩阵的问卷调查,有些问卷的 CR 值并未完全通过,所以笔者仅将最终的权重值作为最后确定权重值的参考意见,在此基础上进行判断矩阵的设置。

③ 参考意见系通过计算 24 个刑法学者的权重值得分,再进行算术平均后获得。行为:0.2713;结果:0.3099;手段:0.1391;对象:0.0980;时间:0.0451;地点:0.0501;动机:0.0865。

同时,笔者通过与多名刑法学博士进行深度访谈交流,并尽可能从立法、司法解释或理论中找出客观的因素或理论的支撑,进行 7 个因素相对应的第二层判断矩阵的构建和赋值,利用层次分析法进行第二层的因素权重值计算,并满足所有计算过程的 CR 值都小于 0.10 的一致性检验。限于文章篇幅,笔者将其余的判断矩阵构建和权重计算的过程省略,此处直接给出罪量的层次结构及权重值(见图 4.1)。

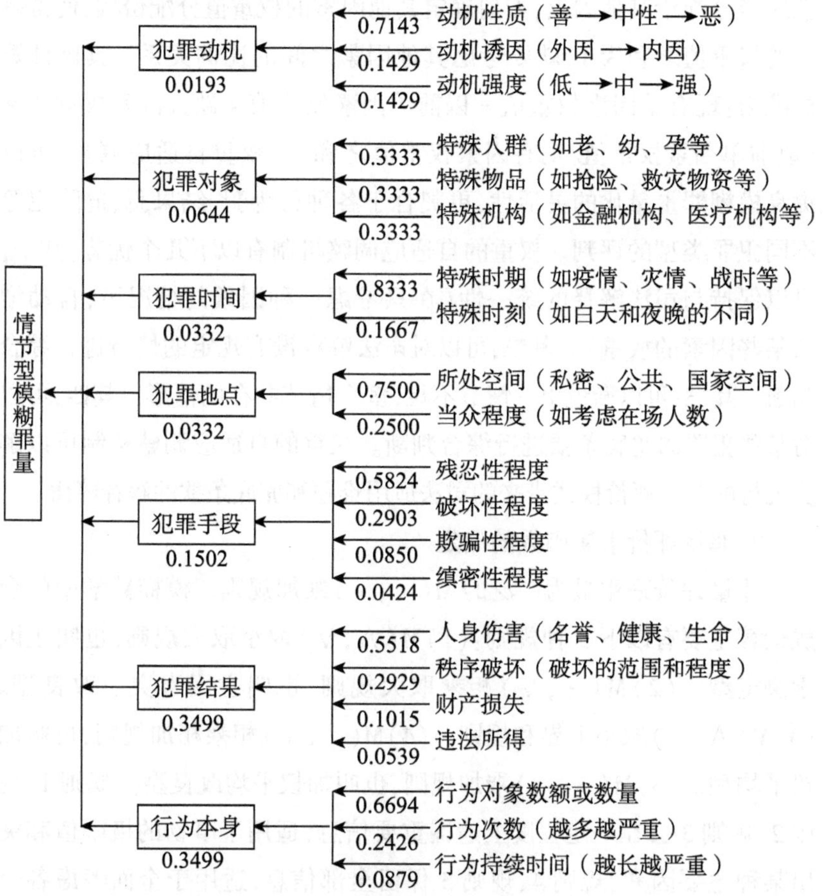

图 4.1 罪量层次结构权重

权重的自适应调整机制。罪量的综合评价应尽可能穷尽罪量的各种评价因素,但从立法和司法适用的实际角度出发,分则罪名体系中规范的重心或适用过程中的重点不同,并非需要激活所有因素,很有可能出现某些因素缺失的情形,导致同一因素在不同犯罪中的权重值可能不同。针对此问题,应该进行权重的自适应调整,在上述权重的整体框架下,当某种因素在第一层或第二层缺失的时候,将其权重值自动赋予其他因素,其他因素能够自动接纳其权重值,并且按照其原有权重值的比例进行分配。例如,有些犯罪并不考虑犯罪结果,结果所占的权重值就应当分配给其他因素,如何确定其他因素的权重值分配份额,使得剩下的权重值之和为 1,就要考虑其他因素之间的比例关系。具体计算标准为:现有单因素权重值 = 以前单因素权重值 + 缺失因素权重值 ×(以前单因素权重值/现有因素权重值之和)。权重自适应调整,可以提高模糊罪量量化的灵活性,更契合于各种行为犯、结果犯、危险犯等不同犯罪类型的评判。权重的自适应调整机制有以下几个优势:其一,可以保持与司法解释的统一性(在只考虑一种因素的情况下,自动增加某些因素的权重)。其二,可以对司法解释没有规定的情节进行综合判断。其三,可以衡量单一情节不足,多个情节共存的情形。其四,可以对某些犯罪的兜底条款进行综合判断。权重的自适应调整机制可以解决现行的单一评价模式带来的司法适用难题和兜底条款的解释障碍。

2. 罪量评价隶属函数的确定

罪量评价采用最为广泛的 M(·,+)乘加规则。模糊数学中的合成运算主要有以下 5 种规则:(1)M(∧,∨)取小取大规则,也叫主因素决定型。(2)M(·,∨)相乘取大规则,也叫主因素突出改良型。(3)M(∧,+)取小上界和规则。(4)M(·,+)相乘相加规则,也叫加权平均型。(5)M(·,+)乘加规则,也叫加权平均改良型。规则 1、规则 2、规则 3 会在一定程度上遗漏重要信息,适用于事物的极限值和突出某种主要因素,规则 4、规则 5 保留全部信息,适用于全面考虑各个因素的影响和各单因素评判结果的情况。[①] 基于罪量综合评判模式的

① 参见王涛、王艳平编著:《模糊数学及其应用》,东北大学出版社 2009 年版,第 113 ~ 114 页。

立场，本书选择应用最广泛的 M(· , +)加权平均改良型进行罪量的合成运算规则，并且权向量 $\sum_{i=1}^{n} a_i = 1$，满足归一化的要求，便于后续评判结果的归一化和运算的简化。

笔者通过模糊语言中的语气算子构建罪量的模糊隶属函数。笔者因为考虑到语言的误差和权重的差异，所以并不直接将评判得分进行区间的划分。基于情节型模糊罪量存在“显著轻微”“轻微”“较轻”“一般”“较重”“严重(恶劣)”“特别严重(恶劣)”等 7 种程度，结合[0, 100]的评价分值论域，按照 λ(水平截集) =0.5 截集，通过反复地论证和调试，本书构建了“较轻”“一般”“较重”的 3 个隶属度函数；对于“显著轻微”“轻微”“严重(恶劣)”“特别严重(恶劣)”，本书通过模糊语气算子，在“较轻”“较重”隶属度函数的基础上构建，轻微 = [较轻]^2，显著轻微 = [轻微]^2 = [较轻]^4，严重 = [较重]^2，特别严重 = [严重]^2 = [较重]^4，进而又得出 4 个隶属函数。所以，“显著轻微”“轻微”“较轻”“一般”“较重”“严重(恶劣)”“特别严重(恶劣)”对应的 7 个隶属函数分别为：

(1)情节“一般”的隶属函数(高斯型正态分布函数)：

$$A(u) = e^{-\frac{(u-c)2}{262}}, (0 \leqslant u \leqslant 100, C = 50, 6 = 4.3)$$

(2)情节“较重”的隶属函数(sigmod 函数)：

$$B(u) = \frac{1}{1 + e^{-a(x-c)}}, (0 \leqslant u \leqslant 100, a = 0.04, c = 50)$$

(3)情节“严重”的隶属函数，严重 = [较重]^2(sigmod 函数)：

$$C(u) = \left(\frac{1}{1 + e^{-a(x-c)}}\right)^2, (0 \leqslant u \leqslant 100, a = 0.08, c = 50)$$

(4)情节“特别严重”的隶属函数，特别严重 = [严重]^2 = [较重]^4(sigmod 函数)：

$$D(u) = \left(\frac{1}{1 + e^{-a(x-c)}}\right)^4, (0 \leqslant u \leqslant 100, a = 0.1, c = 50)$$

(5)情节“较轻”的隶属函数(sigmod 函数)：

$$E(u) = \frac{1}{1 + e^{-a(x-c)}}, (0 \leqslant u \leqslant 100, a = -0.04, c = 50)$$

(6)情节“轻微”的隶属函数,轻微 = [较轻]^2(sigmod 函数):

$$F(u)=\left(\frac{1}{1+e^{-a(x-c)}}\right)^2,(0\leqslant u\leqslant 100,a=-0.08,c=50)$$

(7)情节“显著轻微”的隶属函数,显著轻微 = [轻微]^2 = [较轻]^4(sigmod 函数):

$$G(u)=\left(\frac{1}{1+e^{-a(x-c)}}\right)^4,(0\leqslant u\leqslant 100,a=-0.1,c=50)$$

模糊罪量评价集 V = {显著轻微,轻微,较轻,一般,较重,严重(恶劣),特别严重(恶劣)}的 7 个隶属函数,构成的 7 个模糊集合,形成 7 条模糊对称分布线(见图 4.2),较为直观地反映了 7 个隶属函数之间的模糊关系,可以进行罪量模糊集的比较、运算、模糊度的设置、最终对模糊罪量进行评价。为了方便计算,本书按照模糊数学的取大规则,将最终分值进行程度的计算:显著轻微 = [0,14.6209),轻微 = [14.6209,30.2253),较轻 = [30.2253,45.2772),一般 = [45.2772,54.7228),较重 = [54.7228,69.7747),严重 = [69.7747,85.3791),特别严重 = [85.3791,100]。

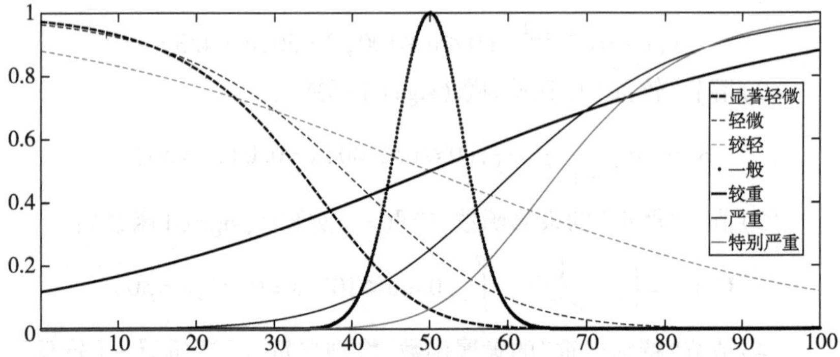

图 4.2 模糊罪量的隶属函数

模糊罪量程度的调整机制。本书是在综合所有情节程度的情况下构建的隶属度函数,分则罪名体系中并未对所有程度进行完备规定,如大多数罪名并没有“情节较轻”“情节较重”的规定[仅是“一般”“情节严重”“情节特别严重(恶劣)”3 个程度],但“情节显著轻微”和“情节轻微”却由总则规定,一直存在。所以,对于“情节较轻”“情节较重”有可能的缺失,由于存在包含关系,本书将其权重值整合于“情节轻微”和“情节严重”之中,从而形成5个模糊罪量评价集V={显著轻微,轻微,一般,严重(恶劣),特别严重(恶劣)}的隶属函数。通过上述计算得到不同程度的分值分布:显著轻微=[0,14.6209),轻微=[14.6209,45.2772),一般=[45.2772,54.7228),严重=[54.7228,85.3791),特别严重=[85.3791,100]。

(四)模糊罪量综合评价模式的具体应用

司法实践中,我们常常会遇到涉及模糊罪量的四类案件:其一,符合立法或司法解释明确规定的罪量情节案件。其二,立法或司法解释规定了罪量的一些表现形式,但案件并不属于其中任何一种情形,需要进行兜底条款判断的案件。其三,具有两个或两个以上立法或司法解释明确规定的情节,但任何一个都不能单独满足立法或司法解释对于数量要求的案件。其四,没有任何立法或司法解释规定,但又需要判断罪量的案件。对于第一类,直接按照立法或司法解释的规定进行认定即可,而对于剩下的三类,可以借助模糊罪量综合评价方法进行罪量的详细判断。本书通过以下实际案件展示模糊罪量综合评价方法的具体应用:

1. 兜底条款的罪量评估——以非法经营罪为例

“刑法中的兜底条款是立法者为堵塞、拦截行为人逃漏法网而在列举相关具体行为方式、方法或手段之后所作的概括性规定。”①对于兜底条款的解释往往采取同类解释的规则,由于该解释规则“具有天生的局限性,总体上倾向于限制解释,不利于弥补漏洞,也不利于明确兜底条款的规范内容”。② 有学者提出:“当同质性解释规则失灵时,应该回溯到特定类型所蕴含的规范目的,通过目的解释限定兜底条款的

① 张建军:《论刑法中兜底条款的明确性》,载《法律科学(西北政法大学学报)》2014年第2期。

② 王安异:《对刑法兜底条款的解释》,载《环球法律评论》2016年第5期。

适用范围。”[1]梅传强教授进一步指出：“在运用同类解释规则时，还应当重视条文的规范保护目的，从而形成例示条文与规范保护目的对兜底条款的双重制约，有利于探明兜底条款的内涵，更有利于抑制兜底条款的滥用。”[2]对于兜底条款，学界往往重视行为类型的定性分析，缺少对兜底条款罪量大小的研究，兜底条款除去行为性质的同质性，还需要进行罪量大小的可比性分析。

“非法经营罪”是学界关于兜底条款讨论较多、争议较大的罪名。《刑法》第225条对非法经营罪兜底条款的立法表述为“其他严重扰乱市场秩序的非法经营行为”，除了扰乱市场秩序行为的定性外，还存在“严重”的立法表达，或者说是罪量要求。从司法解释的规定来看，2002年最高人民检察院《关于非法经营国际或港澳台地区电信业务行为法律适用问题的批复》（高检发释字〔2002〕1号）将非法经营国际或港澳台地区电信业务行为认定为非法经营罪的认定条件之一就为“情节严重”；2019年最高人民法院《关于审理走私、非法经营、非法使用兴奋剂刑事案件适用法律若干问题的解释》（法释〔2019〕16号）将非法经营兴奋剂认定为非法经营罪，认定条件之一也为“情节严重”；2002年最高人民检察院《关于办理非法经营食盐刑事案件具体应用法律若干问题的解释》（高检发释字〔2002〕6号）（已废止）将非法经营食盐的行为认定为非法经营罪的条件之一也为“情节严重”，并进一步规定了对于非法经营食盐吨数的具体要求。可以看出，适用非法经营罪兜底条款时，不仅要对行为类型进行同质性解释，还需要在罪量大小上进行是否属于“严重”的量化评估和判断。

“王力军收购玉米案”是非法经营罪兜底条款适用的典型案件，也入选了最高人民法院的指导性案例。一审法院认为，王力军未取得相关的营业执照收购玉米，构成非法经营罪。再审法院确认了王力军违规的行

---

① 李军：《兜底条款中同质性解释规则的适用困境与目的解释之补足》，载《环球法律评论》2019年第4期。

② 梅传强、刁雪云：《刑法中兜底条款的解释规则》，载《重庆大学学报（社会科学版）》2021年第3期。

为性质，同时认为："尚未达到严重扰乱市场秩序的危害程度，不具备与刑法第二百二十五条规定的非法经营罪相当的社会危害性、刑事违法性和刑事处罚必要性，不构成非法经营罪。"①再审法院改判的重要理由是未达到严重扰乱市场秩序的程度，即通过对罪量大小的判断，认定王力军的行为并未达到"严重"的程度，不符合非法经营罪的罪量要求。本书应用模糊罪量综合评价模型，也能得到同样的出罪结论。首先，在非法经营罪规定的罪状及案件提供的犯罪事实基础上，根据认定需求对权重矩阵进行自适应调整，第一层为犯罪行为和犯罪结果，权重矩阵调整为[0.5,0.5]；犯罪行为第二层为行为对象数额、行为次数、行为持续时间，权重矩阵调整为[0.6694,0.2426,0.0879]；犯罪结果第二层为秩序破坏和违法所得，权重矩阵调整为[0.8446,0.1554]。② 其次，将行为对象数量、行为次数、行为持续时间、秩序破坏、违法所得的5个因素进行抽取，根据判决书所记载的事实情况，在参考标准的范围内进行[0,100]的分值内打分，③可以让合议庭人员全部参与打分。最后，根据打分结果与之前的矩阵计算出最终的分值，将分值代入隶属函数中进行计算，按照隶属度的取大规则，最终确定案件的模糊罪量属于何种程度。

笔者首先根据"王力军收购玉米案"判决书所记载的案情，对以上权重矩阵中的7个因素进行了打分，分值分别为：行为对象数额(80)、行为次数(50)、行为持续时间(50)、秩序破坏(20)、违法所得(20)，形成 $u=[80,50,50,20,20]$ 的评价分值矩阵。其次，将第一层权重与相对应的第二层权重相乘，$A1=0.5\times[0.6694,0.2426,0.0879]=[0.3347,0.1213,0.0440]$，$A2=0.5\times[0.8446,0.1554]=[0.4223,0.0777]$，按照相应顺序合并为权重矩阵：$A=[0.3347,0.1213,0.0440,0.4223,$

---

① 《王力军非法经营再审改判无罪案》，载中国法院网2018年12月19日，https://www.chinacourt.org/article/detail/2018/12/id/3614721.shtml。

② 应用本书所述的权重自适应调整，进行调整值的自动化赋值。计算公式为：现有单因素权重值 = 以前单因素权重值 + 缺失因素权重值 ×（以前单因素权重值/现有因素权重值之和），未来写入程序后，可以进行自动化计算。

③ 打分的参考标准为：V = {显著轻微[0,15]，轻微[15,30]，较轻[30,45]，一般[45,55]，较重[55,70]，严重（恶劣）[70,85]，特别严重（恶劣）[85,100]}。

0.0777]。最后,运用 M(·,+)运算规则,将相对应的因素得分与权重值相乘后取和,最终得分为 45.041,从本书图 4.2 可以看出,该分值点位于情节较轻和情节一般的交汇部分,我们将分值代入 A(u)和 E(u),计算 A(u)=0.5143,E(u)=0.5495,根据模糊度的取大规则,认定符合 E(u),即作出"情节较轻"的判断。那么,该案不符合非法经营罪兜底条款关于"情节严重"的适用标准。所以,按照模糊罪量综合评价方法,判断王力军并不构成非法经营罪。

可以看出,对于兜底条款的适用,不仅要考虑行为类型的同质性,还需要根据各罪名的要求,进行罪量大小的评判,作为是否入罪、轻罪与重罪的评判标准。

2. 多个罪量因素叠加判断——以组织考试作弊罪为例

按照类型化的标准,对于模糊罪量"情节"程度的判断,常常仅依赖于单一因素进行判断。虽然对于盗窃罪、敲诈勒索罪、贪污罪等个别罪名,司法解释规定可以按照一定比例将数额和情节叠加,作为情节程度判断的标准,但也仅是涉及两个方面的情节。当面对司法实践中案例具备多个规定情节时,难以给出恰当的判断标准,可能造成无法给予社会危害性更大的犯罪行为刑事制裁,也可能让部分犯罪分子利用该漏洞逍遥法外。

《刑法》第 384 条规定了组织考试作弊罪,将"情节严重"作为法定刑升格的条件。2019 年"两高"《关于办理组织考试作弊等刑事案件适用法律若干问题的解释》规定了 8 种具体情形作为"情节严重"的认定标准。① 按照司法解释的认定标准和实际裁判适用规则,当具备其中任何一种情形,即可以认定为组织考试作弊罪的"情节严重"。但是,如

① 2019 年最高人民法院、最高人民检察院《关于办理组织考试作弊等刑事案件适用法律若干问题的解释》(法释〔2019〕13 号)第 2 条规定:在法律规定的国家考试中,组织作弊,具有下列情形之一的,应当认定为刑法第二百八十四条之一第一款规定的"情节严重":(一)在普通高等学校招生考试、研究生招生考试、公务员录用考试中组织考试作弊的;(二)导致考试推迟、取消或者启用备用试题的;(三)考试工作人员组织考试作弊的;(四)组织考生跨省、自治区、直辖市作弊的;(五)多次组织考试作弊的;(六)组织三十人次以上作弊的;(七)提供作弊器材五十件以上的;(八)违法所得三十万元以上的;(九)其他情节严重的情形。

若案件具备多个规定情节,但每种情节的程度不够时,是否应当入罪呢?

假设存在这样的一个案例(实践中也应该会存在),甲具有组织考试作弊的行为,组织考试作弊的次数为2次,组织考试作弊的人数为28人,提供作弊器材共计40套,违法所得为25万元。如若严格按照司法解释规定的8种情形进行单一因素判断,并不符合任何一种情形,因为该行为是无法被认定为“情节严重”的,进而无法被认定为犯罪。但相比其他案例,如组织考试作弊3次,人数为3人,提供作弊器材3套,违法所得为3万元,因为属于多次组织考试作弊,可以认定为“情节严重”。我们对比以上两个案例,似乎前者的社会危害性更大,但是,却因为不满足司法解释规定的任何一种情形而无法入罪,后者的社会危害性更小,却可以认定为“情节严重”给予制裁。所以,在司法过程中,基于单一因素的判断容易导致机械性,其结论也往往会违反基本的常识、常理、常情。

应用模糊罪量综合评价方法可以顺利解决此类问题。首先,司法解释是一个可比较的类型化模板,将组织考试作弊罪各种情形置于认定“情节严重”相同的地位,所以,笔者将各种情节的权重调整为相同的地位,并根据案情进行权重的自适应调整,将案件所涉及的行为次数、组织人数、作弊器材数量、违法所得等4个因素的权重值确定为0.25,形成权重矩阵 $A=[0.25,0.25,0.25,0.25]$。其次,依照司法解释规定的情形,对4个情节进行[0,100]的打分,按照实际数量与司法解释规定数量的比例进行打分赋值,依次为 $u_1=(2/3)\times100$、$u_2=(28/30)\times100$、$u_3=(40/50)\times100$、$u_4=(25/30)\times100$,形成 $u=[66.7,93.3,80,83.3]$ 的评价矩阵。再次,根据 $M(\cdot,+)$ 运算规则,将相对应的因素得分与权重值相乘后取和,最终得分为82.3790。最后,由于司法解释规定只要满足任一条件,即可以认定为“情节严重”,将是否认定为情节严重的单因素模糊度在0.25的基础上提高一点,至0.3,即得分30以上便可认定属于“情节严重”。上述案件的得分为82.3790,远远超过了30的分值,所以,按照模糊罪量综合评价方法,上述案件完全应当认定为“情节严重”进行入罪处理。当然，该方法基于司法解释的明确规定，是按照其认定标准进行的权重认定，在没有司法解释明文规定的情形下，还需要重新进行权重的自适应界定。

3. 无细化解释的综合判断——以传授犯罪方法罪为例

刑事立法中关于罪量的模糊表达，并未完全由司法解释进行细化规定。所以，在司法实践中，还面临着大量无细化规定的模糊罪量判断。而目前理论界和实务界对模糊罪量没有形成统一判断的标准，个罪的判断和认定标准难免存在差异。模糊综合评价模型试图提供这个判断标准，让模糊罪量的判断具有统一的尺度。

《刑法》第 295 条规定的传授犯罪方法罪，包括“情节严重”和“情节特别严重”的判断。[①] 目前，对该罪的“情节严重”和“情节特别严重”，司法解释并未进行细化解释。对于如何判断并正确区分“情节严重”和“情节特别严重”，理论界和实务界没有给出统一的认定标准，司法实践中也会因个案的不同，导致不同法院和法官之间的认定差异。当立法或司法解释没有细化规定可以借鉴的情形下，可以纳入情节的影响因素，利用模糊综合评价模型进行判断。

以北大法宝推荐的经典二审案件“赵某庆等盗窃、传授犯罪方法案”为例，[②]对其情节的程度进行判断。

首先，根据传授犯罪方法罪的犯罪特征，在模糊综合评价因素中进行影响因素的确定和权重的自适应调整，第一层为犯罪对象、犯罪地点、行为本身、犯罪结果等 4 个因素，[③]权重自适应调整为：A1 = [0.0808,0.0416,0.4388,0.4388]。第二层传授犯罪方法罪的犯罪对象主要针对人，以是否为特殊群体（未成年人、精神病人、老年人等）进行

① 《刑法》第 295 条规定：传授犯罪方法的，处五年以下有期徒刑、拘役或者管制；情节严重的，处五年以上十年以下有期徒刑；情节特别严重的，处十年以上有期徒刑或者无期徒刑。

② 参见上海市第一中级人民法院刑事裁定书，(2018)沪 01 刑终 1275 号。

③ 犯罪对象涉及未成年人或者精神病人情形，犯罪地点存在诸如在网络上或公共场所的情况。而本案未呈现犯罪动机、犯罪时间、犯罪手段等情形，从传授犯罪方法罪的犯罪特征来讲，对情节的影响也不敏感，所以未纳入。

直接判断;犯罪地点为所处空间和受众程度,以本书模糊罪量的权值确定为:A2 = [0.7500,0.2500];行为本身按照行为对象数量或数额、行为次数、行为持续时间进行界定,以本书模糊罪量的权值确定为:A3 = [0.6694,0.2426,0.0879];行为结果,基于传授的不同方法(例如,有些是伤害型、有些是破坏型、有些是牟利型方法)按照人身伤害、秩序破坏、财产损失、违法所得进行择一或叠加判断,以本书模糊罪量的权值确定为:A4 = [0.5518,0.2929,0.1015,0.0539],这个权重值根据犯罪方法的不同类型需要进行进一步的自适应调整。

其次,提取案件的重要因素。笔者根据"赵某庆等盗窃、传授犯罪方法案"记载的犯罪事实,提取了犯罪对象(一般对象和网络用户)、所处空间(网络公共空间)、受众程度(420 个网络账户)、犯罪对象数量(产生 588 笔虚增充值交易)、行为次数(向特定人和不特定网络空间大量多次发布)、持续时间(一个星期)、财产损失(金融平台损失 1056 万元)、违法所得(出售犯罪方法所得 2.8 万元),[①]并形成对应因素的权重矩阵:A = [0.0808,0.0312,0.0104,0.2937,0.1065,0.0386,0.2866,0.1522]。

最后,对影响因素依次打分为犯罪对象(40)、所处空间(80)、受众程度(80)、犯罪对象数量(90)、行为次数(75)、持续时间(40)、财产损失(90)、违法所得(60),形成"u = [40,80,80,90,75,40,90,60]"的评价矩阵;根据 M(·,+)乘加规则,将相对应的因素得分与权重值相乘后取和,最终得分为 77.4505。代入隶属函数,情节"严重"的隶属函数 C(u)的隶属度最大。所以,按照模糊罪量综合评价方法,判断"赵某庆等盗窃、传授犯罪方法案"应认定为"情节严重"。

第二节　数字刑量连续性的规范构造

通过模糊综合评价模式,使得罪量大小呈现在[0,100]区间论域

---

① 由于传授的是牟利型犯罪方法,将犯罪结果中的人身伤害、秩序破坏因素剔除,并进行权重的自适应调整。最终调整为:A2 = [0.6532,0.3468]。

上,隶属度在[0,1]区间的连续性分布,而刑量却存在不同的幅度。罪刑均衡原则确立了罪与刑之间存在一种线性关系,即罪行越大,刑量越重;罪行越小,刑量越轻。这种线性关系也是"模糊罪量—数字刑量"均衡模型构建的基础和前提,但要求罪量或刑量具备数值的连续性分布,罪量已经通过模糊综合评价呈现出连续性分布,而"数字刑量体系"也应进行连续性的规范构造。

一、总则刑种之间的连续性构造

我国《刑法》总则规定了管制、拘役、有期徒刑、无期徒刑和死刑等5种主刑,而分则个罪规定的相同罪量程度却对应了不同的刑种,造成司法适用中的刑种选择性难题。若能将不同刑种置于可比较的同一指标体系之内,不仅能解决这一选择性难题,也能使量刑更加精准科学。本书以人身自由的限制程度为测量尺度,试图将不同刑种放在同一指标体系中进行考察。

管制实行的社区矫正措施,虽然并未将犯罪分子羁押,但一定程度上还是存在人身自由的限制,所以《刑法》第41条才规定判决执行以前先行羁押1日折抵管制刑期2日。因此,管制的期限可以近似地等同于一半的自由刑羁押期限。由于管制的刑期为3个月以上2年以下,所以,相当于羁押期限1.5个月以上1年以下。

拘役和有期徒刑虽然存在执行场所和待遇的差异,但却具备对犯罪分子进行羁押,限制其人身自由的共性,所以,可以将二者放在相同的维度进行考察。由于拘役的刑期为1个月以上6个月以下,有期徒刑的刑期为6个月以上15年以下,二者还能在刑期的数字上进行无缝衔接,刚好可以构建出1个月到180个月的自由刑连续性区间。

无期徒刑近似等同于324个月的自由刑刑期。根据2019年公布实施的最高人民法院《关于办理减刑、假释案件具体应用法律的补充规定》第3条的规定，[①]无期徒刑的期限存在3种可能性：其一，确有悔改表现或者有立功表现的，最终执行的刑期相当于324个月[(4+23)×12=324]。其二，既有悔改表现又有立功表现的，最终执行的刑期最低为312个月[(4+22)×12=312]，最高为324个月[(4+23)×12=324]，在312个月和324个月之间。其三，有重大立功表现的，最终执行的刑期最低为300个月[(4+21)×12=300]，最高为312个月[(4+22)×12=312]，在300个月和312个月之间。无期徒刑在实际执行的过程中一般都会减为有期徒刑，虽然存在立功和重大立功少于324个月的情形，但实践中也存在一些并不符合减刑条件的犯罪分子，并且在减为有期徒刑之前的羁押期限不予折抵，实际羁押期限多于324个月，二者对冲后选择324个月较为妥当。另外，为了避免执行过程中影响减刑的情节因素渗入刑罚裁量过程，将无期徒刑刑期近似等同于324个月的自由刑刑期较为合理。

死刑缓期执行近似等同于372个月的自由刑刑期。根据2019年公布实施的最高人民法院《关于办理减刑、假释案件具体应用法律的补充规定》第4条的规定，[②]加之在死刑缓期执行减为无期徒刑之前，存在2年的缓刑考验期，死刑缓期执行的期限存在3种可能性：其一，确有悔改表现或者有立功表现的，最终执行的刑期相当于372个月[(2+4+25)×12=372]。其二，既有悔改表现又有立功表现的，最终执行的刑期最低为366个月[(2+4+24.5)×12=366]，最高为372个月[(2+

① 2019年最高人民法院《关于办理减刑、假释案件具体应用法律的补充规定》(法释〔2019〕6号)第3条规定：被判处无期徒刑，符合减刑条件的，执行四年以上方可减刑。确有悔改表现或者有立功表现的，可以减为二十三年有期徒刑；确有悔改表现并有立功表现的，可以减为二十二年以上二十三年以下有期徒刑；有重大立功表现的，可以减为二十一年以上二十二年以下有期徒刑。无期徒刑减为有期徒刑后再减刑时，减刑幅度比照本规定第二条的规定执行。两次减刑之间应当间隔二年以上。

② 2019年最高人民法院《关于办理减刑、假释案件具体应用法律的补充规定》(法释〔2019〕6号)第4条规定：被判处死刑缓期执行的，减为无期徒刑后，符合减刑条件的，执行四年以上方可减刑。确有悔改表现或者有立功表现的，可以减为二十五年有期徒刑；确有悔改表现并有立功表现的，可以减为二十四年六个月以上二十五年以下有期徒刑；有重大立功表现的，可以减为二十四年以上二十四年六个月以下有期徒刑。

4 +25) ×12 =372],在366个月和372个月之间。其三,有重大立功表现的,最终执行的刑期最低为360个月[(2 +4 +24) ×12 =360],最高为366个月[(2 +4 +24.5) ×12 =366],在360个月和366个月之间;与上述无期徒刑一样的思路和理由,将死刑缓期执行近似等同于372个月。同时,笔者还发现:将死刑缓期执行的近似刑期减去无期徒刑近似刑期,为48个月(4年),这一期限差距刚好与死刑(缓期两年执行)执行4年后方可减刑的期限一致,形成了较为合适的刑种梯度。

死刑立即执行近似换算为492个月的自由刑刑期。死刑存在缓期执行和立即执行两种执行方式。死刑(立即执行)与自由刑是不同的刑种,但我国独创的死刑缓期执行似乎给出了与自由刑之间的近似关系。基于总则刑种之间的连续性构造需求,笔者试图探索死刑(立即执行)的近似刑期。近似刑期只是为了搭建"模糊罪量—数字刑量"均衡模型的一种中介换算,在实际应用过程中还会被还原出来。首先,判处死刑立即执行的罪行应当重于判处死刑缓期执行的罪行,所以在自由刑的换算中,死刑立即执行的换算刑期应当高于死刑缓期执行的近似刑期372个月。其次,我国人口的平均年龄为77.3岁,[①]有学者通过对239万起个案的大数据分析,得出违法犯罪群体"新生代流动人口占63.1%,老生代流动人口36.9%;新生代平均年龄23.7岁,老生代平均年龄38.8岁",[②]将二者加权平均后,可以得出犯罪群体的大致平均年龄为29.3岁。曾赟教授通过对1980~2016年的孤狼式多重杀人案例,共计136件,进行统计分析,得出"孤狼式杀人凶犯实施犯罪时的平均年龄约为32.5岁"。[③] 姜涛教授在对无期徒刑和死刑犯罪分子的统计调研基础上,提出了严重犯罪平均年龄在35岁左右的假设。[④] 基于我国人口的平均年

---

① 参见《2019年我国卫生健康事业发展统计公报》,载中华人民共和国国家卫生健康委员会规划发展与信息化司网,http://www.nhc.gov.cn/guihuaxxs/s10748/202006/ebfe31f24cc145b198dd730603ec4442.shtml。

② 刘婷、林君:《当前流动人口代际更迭与犯罪演变——基于犯罪大数据的实证研究》,载《中国人民公安大学学报(社会科学版)》2018年第6期。

③ 曾赟:《孤狼式多重杀人犯罪规律实证研究》,载《政法论丛》2019年第1期。

④ 参见姜涛:《死刑废除与刑罚制度的立法完善》,载《人民检察》2010年第21期。

龄及犯罪学的统计结论，将可能被判断死刑立即执行的犯罪分子平均年龄假定为35岁。那么，与我国人口的平均年龄之差约为42年，死刑立即执行可能的期限就约为504个月。最后，将死刑立即执行与死刑缓期执行进行对比，二者之差为132个月，相差11年（132个月），为了凑整并考虑到10在本书分析中的法律文化意义，将二者之差调整为10年，即为120个月，二者相加为492个月。所以，在“模糊罪量—数字刑量”均衡模型构建中，本书将死刑立即执行期限近似换算为492个月的自由刑刑期。

按照罪刑均衡的要求，我们将罪行设为Δx，对应刑量设为Δy，就会存在罪量程度越大，刑量越大的函数关系，即$\lim\limits_{x \to x0} f(x) = f(x0)$。笔者通过以上对不同主刑的连续性构造，得到一个从1个月到492个月的分布：[1,180]个月的连续区间，是管制、拘役和有期徒刑对应的罪刑程度区间；(180,324)个月的区间缺失，但考虑刑法规定的数罪并罚制度，最高不能超过25年的规定，即最高为300个月，似乎这个区间刚好界定了自由刑的上限，恰好与无期徒刑近似的324个月差距不大，反而证明了将无期徒刑界定为324个月的合理性。虽然这个区间不能反映单一个罪的罪刑程度，但却可以成为从有期徒刑升格为无期徒刑的一个刑量跳板；[324,372]个月的连续区间是无期徒刑对应的罪刑程度区间；[372,492)个月的连续区间是死刑缓期执行对应的罪刑程度区间；[492，+∞)个月的连续区间是死刑立即执行对应的罪刑程度区间（见图4.3）。

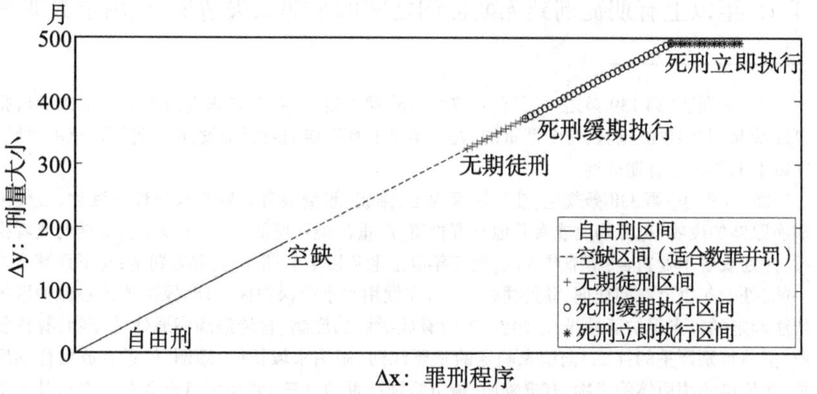

图4.3　刑种的连续性构造

二、分则个罪刑量的连续性构造

在主刑刑种连续性构造的基础上，分则个罪主刑的数字刑量区间自然呈现出连续性。由于存在适用数罪并罚或作为有期徒刑到无期徒刑的刑量跳板所形成的空缺区间，分则个罪的连续性存在完全性连续和不完全性连续两种类型。

完全性连续区间是指不存在缺失值的个罪数字刑量区间。完全性连续区间存在单一区间的连续（仅涉及一个主刑），如危险驾驶罪，其主刑仅为拘役，其刑量的数字区间为[1,6]个月。完全性连续区间还存在多个区间的连续（涉及多个主刑），如不报、谎报安全事故罪的基本犯为[1,36]个月的闭区间，加重犯为[36,84]个月的闭区间，那么不报、谎报安全事故罪在[1,84]个月的连续性区间；①再如污染环境罪基本犯为[1,6]个月的闭区间，加重犯为[36,84]个月和[84, 180]个月的两个闭区间，那么整个污染环境罪的刑量在[1, 180]个月的连续区间；②没有无期徒刑介入的个罪，由于没有缺失值，都是完全连续区间，而且在刑法中所占罪名的比例较大。完全性连续区间为罪刑均衡模型的架构奠定了基础，在处理“罪行 Δx = 刑量 Δy”的线性关系上，能带来更加客观、精准的判断结论。

不完全性连续区间是存在缺失值的个罪数字刑量区间，主要应用于15年以上有期徒刑到无期徒刑之间的个罪缺失情形，适用于数罪并

---

① 《刑法》第139条之一规定：在安全事故发生后，负有报告职责的人员不报或者谎报事故情况，贻误事故抢救，情节严重的，处三年以下有期徒刑或者拘役；情节特别严重的，处三年以上七年以下有期徒刑。

② 《刑法》第338条规定：违反国家规定，排放、倾倒或者处置有放射性的废物、含传染病病原体的废物、有毒物质或者其他有害物质，严重污染环境的，处三年以下有期徒刑或者拘役，并处或者单处罚金；情节严重的，处三年以上七年以下有期徒刑，并处罚金；有下列情形之一的，处七年以上有期徒刑，并处罚金：（一）在饮用水水源保护区、自然保护地核心保护区等依法确定的重点保护区域排放、倾倒、处置有放射性的废物、含传染病病原体的废物、有毒物质，情节特别严重的；（二）向国家确定的重要江河、湖泊水域排放、倾倒、处置有放射性的废物、含传染病病原体的废物、有毒物质，情节特别严重的；（三）致使大量永久基本农田基本功能丧失或者遭受永久性破坏的；（四）致使多人重伤、严重疾病，或者致人严重残疾、死亡的。有前款行为，同时构成其他犯罪的，依照处罚较重的规定定罪处罚。

罚或称为刑量跳板：

不完全性连续区间有单一无期徒刑的情形：如非持有毒品罪存在的 3 种结局，[①]那么就存在[1,36]个月、[36,84]个月、[84, 180]个月、[324, 372]个月的 4 个闭区间，前 3 个闭区间可以整合，从而最终形成[1, 180]个月、[324, 372]个月的 2 个闭区间。虽然单一的非持有毒品罪不能在(180, 324)这个区间进行裁量，但却是自由刑数罪并罚可以安放的空间，也是非持有毒品罪有期徒刑到无期徒刑的刑量跳板，这个空间同时也给出了个罪有期徒刑到无期徒刑量化的可能，为无期徒刑的适用提出了罪量的反向测量标准。

不完全性连续区间还存在无期徒刑与死刑同时存在的情形：如生产、销售假药罪存在的 3 种结局，[②]对应[1,36]个月、[36, 120]个月、[120, 180]个月、[324, 372]个月、[372, 492]个月、[492, +∞]个月的 6 个连续区间，同理，也可以整合为[1, 180]个月、[324, +∞]个月的 2 个连续性区间。我们发现，不完全性连续区间无论如何组合，都可以拆分为两个连续性区间，在正确认识单一个罪有期徒刑到无期徒刑的刑量跳板后，实际上就能将刑量完全连续化。

综上所述，笔者通过对总则刑种的连续性构造，建立了一个对应罪行程度的 1 个月到 492 个月的连续性区间；通过对分则个罪刑量的连续性构造，根据个罪的刑量设置构造出完全性连续区间和不完全性连续区间。罪行越大，刑量越重，$\lim\limits_{x \to x0} f(x) = f(x0)$，罪行 Δx = 刑量 Δy，罪量已经通过模糊综合评价呈现出在[0, 100]论域上隶属度[0,1]的连续性分布，刑量 Δy 作为因变量通过以上构造基本实现连续化，为“模

---

① 《刑法》第 348 条规定：非法持有鸦片一千克以上、海洛因或者甲基苯丙胺五十克以上或者其他毒品数量大的，处七年以上有期徒刑或者无期徒刑，并处罚金；非法持有鸦片二百克以上不满一千克、海洛因或者甲基苯丙胺十克以上不满五十克或者其他毒品数量较大的，处三年以下有期徒刑、拘役或者管制，并处罚金；情节严重的，处三年以上七年以下有期徒刑，并处罚金。

② 《刑法》第 141 条规定：生产、销售假药的，处三年以下有期徒刑或者拘役，并处罚金；对人体健康造成严重危害或者有其他严重情节的，处三年以上十年以下有期徒刑，并处罚金；致人死亡或者有其他特别严重情节的，处十年以上有期徒刑、无期徒刑或者死刑，并处罚金或者没收财产。

糊罪量—数字刑量”均衡模型的构建奠定了可行性基础。

第三节 罪刑均衡模型的规范化架构

“数学本源于人类生活的特性决定了人类可以运用数学方法解释法律现象”，[①]“综合运用法学理论、统计学、数学等学科的研究方法，从而能够使法律的制定更加科学化，以及能够使法律的适用得到客观评价”。[②] 模糊罪量的综合评价模式，使得罪量摆脱了立法语言的模糊桎梏，获得了通过数字语言刻画的清晰程度，满足了刑法明确性的要求。但是，这仅完成了“模糊罪量—数字刑量”均衡的第一步。在司法环节，数字刑量的立法区间数要走向司法宣告刑的确定数，还需要经历“罪量→罪责→刑量”的发展过程，笔者充分利用数字的客观性、精确性、可计算性等特质，构建“模糊罪量—数字刑量”均衡模型，以期实现司法环节的量刑均衡。

一、“模糊罪量—数字刑量”量刑模型的指标设置

模糊罪量的综合评价模式，仅是解决了罪刑均衡模型的第一步，即《刑法》分则罪名既遂状态下罪中情节的罪量评估，并未涉及犯罪主体情况（年龄、精神状况、身体情况）和修正犯罪构成（故意犯罪的停止形态、共犯人分类）的罪量调整。以上因素是有关犯罪构成要件的基本事实，《刑法》总则对其进行了总括性的具体规定，这些情节与模糊罪量综合评价模式中的情节都属于影响罪量大小的罪中情节。

所以，应当首先按照《刑法》总则的规定，在模糊罪量评价的基础上对罪量进行调整，本书将这些在构成要件之内，影响罪量大小的罪中因素称为罪量影响因素。在对罪量进行合理调整后，再将罪前情节和罪后情节进行刑量调整，最终确定宣告刑（确定之数）。本书将这些在

---

① 彭中礼：《法律论证中的数学方法》，载《政法论坛》2017 年第 5 期。

② 屈茂辉、张杰：《计量法学本体问题研究》，载《法学杂志》2010 年第 1 期。

构成要件之外，影响刑量轻重的罪前因素或罪后因素称为刑量影响因素。《关于常见犯罪的量刑指导意见（试行）》虽然并未将罪量影响因素和刑量影响因素进行明确区分，但规定的“先根据罪量影响因素进行调节，再根据刑量影响进行调节”[①]基准刑调节方法，在一定程度上体现了这一区别。

（一）罪量影响因素

虽然《刑法》总则从刑事处罚的角度对罪量影响因素进行立法的规范性表述，而且有些因素诸如犯罪主体因素更具刑事责任的性质，但为了避免刑事责任概念的引入与罪前、罪后情节交叉导致的复杂性，本书以是否属于构成要件内以及罪中、罪前、罪后情节的双重标准，界定罪量影响因素和刑量影响因素的分类。所以，根据《刑法》总则的规定，罪量影响因素是指包括犯罪主体、故意犯罪停止形态、共犯人分类因素、排除犯罪性行为等罪中因素等可以引起罪量大小调整的因素，其是作为“模糊罪量—数字刑量”量刑模型第一顺位的罪量影响因素。基于“模糊罪量—数字刑量”量刑模型的普适性，暂时不涉及防卫过当、避险过当等特殊因素，仅考虑犯罪主体、故意犯罪停止形态、共犯人分类三类因素。

1. 犯罪主体因素

犯罪主体年龄影响罪量。根据《刑法》第 17 条的规定，对不满 18 周岁的人，应当从轻或者减轻处罚。根据《刑法》第 17 条之一的规定，已满 75 周岁的人故意犯罪的，可以从轻或者减轻处罚；过失犯罪的，应当从轻或者减轻处罚。

犯罪主体精神状况影响罪量。根据《刑法》第 18 条的规定，尚未完全丧失辨认或者控制自己行为能力的精神病人犯罪的，应当负刑事

---

① 2021 年最高人民法院、最高人民检察院《关于常见犯罪的量刑指导意见（试行）》（法发〔2021〕21 号）调节基准刑的方法部分第 2 点：具有多个量刑情节的，一般根据各个量刑情节的调节比例，采用同向相加、逆向相减的方法调节基准刑；具有未成年人犯罪、老年人犯罪、限制行为能力的精神病人犯罪、又聋又哑的人或者盲人犯罪，防卫过当、避险过当、犯罪预备、犯罪未遂、犯罪中止，从犯、胁从犯和教唆犯等量刑情节的，先适用该量刑情节对基准刑进行调节，在此基础上，再适用其他量刑情节进行调节。

责任,但是可以从轻或者减轻处罚。

犯罪主体身体状况影响罪量。根据《刑法》第 19 条的规定,又聋又哑的人或者盲人犯罪,可以从轻、减轻或者免除处罚。

2. 故意犯罪停止形态因素

犯罪停止形态包括犯罪预备、犯罪未遂、犯罪中止、犯罪既遂。《刑法》分则规定了既遂的罪量大小。对于犯罪预备、犯罪未遂、犯罪中止等修正的犯罪构成,《刑法》总则从处罚的角度给予了在罪量上的调整。

对于预备犯,根据《刑法》第 22 条对犯罪预备的规定,可以比照既遂犯从轻、减轻处罚或者免除处罚。对于未遂犯,根据《刑法》第 23 条对犯罪未遂的规定,可以比照既遂犯从轻或者减轻处罚。对于中止犯,根据《刑法》第 24 条对犯罪中止的规定,没有造成损害的,应当免除处罚;造成损害的,应当减轻处罚。

3. 共犯人分类因素

我国刑法对共同犯罪的人分为主犯、从犯、胁从犯、教唆犯。对主犯以外的共犯人,《刑法》总则从处罚的角度给予了在罪量上的调整。

对于从犯,根据《刑法》第 27 条的规定,应当从轻、减轻处罚或者免除处罚。对于胁从犯,根据《刑法》第 28 条的规定,应当按照他的犯罪情节减轻处罚或者免除处罚。对于教唆犯,根据《刑法》第 29 条的规定,应当按照他在共同犯罪中所起的作用处罚。教唆不满 18 周岁的人犯罪的,应当从重处罚。

(二)刑量影响因素

模糊罪量的综合评价模式中所涉及的因素和罪量影响因素仅涉及罪中情节,根据我国立法及相关司法解释的规定,对罪量的评价还包括罪前情节和罪后情节。罪前情节,主要包括累犯、再犯、前科、行政处罚、被告人一贯表现等情节;罪后情节,主要包括自首、坦白、立功、认罪认罚、退赃退赔等因素。本书坚持第四章第一节中关于模糊罪量评价因素界定的基本立场,与现行有效的个别司法解释不同,仅将罪前情节和罪后情节定位于量刑情节,作为“模糊罪量—数字刑量”量刑模型第二顺位的刑量影响因素，从而影响宣告刑（确定之数）的最终判断因素。

1. 罪前情节因素

累犯是法定量刑情节，根据《刑法》第65条规定对于累犯应当从重处罚。《刑法》第50条、第74条、第81条还分别对累犯限制减刑、不适用缓刑和不得假释进行了规定。

再犯是酌定量刑情节，在毒品犯罪中是法定量刑情节。《刑法》第356条规定：因走私、贩卖、运输、制造、非法持有毒品罪被判过刑，又犯本节规定之罪的，从重处罚。根据《刑法》分则中毒品犯罪对再犯规定的立法精神，将再犯定义为行为人再次进行犯罪，且所犯罪名与之前罪名相同或属于同一类罪。司法解释中存在许多再犯的规定：如2019年最高人民法院、最高人民检察院《关于办理利用未公开信息交易刑事案件适用法律若干问题的解释》（法释〔2019〕10号）第6条第2项对利用未公开信息交易罪规定了“因证券、期货犯罪行为受过刑事追究的”情形；再如2018年最高人民法院、最高人民检察院《关于办理虚假诉讼刑事案件适用法律若干问题的解释》（法释〔2018〕17号）第2条第5项对虚假诉讼罪规定了“曾因以捏造的事实提起民事诉讼被采取民事诉讼强制措施或者受过刑事追究的”情形；类似的规定还有操纵证券、期货市场罪，[①]因非法从事资金支付结算业务或者非法买卖外汇而认定的非法经营罪[②]等罪名。虽然以上司法解释将再犯情节作为“情节严重”的认定标准之一，影响犯罪的认定，但基于本书第四章第一节罪量的评价因素中的详细论证，如若司法解释有明文规定，则按照司法解释进行认定，但大多数罪名没有明文规定再犯是犯罪成立的标准之一，所以，在没有明文规定的情况下，仅将再犯作为影响量刑的情节。

---

① 2019年最高人民法院、最高人民检察院《关于办理操纵证券、期货市场刑事案件适用法律若干问题的解释》（法释〔2019〕9号）第3条。

② 2019年最高人民法院、最高人民检察院《关于办理非法从事资金支付结算业务、非法买卖外汇刑事案件适用法律若干问题的解释》（法释〔2019〕1号）第3条。

前科是酌定量刑情节，为了区别于再犯的概念，本书将前科定义为行为人再次犯不同之罪，即之前存在犯罪记录的情形，但现犯之罪与之前所犯罪名不相同或不属于同一类，前科所体现出的主观恶性程度一般相对再犯要低。《刑法》第100条规定了前科报告义务：依法受过刑事处罚的人，在入伍、就业的时候，应当如实向有关单位报告自己曾受过刑事处罚，不得隐瞒。虽然刑法中未见与前科相关的刑事责任条款，但在司法解释里面却存在，如《贪贿司法解释》第1条第2款第3项对贪污罪规定了"曾因故意犯罪受过刑事追究"的情形，只是没有具体规定是何种故意犯罪。虽然司法解释将前科作为影响定罪的因素，但考虑到上文所述理由，在司法解释没有明文规定的情形下，仅将前科作为影响量刑的情节。

受过行政处罚是酌定量刑情节。刑法中个别罪名将行政处罚作为认定犯罪成立的前置判断因素，如扰乱国家机关工作秩序罪，[①]走私普通货物、物品罪，[②]逃税罪[③]等罪名。司法解释中有些罪名也将行政处罚作为"情节严重"的认定标准之一：如2021年最高人民法院《关于审理掩饰、隐瞒犯罪所得、犯罪所得收益刑事案件适用法律若干问题的解释》(法释〔2021〕8号)第1条将"一年内曾因掩饰、隐瞒犯罪所得及其产生的收益行为受过行政处罚，又实施掩饰、隐瞒犯罪所得及其产生的收益行为"的情形作为掩饰、隐瞒犯罪所得、犯罪所得收益罪的入罪条件之一；再如2019年最高人民法院《关于审理走私、非法经营、非法使用兴奋剂刑事案件适用法律若干问题的解释》(法释〔2019〕16号)第1条将"一年内曾因走私被给予二次以上行政处罚后又走私"的情形作

---

① 《刑法》第290条第3款规定：多次扰乱国家机关工作秩序，经行政处罚后仍不改正，造成严重后果的，处三年以下有期徒刑、拘役或者管制。

② 《刑法》第153条规定：走私本法第一百五十一条、第一百五十二条、第三百四十七条规定以外的货物、物品的，根据情节轻重，分别依照下列规定处罚：(一)走私货物、物品偷逃应缴税额较大或者一年内曾因走私被给予二次行政处罚后又走私的，处三年以下有期徒刑或者拘役，并处偷逃应缴税额一倍以上五倍以下罚金……

③ 《刑法》第201条第4款规定：有第一款行为，经税务机关依法下达追缴通知后，补缴应纳税款，缴纳滞纳金，已受行政处罚的，不予追究刑事责任；但是，五年内因逃避缴纳税款受过刑事处罚或者被税务机关给予二次以上行政处罚的除外。

为走私国家禁止进出口的货物、物品罪的入罪条件之一。虽然司法解释将行政处罚作为影响定罪的因素,但和上文所述理由一样,在司法解释没有明文规定的情形下,仅将行政处罚作为影响量刑的情节。

2. 罪后情节因素

自首是法定量刑情节。《刑法》第 67 条第 1 款规定对自首的犯罪分子,可以从轻或者减轻处罚。其中,犯罪较轻的,可以免除处罚。

坦白是法定量刑情节。《刑法》第 67 条第 3 款规定,犯罪嫌疑人虽不具有第 1、2 款规定的自首情节,但是如实供述自己罪行的,可以从轻处罚;因其如实供述自己罪行,避免特别严重后果发生的,可以减轻处罚。

立功是法定量刑情节。《刑法》第 68 条规定了一般立功和重大立功,有一般立功表现的,可以从轻或者减轻处罚;有重大立功表现的,可以减轻或者免除处罚。

认罪认罚是法定量刑情节。虽然认罪认罚并未在《刑法》条文中予以规定,但 2018 年修正的《刑事诉讼法》进行了明确规定。其第 15 条规定,犯罪嫌疑人、被告人自愿如实供述自己的罪行,承认指控的犯罪事实,愿意接受处罚的,可以依法从宽处理。在刑事一体化的视野下,认罪认罚应该作为法定的量刑情节。

退赃退赔是一个酌定量刑情节,但在某些犯罪里面却是法定量刑情节。如《刑法》第 176 条将退赃退赔作为非法吸收公众存款罪可以从轻或者减轻处罚的情节,[①]《刑法》第 383 条将积极退赃作为贪污罪可以从轻、减轻或者免除处罚的情节。[②] 司法解释也常常将退赃退赔结合其他情节,作为可以免予刑事处罚或从宽处罚的认定标准:如将退赃、退赔作为掩饰、隐瞒犯罪所得、犯罪所得收益罪可以免予刑事处罚

① 《刑法》第 176 条第 3 款:有前两款行为,在提起公诉前积极退赃退赔,减少损害结果发生的,可以从轻或者减轻处罚。

② 《刑法》第 383 条第 3 款:犯第一款罪,在提起公诉前如实供述自己罪行、真诚悔罪、积极退赃,避免、减少损害结果的发生,有第一项规定情形的,可以从轻、减轻或者免除处罚;有第二项、第三项规定情形的,可以从轻处罚。

的认定条件之一；[1]将退赃退赔作为虚假诉讼罪可以免予刑事处罚或可以从宽处罚的认定条件之一；[2]将退赃退赔作为侵犯公民个人信息罪可以不起诉、可以免予刑事处罚、应当从宽处罚的认定条件之一。[3]可以看出，无论是法律规定还是司法解释，退赃退赔情节在具体的个罪中，对刑罚的裁量都具有实际的影响力。

赔偿损失是酌定量刑情节，但在拒不支付劳动报酬罪中是一个法定的量刑情节。《刑法》在第276条之一第3款拒不支付劳动报酬罪中规定：有前两款行为，尚未造成严重后果，在提起公诉前支付劳动者的劳动报酬，并依法承担相应赔偿责任的，可以减轻或者免除处罚。也有司法解释将赔偿损失结合其他情节，作为免予刑事处罚或从宽处罚的认定标准：如将赔偿损失作为污染环境罪、非法处置进口的固体废物罪、擅自进口固体废物罪可以不起诉、可以免予刑事处罚、应当从宽处罚的认定标准之一；[4]将赔偿损失作为故意损毁文物罪、故意损毁名胜古迹罪、过失损毁文物罪可以不起诉或免予刑事处罚的认定标

---

① 2021年最高人民法院《关于审理掩饰、隐瞒犯罪所得、犯罪所得收益刑事案件适用法律若干问题的解释》（法释〔2021〕8号）第2条：掩饰、隐瞒犯罪所得及其产生的收益行为符合本解释第一条的规定，认罪、悔罪并退赃、退赔，且具有下列情形之一的，可以认定为犯罪情节轻微，免予刑事处罚：（一）具有法定从宽处罚情节的；（二）为近亲属掩饰、隐瞒犯罪所得及其产生的收益，且系初犯、偶犯的；（三）有其他情节轻微情形的。

② 2018年最高人民法院、最高人民检察院《关于办理虚假诉讼刑事案件适用法律若干问题的解释》（法释〔2018〕17号）第9条：实施刑法第三百零七条之一第一款行为，未达到情节严重的标准，行为人系初犯，在民事诉讼过程中自愿具结悔过，接受人民法院处理决定，积极退赃、退赔的，可以认定为犯罪情节轻微，不起诉或者免予刑事处罚；确有必要判处刑罚的，可以从宽处罚。

③ 2017年最高人民法院、最高人民检察院《关于办理侵犯公民个人信息刑事案件适用法律若干问题的解释》（法释〔2017〕10号）第10条：实施侵犯公民个人信息犯罪，不属于"情节特别严重"，行为人系初犯，全部退赃，并确有悔罪表现的，可以认定为情节轻微，不起诉或者免予刑事处罚；确有必要判处刑罚的，应当从宽处罚。

④ 2016年最高人民法院、最高人民检察院《关于办理环境污染刑事案件适用法律若干问题的解释》（法释〔2016〕29号，已失效）第5条：实施刑法第三百三十八条、第三百三十九条规定的行为，刚达到应当追究刑事责任的标准，但行为人及时采取措施，防止损失扩大、消除污染，全部赔偿损失，积极修复生态环境，且系初犯，确有悔罪表现的，可以认定为情节轻微，不起诉或者免予刑事处罚；确有必要判处刑罚的，应当从宽处罚。

准之一；[①]将主动赔偿损失作为铁路运营安全事故罪、重大责任事故罪等可以酌情从轻处罚的认定标准之一。[②] 可以看出，无论是法律规定还是司法解释，赔偿损失情节在具体的个罪中，对刑罚的裁量都具有实际的影响力。

被害人谅解是酌定量刑情节，刑法中没有相应规定，司法解释中常常将被害人谅解结合其他情节，作为免予刑事处罚或从宽处罚的认定标准：如将被害人谅解作为抢夺罪可以不起诉或免予刑事处罚，甚至由有关部门给予行政处罚的认定标准之一；[③]将被害人谅解作为寻衅滋事罪可以从轻处罚、可以不起诉或免予刑事处罚的认定标准之一；[④]将被害人谅解作为敲诈勒索罪可以不起诉或者免予刑事处罚，甚至由有关部门依法予以行政处罚的认定标准之一。[⑤] 可以看出，在司法解释中，被害人谅解情节在具体的个罪中，对刑罚裁量具有实际的影响力。

---

① 2015年最高人民法院、最高人民检察院《关于办理妨害文物管理等刑事案件适用法律若干问题的解释》（法释〔2015〕23号）第16条第2款：实施本解释第三条至第五条规定的行为，虽已达到应当追究刑事责任的标准，但行为人系初犯，积极赔偿损失，并确有悔罪表现的，可以认定为犯罪情节轻微，不起诉或者免予刑事处罚。

② 2015年最高人民法院、最高人民检察院《关于办理危害生产安全刑事案件适用法律若干问题的解释》（法释〔2015〕22号）第13条：实施刑法第一百三十二条、第一百三十四条至第一百三十九条之一规定的犯罪行为，在安全事故发生后积极组织、参与事故抢救，或者积极配合调查、主动赔偿损失的，可以酌情从轻处罚。

③ 2013年最高人民法院、最高人民检察院《关于办理抢夺刑事案件适用法律若干问题的解释》（法释〔2013〕25号）第5条：抢夺公私财物数额较大，但未造成他人轻伤以上伤害，行为人系初犯，认罪、悔罪，退赃、退赔，且具有下列情形之一的，可以认定为犯罪情节轻微，不起诉或者免予刑事处罚；必要时，由有关部门依法予以行政处罚：（一）具有法定从宽处罚情节的；（二）没有参与分赃或者获赃较少，且不是主犯的；（三）被害人谅解的；（四）其他情节轻微、危害不大的。

④ 2013年最高人民法院、最高人民检察院《关于办理寻衅滋事刑事案件适用法律若干问题的解释》（法释〔2013〕18号）第8条：行为人认罪、悔罪，积极赔偿被害人损失或者取得被害人谅解的，可以从轻处罚；犯罪情节轻微的，可以不起诉或者免予刑事处罚。

⑤ 2013年最高人民法院、最高人民检察院《关于办理敲诈勒索刑事案件适用法律若干问题的解释》（法释〔2013〕10号）第5条：敲诈勒索数额较大，行为人认罪、悔罪，退赃、退赔，并具有下列情形之一的，可以认定为犯罪情节轻微，不起诉或者免予刑事处罚，由有关部门依法予以行政处罚：（一）具有法定从宽处罚情节的；（二）没有参与分赃或者获赃较少且不是主犯的；（三）被害人谅解的；（四）其他情节轻微、危害不大的。

二、“模糊罪量—数字刑量”量刑模型的权重确定

(一)指标权重确定的基本原则

1. 以《关于常见犯罪的量刑指导意见(试行)》规定的量刑调节幅度为基本参照

2008 年 8 月,最高人民法院发布《人民法院量刑指导意见(试行)》。经历 13 年后,“两高”印发《关于常见犯罪的量刑指导意见(试行)》的通知,要求从 2021 年 7 月 1 日起,全国法院、检察院全面实施。虽然理论界对《关于常见犯罪的量刑指导意见(试行)》在量刑方法和情节的适用上仍然存在着保留意见,但其关于量刑的调节幅度,经历了 13 年的试行和经验反馈后,足以成为罪量和刑量影响因素权重设置的重要参考指标。不过,《关于常见犯罪的量刑指导意见(试行)》并未完全纳入所有因素。对于其缺少的犯罪主体精神状况、预备犯、中止犯、胁从犯、教唆犯等影响因素,本书参照北京市高级人民法院《〈关于常见犯罪的量刑指导意见〉实施细则》进行确定。

以《关于常见犯罪的量刑指导意见(试行)》为基本参照,有两方面原因:一方面,借鉴了 13 年来司法裁判机关的经验和裁判习惯,使权重的设置具备科学性;另一方面,由于《关于常见犯罪的量刑指导意见(试行)》已经全面实施,以其为参考标准设置指标权重,增强了未来“模糊罪量—数字刑量”量刑模型的可适用性。

2. 禁止重复评价原则下的权重确定

从禁止重复评价原则的角度考虑量刑,陈兴良教授曾指出:“量刑时考虑的只能是构成要件以外的其他表明行为的社会危害性程度的事实要素,定罪情节作为犯罪构成的基本事实在定罪时已经使用,否则就会有悖于禁止重复评价的原则。”①当然,这样严格的区分可能并不符合我国刑事立法和司法的实际情况。因为“在我国‘定性 + 定量’的犯罪构成体系内,大量的立法例和司法解释以及具体案例均表明,数额、

① 陈兴良:《禁止重复评价研究》,载《现代法学》1994 年第 1 期。

情节等事实既是定罪的评价事实,也是量刑的评价事实”。[①] 针对这一现象,石经海教授指出:“同一‘事实’既被评价为定罪情节又被评价为量刑情节的情形,并非是刑法上禁止重复评价原则真正意义上的‘对同一对象的重复评价’,它们是分别针对同一事实的不同侧面或不同属性的不同具体对象的非重复评价。”[②]有学者进一步指出:“犯罪事实包括定罪情节和由定罪剩余的那些构成事实,而量刑情节既包括由定罪剩余的那些构成事实转化而来的量刑情节(本书称之为非典型量刑情节),也包括一般意义上的其他各种法定或酌定的量刑情节(本书称之为典型量刑情节)。”[③]如此,可以解释对决定定罪的情节在量刑环节进行评价,并非属于重复评价的范畴。

那么,缘何定罪的事实必须在量刑环节进行评价?这是因为罪量评价环节的不充分不完备。罪行大小是“定性 + 定量”的综合体,不仅决定定罪还影响量刑。过去,我们仅重视了定罪环节符合基本条件下的罪量定性,忽略了该环节罪量评价的定量,才迫不得已在量刑环节进行定罪剩余情节的二次评价,反而造成量刑环节的复杂化。从数量刑法的视角来看,借助模糊罪量综合评判模型,能够评估罪量因素的大小,并在同一法定刑幅度内区分不同罪量。此外,该模型还能一次性完成对定罪情节的评价。例如,同样是贪污罪,贪污 50 万元和贪污 100 万元,同属于“20 万元以上不满 300 万元”的区间,对应“3 年以上 10 年以下有期徒刑”的法定刑幅度,在模糊罪量综合评判模型中,最终得分如贪污 50 万元为 65 分,贪污 100 万元为 75 分,都属于第二档法定刑区间,但其相差的 10 分,就是由于数额的差距导致的。这样就可以完成罪量的一次性评价,不需要再代入量刑环节进行第二次评判。

基于禁止重复评价的原则,在确定权重时,本书将罪量影响和刑量影响两类因素区分为两个环节进行权重的设置。另外,《关于常见犯

---

① 聂慧苹:《禁止重复评价之刑法展开与贯彻》,载《中国刑事法杂志》2015 年第 3 期。

② 石经海:《黑社会性质组织犯罪的重复评价问题研究》,载《现代法学》2014 年第 6 期。

③ 石金平、游涛:《量刑重复评价相关问题研究》,载《中国刑事法杂志》2010 年第 3 期。

罪的量刑指导意见(试行)》多将“犯罪较轻”作为基准刑减少幅度的条件,且不说“犯罪较轻”如何认定,即使认定了“犯罪较轻”,如常见量刑中的又聋又哑的人或者盲人犯罪、从犯、自首、重大立功、刑事和解、认罪认罚等情节,已经在罪量环节进行了评价,原则上不应该在量刑环节再作为基准刑减少幅度的条件,这似乎才是真正存在“重复评价”。所以,本书以《关于常见犯罪的量刑指导意见(试行)》量刑调节幅度为基本参照,为了避免重复评价,因为夹杂罪中情节的罪前情节和罪后情节已经在模糊综合评价模型中进行了罪量大小的评估,就不再将其纳入量刑指标中;同时,对于《关于常见犯罪的量刑指导意见(试行)》对同一情节规定两个调整幅度的,只选择不考虑罪中情节的调节幅度。

3. 责任刑上限原则下的权重确定

罪量和刑量影响因素的两类划分,主要是从罪中、罪前、罪后情节的角度进行考虑,罪中情节是从罪量角度考察,罪前和罪后情节是从刑量角度考察,三者都对最终的宣告刑产生影响。虽然罪中、罪前、罪后情节在某种程度上都体现着报应和预防的两面性,但如果严格按照刑罚的正当化根据划分的责任刑和预防刑来看,根据责任刑认定优先的规则,罪中情节更偏向于责任刑情节,罪前情节和罪后情节更偏向于预防刑情节。张明楷教授认为:“责任报应以行为人具有责任为前提,而且由责任划定刑罚的上限。”①梁根林教授指出:“国家不得基于任何功利主义的考虑,超越责任程度所容许的刑罚上限,适用与罪行及其罪责不成比例的刑罚。”②

从罪量和刑量影响因素的两类划分来分析,罪量影响因素(犯罪主体因素、犯罪停止形态因素、共犯人分类因素等)属于责任刑范畴内的调整,在到宣告刑的过程中,需要进行刑量影响因素(罪前因素和罪后因素)的调整。笔者通过统计发现,影响刑量的绝大多数因素都是从轻、减轻或者免除处罚的规定,如自首、坦白、立功、认罪认罚、退赃退

---

① 张明楷:《论影响责任刑的情节》,载《清华法学》2015 年第 2 期。

② 梁根林:《责任主义原则及其例外——立足于客观处罚条件的考察》,载《清华法学》2009 年第 2 期。

赔、赔偿损失、被害人谅解等,客观上难以突破责任刑的上限。当然,也存在极个别可能导致突破责任刑上限的因素,从《刑法》总则和《关于常见犯罪的量刑指导意见(试行)》的规定来看,仅包括罪前因素中的累犯和前科两个因素,在所有刑量影响因素中的占比不大。不过当单一累犯、毒品犯罪再犯、前科因素同时存在时,则可能出现责任刑被突破的情形,本书将其认为是责任刑上限的例外,基于法定情节必须适用以及"基于刑事政策的需要对责任主义的突破"。① 所以,在权重确定过程中,本书仅考虑《刑法》总则和《关于常见犯罪的量刑指导意见(试行)》明文规定的累犯和前科两个因素,不再增加诸如毒品犯罪规定的再犯、受过行政处罚等可能导致突破责任刑上限的因素。

4. 确定性原则下的权重确定

《关于常见犯罪的量刑指导意见(试行)》中关于常见量刑情节的适用,从避免情节适用的绝对化以及应对不同案件情况的初衷出发,以区间数的方式调节各种情节的量刑幅度,如减少基准刑的30%～60%、10%～50%、50%以下等调节幅度。这种区间调节方式存在以下弊端:其一,量刑调节的区间数叠加刑法中本身存在的法定刑区间数,会增加量刑过程的不确定性。其二,如上文所述的将"情节较轻"作为基准刑减少幅度的条件,存在实质上重复评价的弊端。其三,在实际案例中,在确定基准刑后,应用不同幅度的区间数,会造成最终量刑出现负数或零的情形。虽然学界提出通过复合模式和单一模式的调节程式进行区分适用,但"复合模式和单一模式都会出现零或者负数的情况"。②

"司法者对犯罪量刑时依据的是'区间式'的量刑规定所作的宣告刑则必须是'点式'的,由此也就产生了如何运用数学方法,根据已知的条件来精确地求解绝对确定的刑种和刑期的可能性和必要性。"③在

---

① 袁锦凡、田文军:《量刑控制的两种模式》,载《时代法学》2015年第1期。

② 文姬:《基准刑调节方法实证研究》,载《法学》2020年第2期。

③ 刘宪权:《缅怀恩师苏惠渔先生——写在1979年〈刑法〉颁行四十周年》,载《犯罪研究》2019年第4期。

寻求宣告刑确定之数的过程中,应尽量避免再次引入不确定因素,并坚持禁止重复评价原则,防止最终量刑出现负数或零。所以,在量刑模型的指标权重确定过程中,本书以《关于常见犯罪的量刑指导意见(试行)》的规定为参照基础,根据"应当型"和"可以型"情节确定可能的区间,将区间的中位数作为权重设置的参考值;在选择幅度的时候,如上文所述,尽量选择不涉及其他因素的幅度,避免形成重复评价。为了弥补最终量刑出现负数或零的漏洞,权重值的设置应严格进行归一化的处理:首先,区分罪量影响因素和刑量影响因素两个调节步骤分别进行归一化;其次,对所有从轻、减轻或免除处罚指标进行归一化,存在的从重指标在从轻指标归一化水平上进行反向的处理;最后,各种因素分为共存型和选择型两种类型,对于共存型指标合并归一化,对于选择性指标以最大影响因素进行归一化。这样的归一化方法就排除了最终宣告刑出现负数或零的尴尬情形。

(二)罪量影响因素的权重确定

1. 犯罪主体因素权重参考值的确定

犯罪年龄因素:已满 12 周岁不满 16 周岁的未成年人犯罪,减少基准刑的 30% ~60%,可调整区间为[-60,-30],权重参考值为-45。

已满 16 周岁不满 18 周岁的未成年人犯罪,减少基准刑的 10% ~50%,可调整区间为[-50,-10],权重参考值为-30。

已满 75 周岁的老年人故意犯罪,可以减少基准刑的 40% 以下,可调整区间为[-40,0],权重参考值为-20。

精神状况:因为《关于常见犯罪的量刑指导意见(试行)》并没有规定精神病人犯罪的幅度调整,所以本书参考北京市高级人民法院《〈关于常见犯罪的量刑指导意见〉实施细则》的规定,①对于尚未完全丧失

① 北京市高级人民法院《〈关于常见犯罪的量刑指导意见〉实施细则》在常见量刑情节的适用部分第 3 点规定:对于尚未完全丧失辨认或者控制自己行为能力的精神病人犯罪,综合考虑犯罪性质、精神疾病的严重程度以及犯罪时精神障碍对辨认控制能力的影响等情况,适当确定从宽的幅度。(1)病情为重度的,可以减少基准刑的 40% 以下;(2)病情为中度的,可以减少基准刑的 30% 以下;(3)病情为轻度的,可以减少基准刑的 20% 以下。

辨认或者控制自己行为能力的精神病人犯罪，根据病情的严重程度，确定可调整区间为[-40，0]，权重参考值为 -20。

身体情况：又聋又哑的人或者盲人犯罪存在[-50，0]和[-100，-50]两个调整区间。由于第二个区间涉及犯罪较轻的罪中情节判断，为了避免与模糊罪量综合评价模型的罪中情节产生重复评价，针对此种情况，本书仅采纳第一个区间，可调整区间为[-50，0]，权重参考值为 -25。

2. 犯罪停止形态因素权重参考值的确定

预备犯：《关于常见犯罪的量刑指导意见(试行)》仅规定了犯罪未遂，本书参考北京市高级人民法院《〈关于常见犯罪的量刑指导意见〉实施细则》的规定，对犯罪预备和犯罪中止进行补充。预备犯，为了避免产生重复评价，本书仅采纳第一个区间，综合考虑预备犯罪的性质、准备程度和危害程度等情况，可以比照既遂犯减少基准刑的 60% 以下，[①]确定可调整区间为[-60，0]，权重参考值为 -30。

未遂犯：可以比照既遂犯减少基准刑的 50% 以下，可调整区间为[-50，0]，权重参考值为 -25。

中止犯：中止犯的危害结果在罪中情节中已作评价，可调整区间合并为[-100，-30]，[②]权重参考值为 -65。

3. 共犯人分类因素权重参考值的确定

从犯：从犯亦涉及[-50，-20]和[-100，-50]两个可调整区间，为了避免重复评价，本书仍采取第一个区间，权重参考值为 -35。

胁从犯：本书参考北京市高级人民法院《〈关于常见犯罪的量刑指导意见〉实施细则》规定，确定胁从犯的可调整区间为[-60，-40]，权

① 北京市高级人民法院《〈关于常见犯罪的量刑指导意见〉实施细则》在常见量刑情节的适用部分第 7 点规定：对于预备犯，综合考虑预备犯罪的性质、准备程度和危害程度等情况，可以比照既遂犯减少基准刑的 60% 以下；犯罪较轻的，可以减少基准刑的 60% 以上或者依法免除处罚。

② 北京市高级人民法院《〈关于常见犯罪的量刑指导意见〉实施细则》在常见量刑情节的适用部分第 8 点规定：对于中止犯，应当综合考虑中止犯罪的阶段、自动放弃犯罪的原因以及造成损害的后果等情况，决定减轻或者免除处罚。(1)造成较重损害后果的，应当减少基准刑的 30% ~60%；(2)造成较轻损害后果的，应当减少基准刑的 50% ~80%；(3)没有造成损害的，应当免除处罚。

重参考值为-50。①

教唆犯:被教唆的人没有犯被教唆之罪的,可调整区间为[-50,0],权重参考值为-25;教唆不满18周岁的人犯罪的,可调整区间为[10,30],权重参考值为20。②

笔者对以上罪量影响因素的权重参考值进行归一化处理,最终形成影响罪量大小各因素的权重值(见表4.2)。选择可能存在的最大调节幅度,年龄+精神状况+身体状况+中止犯+胁从犯=1,实现了从轻、减轻、免除调节的权重值归一化,可以保证对罪量大小的评估不为负数,且只有上述情节需要全部具备的极端情况下才有可能为零。

表4.2 罪量影响因素权重值参考

指标类型	指标小类	具体指标	调整区间	参考值	权重值
犯罪主体因素	年龄	12~16周岁	[-60,-30]	-45	-0.2195
		16~18周岁	[-50,-10]	-30	-0.1463
		75周岁以上	[-40,0]	-20	-0.0976
	精神状况	精神病人	[-40,0]	-20	-0.0976
	身体状况	又聋又哑的人或盲人	[-50,0]	-25	-0.1220
故意犯罪停止形态因素	预备犯	预备犯	[-60,0]	-30	-0.1463
	未遂犯	未遂犯	[-50,0]	-25	-0.1220
	中止犯	中止犯	[-100,-30]	-65	-0.3171

① 北京市高级人民法院《〈关于常见犯罪的量刑指导意见〉实施细则》在常见量刑情节的适用部分第11点规定:对于胁从犯,应当综合考虑犯罪的性质、被胁迫的程度以及在共同犯罪中的作用等情况,减少基准刑的40%~60%;犯罪较轻的,减少基准刑的60%以上或者依法免除处罚。

② 北京市高级人民法院《〈关于常见犯罪的量刑指导意见〉实施细则》在常见量刑情节的适用部分第12点规定:对于教唆犯,综合考虑其在共同犯罪中的地位、作用和被教唆的对象以及被教唆的人是否实施被教唆之罪等情况,确定从宽或者从重的幅度。(1)对于在共同犯罪中属于从犯或者所起作用较小的一般教唆犯,比照第10条的规定确定从宽的幅度;(2)被教唆的人未犯被教唆之罪的,可以减少基准刑的50%以下;(3)教唆不满18周岁的人犯罪的,应当增加基准刑的10%~30%;(4)教唆限制行为能力人犯罪的,可以增加基准刑的20%以下。

续表

指标类型	指标小类	具体指标	调整区间	参考值	权重值
共犯人类型	从犯	从犯	[-50, -20]	-35	-0.1707
	胁从犯	胁从犯	[-60, -40]	-50	-0.2439
	教唆犯	教唆未遂	[-50,0]	-25	-0.1220
		教唆未成年人	[10,30]	20	0.0976

(三)刑量影响因素的权重确定

1. 罪前情节因素权重参考值的确定

累犯:累犯的可调整区间为[10,40],权重参考值为25。

前科:《关于常见犯罪的量刑指导意见(试行)》对于再犯和前科未加以详细区分,仅利用前科进行了概括规定,将再犯包含于前科之中,调整区间为[0,10],权重参考值为5。

《关于常见犯罪的量刑指导意见(试行)》没有对行政处罚的情况进行规定。北京市高级人民法院《〈关于常见犯罪的量刑指导意见〉实施细则》将行政处罚作为个别罪名基准刑调整的影响因素,如一年内曾因抢夺或者哄抢受过行政处罚的可以增加基准刑的30%以下,[①]再如一年内曾因敲诈勒索受过行政处罚的,增加基准刑的30%以下。[②]由于行政处罚仅在个别罪中进行考察,并且基于责任刑上限因素的考虑,本书未将其纳入影响量刑的罪前因素。

2. 罪后情节因素权重参考值的确定

自首:自首的可调整区间为[-40,0],权重参考值为 -20。

坦白:坦白的可调整区间为[-20,0],权重参考值为 -10。

立功:立功包括一般立功和重大立功,一般立功的可调整区间为

---

① 北京市高级人民法院《〈人民法院量刑指导意见(试行)〉实施细则》抢夺罪部分第4点第1项规定:抢夺公私财物具有下列情形之一的,可以增加基准刑的30%以下(已确定为犯罪构成事实的除外):一年内曾因抢夺或者哄抢受过行政处罚的。

② 北京市高级人民法院《〈人民法院量刑指导意见(试行)〉实施细则》敲诈勒索罪部分第4点第1项规定:敲诈勒索公私财物,具有下列情形之一的(已确定为犯罪构成事实的除外),增加基准刑的30%以下:一年内曾因敲诈勒索受过行政处罚的。

[-20,0],权重参考值为 -10;重大立功的可调整区间为[-50, -20],权重参考值为 -35。

认罪认罚:认罪认罚的可调整区间为[-30,0],权重参考值为 -15。

退赃退赔:退赃退赔的可调整区间为[-30,0],权重参考值为 -15。

赔偿损失:积极赔偿但没有取得谅解的,可以减少基准刑的 30%以下,赔偿损失的可调整区间为[-30,0],权重参考值为 -15。

被害人谅解:尽管没有赔偿,但取得谅解的,可以减少基准刑的 20%以下。被害人谅解的可调整区间为[-20,0],权重参考值为 -10。

笔者对以上刑量影响因素的权重参考值进行归一化处理,形成影响罪量大小各因素的权重值大小(见表 4.3)。笔者选择可能存在的最大调节幅度,自首 + 重大立功 + 认罪认罚 + 退赃退赔 + 赔偿损失 + 被害人谅解 =1,实现了从轻、减轻、免除调节的权重值归一化,可以保证对刑量大小的调节不为负数,且只有上述情节需要全部具备的极端情况下才有可能为零。

表 4.3 刑量影响因素权重值参考

指标类型	指标小类	具体指标	调整区间	参考值	权重值
罪前情节	累犯前科	累犯	[10,40]	25	0.2273
		前科	[0,10]	5	0.0455
罪后情节	自首坦白	自首	[-40,0]	-20	-0.1818
		坦白	[-20,0]	-10	-0.0909
	立功	一般立功	[-20,0]	-10	-0.0909
		重大立功	[-50, -20]	-35	-0.3182
	认罪认罚	认罪认罚	[-30,0]	-15	-0.1364
	退赃退赔	退赃退赔	[-30,0]	-15	-0.1364
	赔偿损失	赔偿损失	[-30,0]	-15	-0.1364
	被害人谅解	被害人谅解	[-20,0]	-10	-0.0909

三、“模糊罪量—数字刑量”量刑模型的体系架构

(一)“模糊罪量—数字刑量”量刑模型的基本内容

“量刑是一个既要考虑报应与预防,又需权衡各种因素的复杂活动。对量刑的经验性研究却发现:量刑实践中,刑罚裁量仅是一个以确定行为严重性为导向的,仅对有限几个变量进行笼统评价的活动,刑罚裁量活动呈现出了简洁的特征。”①周光权针对此现象提出:“最高司法机关推动的量刑改革措施,其最大问题在于:没有区分犯罪情节(影响责任刑的情节)和其他情节(影响预防刑的情节),没有区分责任刑和预防刑。”②张明楷教授认为:“根据并合主义与责任主义原理,应当在确定了责任刑的点之后,再考虑影响预防刑的情节,进而确定预防刑。”③为了解决量刑实践中影响因素确定的有限性和复杂性,笔者依照指标权重确定的基本原则,在数量刑法学的整体视角下,提出“罪量—刑量”两维度,“修正罪量—刑量转换—宣告刑”三阶段的“模糊罪量—数字刑量”量刑模型。

1.“罪量—刑量”两维度

罪量的大小不仅决定定罪,而且影响量刑,而对于罪量大小的评价主要涉及罪中情节的判断,在量刑环节主要体现为责任刑的内容。当前的定罪量刑实践将罪量在定罪阶段进行一次判断,在量刑阶段再进行一次判断,使得量刑过程呈现复杂性,还存在重复评价的风险。传统的刑法理论重视罪量在犯罪定性中的作用,或者说仅考虑符合定性条件的最初始罪量,虽然满足了定罪阶段量的需求,但使得在量刑环节还得回溯评估罪量的大小。那么,罪量是否可以排除二次评价,进行一次性评估呢?根据上文的分析结论,罪量可以分为在《刑法》分则罪名体系下的基本罪量和经过《刑法》总则调整后的修正罪量,当实际案例不

---

① 赵书鸿:《论刑罚裁量的简洁化——量刑活动的经验性研究结论》,载《中外法学》2014 年第 6 期。

② 周光权:《量刑的实践及其未来走向》,载《中外法学》2020 年第 5 期。

③ 张明楷:《论预防刑的裁量》,载《现代法学》2015 年第 1 期。

存在罪量的影响因素时，修正罪量＝基本罪量；当实际案例需要进行罪量大小调整时，修正罪量≠基本罪量。基本罪量主要是通过对罪中情节的评价所体现出的罪量大小，包括对犯罪动机、犯罪对象、犯罪时间、犯罪地点、犯罪手段、犯罪结果、行为本身等方面的罪中情节评估，并可以根据分则罪名体系中的不同犯罪类型进行权重的自适应调整。基本罪量仅是分则罪名体系中的既遂状态下的标准形态，实际案例中还需要进行罪量的调整，寻找修正罪量。修正罪量是通过对罪中情节具备影响力的因素进行评估，包括犯罪主体的年龄、精神状况、身体状况，犯罪预备、犯罪未遂、犯罪中止，从犯、胁从犯、教唆犯等法定影响因素，在基本罪量基础上调整后形成的罪量。

刑量的大小是罪中情节基础上的责任刑与罪前、罪后情节基础上的预防刑的综合体。责任刑是基础，否则罪前或罪后情节便失去了刑量调整的基数，所以，应当首先确定责任刑的大小。责任刑的大小与修正罪量息息相关，但不能直接画等号，二者在不同罪名法定刑设置的基础上，存在某种函数关系。如果能建立并找到这种函数关系，就能确定责任刑的大小。在责任刑确定的基础上，通过对罪前情节和罪后情节等量刑影响因素进行评估，包括累犯、前科、自首、坦白、立功、认罪认罚、退赃退赔、赔偿损失、被害人谅解等，对责任刑进行调整，便可以确定最终的宣告刑。

2.“修正罪量—刑量转换—宣告刑”三阶段

基本罪量是对罪中情节的综合判断，适用模糊罪量综合评判模型，通过隶属度函数可以进行正确的定性，判断到底属于情节严重的何种程度，进而能准确定位法定刑幅度。另外，还能得到具体的分值，该分值能够确定基本罪量的具体大小。将模糊罪量综合评判模型对于基本罪量的评估过程设为 f(x)。

修正罪量是在基本罪量评估值的基础上，通过罪中情节影响因素对基本罪量的调整，调整后的修正罪量会涉及隶属度及评判分值两方面的变化。隶属度的变化可能导致定性环节相对应的法定刑幅度的变化，如从“情节特别严重”变为“情节严重”、从“情节严重”变为“情节一般”、从“情节一般”变为“情节较轻”相对应的法定刑幅度变化。这一变化恰好也符合所有罪量影响因素（年龄、精神状况、身体情况、故意犯罪停止形态、共犯人类型）中关于可以或者应当减轻、免予刑事处罚的条款规定。修正罪量的调整可能导致罪量分值的变化，不同罪量影响情节造成的不同调节力度，使得最终的罪量分值可以停留在原罪量程度之内，也可以停留在其他罪量程度之内。修正罪量直接决定最终的责任刑大小。理论界关于责任刑“点”与“幅”的争论，往往仅着重于责任刑的一个侧面，事实上，“点”与“幅”是一体两面的统一，修正罪量隶属度决定了责任刑的幅度，罪量分值决定了责任刑的点。在基本罪量基础上进行修正，引入上文所证的罪量影响因素，将其评估过程设为 g(x)。

修正罪量的刑量转换。石经海教授指出：“量刑基准的概念应从量刑方法意义上界定为，根据具体个罪的犯罪构成事实所确定的用作量刑时起始标准的刑罚量。”①这就需要将犯罪构成事实所确定的罪量转化为量刑时所参考的刑量，即将修正罪量转化为刑量。修正罪量的隶属度与法定刑幅度紧密相关，修正罪量的罪量值与刑量值紧密相连，罪量到刑量需要一个转化的过程，本书将其设为 h(x)。这个转化过程包括以下几步：首先，通过 f(x) 和 g(x) 算出修正罪量的罪量评分和隶属度，根据隶属度确定属于哪种罪量程度，确定对应的法定刑区间。其次，根据所在隶属度罪量分值和法定刑的最小最大值确定坐标上的两个点，计算两点相连接后的斜率 K 及截距 B，从而建立罪量分值与法定刑之间的线性方程。最后，将实际案例的罪量分值代入线性方程，计算的结果即为责任刑的具体数值，从而完成罪量到刑量的转换。在转换过程中，需要注意，拘役与有期徒刑可以进行数字的无缝连接，但是管制、无期徒刑、死刑需要在借鉴本章第二节主刑连续性构造的基础上进行，从而满足线性方程的要求。

宣告刑的确定。在完成修正罪量的刑量转换后，还需要介入罪前

---

① 石经海：《论量刑基准的回归》，载《中国法学》2021 年第 5 期。

情节和罪后情节的刑量影响因素,本书将此评估过程设为 j(x),即在修正罪量转化后的刑量基础上,通过刑量影响因素对其进行调整,从而确定最终的宣告刑。

(二)"模糊罪量—数字刑量"量刑模型的基本方法

1. 量刑的基本步骤

首先,确定修正罪量。在运用模糊罪量综合评价模型计算基本罪量分值和隶属度的基础上,根据罪量影响因素确定修正罪量的罪量分值和隶属度。由于罪量影响因素在归一化的水平上建立,并且具备正负方向性,将各影响因素的权重值直接相加,即可以得到基本罪量的调节比例,进而得出修正罪量。

其次,确定修正罪量的刑量。根据隶属度函数确定的程度,找到对应的法定刑幅度;根据罪量分值区间[x1,x2]与法定刑的幅度[y1,y2],计算斜率 K,$K = (y2 - y1)/(x2 - x1)$,根据斜率和法定刑区间的最大或最小值,计算截距 B,建立刑量与罪量分值的转换方程,即 $y = B + Kx$,其中 y 表示刑量、x 表示罪量分值;然后,将修正罪量的罪量分值代入该罪刑转换方程,计算出修正罪量的刑量。

最后,确定宣告刑。由于刑量影响因素在归一化的水平上建立,并具备正负方向性,根据各个刑量因素的权重,既可以得到刑量的调节比例,进而计算出宣告刑。

2. 罪量及刑量影响因素的适用方法

罪量影响因素的适用方法。对于"应当型"情节必须适用,对于"可以型"情节,除非具备特殊的情况,一般应选择适用;在多种因素共存的情况下,调整后的罪量程度受法定适用规则的限制,如情节中没有免予刑事处罚的规定,调整后的罪量不能小于最低幅度的最低罪量值。上文所列举的所有罪量从宽影响因素都包括了减轻规定,所以仅存在没有免予刑事处罚规定的一种情形。

刑量影响因素的适用方法。对于"应当型"情节必须适用,对于"可以型"情节,除非具备特殊的情况,一般应选择适用;在多种因素共存的情况下,调整后的刑量程度受法定适用规则的限制,例如仅存在从轻情节,其调整后的最低刑,不得低于所在法定刑幅度的最低刑。

罪量和刑量影响因素具备可能“减轻”或者“免予刑事处罚”情节的,应该在各自的调整阶段一次性适用完成,不能重复进行叠加。如罪量影响因素存在可以从轻、减轻或免予处罚的适用规定,罪量调整后仍可以在原法定刑幅度之内;如果刑量影响因素中没有减轻或免予处罚的适用规定,即使存在多个从轻的调整情节,最终的宣告刑也不得低于原法定刑幅度的最低刑。

当罪量影响因素较多,在修正罪量的阶段,修正罪量分值进入“情节显著轻微”或“情节轻微”的隶属度程度之内,就不用进入刑量的计算步骤,直接宣告无罪或者免予刑事处罚。但是,在量刑计算阶段,即使存在较多的调整,最多只能宣告免予刑事处罚。

(三)“模糊罪量—数字刑量”量刑模型的应用实例

以本书模糊罪量综合评价模式内容中的“赵某庆等盗窃、传授犯罪方法案”为例,评估赵某庆传授犯罪方法罪的量刑。

1. 评估的宣告刑与实际宣告刑

首先,计算修正罪量。根据模糊罪量综合评价模型,基本罪量分值 $u=77.4505$。代入隶属函数,$C(u)=0.8098$ 的隶属度最大,属于“情节严重”。由于该案例不存在罪量影响因素,那么基本罪量 = 修正罪量。

其次,计算修正罪量的刑量。根据传授犯罪方法罪的规定,“情节严重”的法定刑区间为[5,10]年,而对应的罪量分值区间为[54.7228,85.3791],斜率 $K=(10-5)/(85.3791-54.7228)=0.1631$,截距 $B=y1-K\times x1=10-0.1631\times 85.3791=-3.9253$,刑量方程为 $Y=-3.9253+0.1631X$(其中,X 表示罪量分值,Y 表示刑量);将罪量分值 77.4505 代入刑量方程,结果为 8.7069 年。

最后,计算宣告刑。基于二审法院认定“到案后如实供述所犯罪行”,本案的被告人存在坦白行为,具有一个刑量影响因素。所以,应该减去坦白对应的 0.0909 权重。最终的宣告刑 $=8.7069\times(1-0.0909)=7.9154$,该宣告刑仍然在[5,10]年的法定刑区间内。实际案例中,赵某庆传授犯罪方法罪的最终宣告刑为 8 年,与“模糊罪量—数字刑量”量刑模型确定的宣告刑几乎一致。

2. 如若增加“从犯”的罪量影响情节

首先,计算修正罪量。根据模糊罪量综合评价模型,基本罪量分值为 u = 77. 4505。代入隶属函数,C(u) = 0. 8098 的隶属度最大,属于“情节严重”。由于存在“从犯”情节,那么,修正罪量分值 u = 77. 4505 × (1 - 0. 1707) = 64. 2297,代入隶属度函数,C(u) = 0. 5736 的隶属度最大,仍属于“情节严重”。

其次,计算修正罪量的刑量。根据法定刑区间和罪量分值区间,计算出斜率 K 和截距 B,继续适用以上刑量方程 Y = -3. 9253 + 0. 1631X (其中,X 表示罪量分值,Y 表示刑量);将罪量分值 64. 2297 代入刑量方程,结果为 6. 5506 年。

最后,计算宣告刑。继续适用二审法院认定的坦白情节,作为刑量影响因素,最终的宣告刑 = 6. 5506 × (1 - 0. 0909) = 5. 9552。实际量刑中,可以选择判处 6 年。

3. 如若再增加“不满 18 周岁”的罪量影响情节

首先,计算修正罪量。根据模糊罪量综合评价模型,基本罪量分值为 u = 77. 4505。代入隶属函数,C(u) = 0. 8098 的隶属度最大,属于“情节严重”。由于存在“从犯”和“未成年人”情节,那么,修正罪量分值 u = 77. 4505 × (1 - 0. 1707 - 0. 1463) = 52. 8987,代入隶属度函数,C(u) = 0. 3110,A(u) = 0. 7967 的隶属度最大,不属于“情节严重”,应属于“情节一般”。根据未成年人应当从轻或减轻处罚的规定,以及从犯应当从轻、减轻处罚或者免除处罚,修正罪量的隶属度降低了一个法定刑幅度,符合《刑法》减轻处罚的规定,应当予以认可和采纳。

其次,计算修正罪量的刑量。根据《刑法》对传授犯罪方法罪的规定,“情节一般”对应的法定刑为 5 年以下有期徒刑、拘役或者管制,参照本书对刑种的连续性构造,其连续性区间为[1/12,5],对应的罪量分值区间为[45. 2772, 54. 7228],斜率 K = (5 - 1/12)/(54. 7228 - 45. 2772) = 0. 5205,截距 B = y1 - K × x1 = 5 - 0. 5205 ×

54.7228 = -23.4832,刑量方程为 Y = -23.4832 + 0.5205X(其中,X 表示罪量分值,Y 表示刑量);将罪量分值 52.8987 代入刑量方程,结果为 4.0506 年。

最后,计算宣告刑。继续适用以上坦白的情节,最终的宣告刑 = 4.0506 × (1 - 0.0909) = 3.6824(年)。实际量刑中,可以选择判处 3 年 6 个月。

如若再出现罪量阶段的从宽情节使得罪量不断地减轻,当隶属度最大值在相应模糊综合评价的幅度内,可以适用“情节显著轻微”的规定判处无罪,或者适用“情节轻微”的规定免予刑事处罚,无须再次进行量刑环节的判断,即使存在累犯等应当从重处罚的情节。如若出现量刑阶段的从宽情节使得刑量不断地减轻,最多选择“免予刑事处罚”,但应当以存在免予刑事处罚的情节为前提,并且不得判处无罪。

“模糊罪量—数字刑量”量刑模型在《关于常见犯罪的量刑指导意见(试行)》基础上通过归一化处理确定影响因素的权重,并以“罪量—刑量”两维度视角,通过“修正罪量—刑量转换—宣告刑”三阶段评估,形成“模糊罪量—数字刑量”量刑模型的构建,让文字所表述的模糊罪量,转化为数字所表达的数字刑量,最终找到确定之数的宣告刑。在日后的深入拓展和个罪的适用过程中,还需要借助实证研究的成果对因素权重进行适应个罪类型的修正和完善。

第五章　数量刑法学之实践性展开

> 没有经验，任何东西都不可能充分被认识。因为获得认识有两种方法，即通过推理和通过经验。[①]
>
> ——[英]罗吉尔·培根

“模糊罪量—数字刑量”的规范性构造，是数量刑法学从刑事立法和刑法理论出发的数量解决方案，属于“理—数—理”的认识路径，相关结论必须接受实践的检验并在实践中不断汲取营养进行修正。刑法学是面向实践的学科，数量刑法学还擅长“象—数—理”的认识路径，通过运用概率论和数理统计，总结刑法实然层面的特征和规律，架起应然与实然、抽象与具体、规范与事实之间的沟通桥梁，提出法学理论、立法科学性和刑法实施效果的客观检验标准，为理论研究和立法修正奠定实践性基础，促进“实践—理论—实践”的认识飞跃。因而，数量刑法学之实践性展开，是在刑法中“数”“量”及其关系的逻辑起点上，从刑事司法实践出发，以“象—数—理”为主要认识逻辑，运用概率论和数理统计方法，构建符合刑法规范和刑法理论的数据模型，探索司法实践中罪刑的特征和规律，反馈于刑法理论、刑事立法和司法的数量研究方案。限于文章篇幅，本章主要通过对一些典型罪名的“数”“量”的特征及其关系的数量化分析，呈现刑法学实践性展开的基本研究范式。基于数量刑法学本身的开放性，期望更多学者共同开拓数量刑法学的

---

① 北京大学哲学系外国哲学史教研室编译：《西方哲学原著选读》(上卷)，商务印书馆1981年版，第287页。

实践性维度。

第一节　罪量要素的权重界定——以贪污罪数额与情节的关系为例

数额和情节是我国刑法中最基本、最常见的罪量要素。从广义上来讲,数额应属于犯罪情节的范畴,但我国的理论研究、刑事立法和司法适用常常从狭义角度将数额和情节区别开来,作为独立的罪量要素进行分析,进而产生了数额与情节在定罪量刑中作用大小的分歧。在《刑法》分则的诸多罪名中,贪污罪中的"数额与情节"关系呈现出争议大、困惑多、难以达成共识的局面,从 1952 年的《惩治贪污条例》到 2016 年的《贪贿司法解释》,长达 64 年的时间,贪污罪数额与情节的关系时而突破,时而回归,呈现出"回归有余而突破不足"[①]的局面。数额与情节关系似乎成为一个无法破解的历史难题,带来刑事立法科学性和合理性的诸多质疑,并直接影响司法实践中定罪量刑的公正性。本章以贪污罪为例,从数量刑法学之实践性展开,论证数额和情节两个罪量要素之间的关系。

一、"数额与情节"关系的理论争议

(一)贪污罪中"数额与情节"存在的理论争议

高铭暄教授等认为:"贪污数额是衡量贪污犯罪成立与否、刑罚轻重的主要依据。"[②]但数额与情节各自的影响力程度不明朗,基于数额的明确性和易操作性,容易形成司法实践的数额超载和忽略情节现象,造成定罪量刑过程的不均衡。

赵秉志教授提出了数额与情节并重的二元标准:"将数额和情节

---

① 梁云宝:《回归上的突破:贪贿犯罪数额与情节修正评析》,载《政治与法律》2016 年第 11 期。

② 高铭暄、范连玉:《略析贪污罪中贪污数额起点与共犯责任》,载《云南社会科学》2014 年第 1 期。

都作为衡量贪贿行为社会危害程度的基本依据,使之在贪污受贿犯罪的定罪量刑中都发挥决定性的作用。"[①]但对于数额与情节的二元标准是"应择一重选择",[②]还是"既重视数额,又重视情节,综合考量二者之后再作出判断",[③]学界存在不同的认识和解读。

《贪贿司法解释》出台后,陈兴良教授提出,"数额还是基本的标准,而情节只是起到补充性的标准",[④]但是,仿佛又回归到了之前的路径,似乎"二元标准又被还原为以数额为基础的一元标准"。[⑤]

刘仁文教授进一步指出:"在定罪量刑方面赋予情节与数额同等的权重,但这并不意味着在贪污受贿罪中情节可以脱离数额独立判断。"[⑥]

综上理论争议,数额与情节的主次关系不明确,基于数额的具体性、明确性、适应性,容易形成立法、司法实践中依赖数额的一元化倾向;并重关系的提出具有突破性,但处理不好不同情节的权重大小,仍然会回归到主次关系并依赖数额的倾向。所以,尽管理论界提出了数额与情节的主次关系与并重关系,但并未解决数额与情节的相互作用力程度、具体情节之间的影响力大小以及竞合后的解决方案等实质性问题,立法、司法解释仍然会在二者关系中不断地徘徊。

(二)贪污罪中"数额与情节"关系的量化研究方案

"数额要素对贪污罪、受贿罪将发生怎样不同于之前的影响,司法裁判中哪些情节将会起到关键性的作用,都成为目前亟待回应的问

---

① 赵秉志:《贪污受贿犯罪定罪量刑标准问题研究》,载《中国法学》2015 年第 1 期。

② 周滨、李豪:《刑法修正案(九):终身监禁切断严重贪腐犯罪退路》,载《法制日报》2015 年 9 月 6 日,第 5 版。

③ 最高人民法院研究室、最高人民法院刑法修改工作小组办公室编著:《〈刑法修正案(九)〉条文及配套司法解释理解与适用》,人民法院出版社 2015 年版,第 383 页。

④ 陈兴良:《〈关于办理贪污贿赂刑事案件适用法律若干问题的解释〉总置评》,载《浙江社会科学》2016 年第 8 期。

⑤ 孙国祥:《贪污贿赂犯罪研究》(上册),中国人民大学出版社 2018 年版,第 73 页。

⑥ 刘仁文:《贪污受贿定罪量刑的修改与评析》,载《江淮论坛》2017 年第 5 期。

题。”①在定性分析对二者关系解释乏力，学者们各执己见的情形下，笔者通过分析二者关系在司法实践环节的历史和现实样态，运用以概率论和数理统计为基础的定量研究方法，围绕以下4个问题，尝试解开二者关系的迷雾及衍生的相关问题：其一，数额与情节到底为何种关系。其二，《刑法修正案（九）》实施之后，数额与情节的关系是否发生了实质性的变化，情节在定罪和法定刑升格中发挥多大作用。其三，司法解释规定的情节和总则规定的其他情节之间是什么关系。其四，所有情节各自的影响权重到底有多大，如何处理数额与情节、不同情节之间的竞合问题。

笔者通过研究司法实践中贪污罪的18,392例量刑裁判，试图解决以上4个问题。具体方法如下：从中国裁判文书网上，全样本提取20年（1999～2018）的贪污罪判决书，围绕数额和情节的关系构建模型并设置变量，通过有序回归模型对以上4个问题进行论证并进行稳健性检验，最后得出量化分析结论。笔者试图澄清数额与情节之间的关系，为后续的立法修正、司法解释和理论研究提供一个可供参考的标准。

二、“数额与情节”关系的量化分析

（一）量化模型的构建与变量设计

1. 刑罚阶梯模型构建

《刑法修正案（九）》提升了情节的作用，将数额和严重情节并列于法条中，决定贪污罪的定罪和法定刑升格。基于此，本书将数额、严重情节放在其与定罪、法定刑升格的关系中进行考察，构建的模型不是发现数额和情节对刑期（连续性变量）的影响，而是根据贪污罪的法定刑区分为不同的刑罚阶梯。本书按照《贪贿司法解释》的规定，定义严重情节和未规定的其他情节，通过数额和情节在不同刑罚阶梯中的作用，探索核心解释变量数额和严重情节之间的关系、司法解释规定情节和

① 孙超然：《论贪污罪、受贿罪中的“情节”——以高官贪腐案中裁判考量因素的实证分析为切入点》，载《政治与法律》2015年第10期。

未规定情节之间的关系。所以因变量的设置为刑罚的阶梯,由于阶梯是一个有序变量,笔者采用有序回归构建如下模型:

$$grades_{ict} = \alpha + \beta_1 amount + \beta_2 serious + \gamma_1 X' + \gamma_2 Y' + \gamma_3 Z' + \mu_c + \mu_t + \varepsilon$$

grades 表示刑罚阶梯,α 为常数项,amount 表示贪污的数额,serious 表示是否具备《贪贿司法解释》所规定的严重情节。X′、Y′、Z′表示一组向量,X′表示其他可能影响刑罚阶梯的其他情节(犯罪作用大小、是否存在犯罪未遂、是否坦白、是否自首、是否立功、是否认罪悔罪),Y′表示犯罪主体特征(性别、年龄、文化程度、国家工作人员类型、职务级别),Z′表示其他案件特征(审判形式、是否取保候审、是否有辩护人),μ_c表示控制不同经济带的影响,μ_t表示控制不同年份人均 GDP 的影响,ε 为误差干扰项。

2. 变量设计与描述

(1)被解释变量:贪污罪的刑罚阶梯

《刑法修正案(九)》将贪污罪的法定刑分为 3 档刑期:3 年以下有期徒刑或者拘役;3 年以上 10 年以下有期徒刑;10 年以上有期徒刑、无期徒刑或者死刑。样本中,免予刑事处罚的共计 4002 例,占 21.8%;拘役有 871 例,占 4.7%;有期徒刑有 13,505 例,占 73.4%;无期徒刑有 14 例,仅占 0.1%。由于免予刑事处罚所占比例较大,并且根据《刑法》第 37 条的规定,免予刑事处罚对数额和情节的反应较为敏感,所以本书将免予刑事处罚单独设置为一个刑罚阶梯,以更加精准地评价数额与情节的关系。样本中没有涉及死刑判决,加之无期徒刑的比例较小,本书将 10 年以上有期徒刑和无期徒刑合并为一个刑罚阶梯。结合《刑法修正案(九)》规定,本书将贪污罪的刑罚情况定义为 4 个刑罚阶梯:第 1 个阶梯为免予刑事处罚;第 2 个阶梯为 3 年以下有期徒刑或拘役;第 3 个阶梯为 3 年以上 10 年以下有期徒刑;第 4 个阶梯为 10 年以上有期徒刑或者无期徒刑。[①] 在 18,392 例量刑裁判中,《刑法修正案

---

① 由于《刑法》规定的"以上""以下"包括本数,笔者按照《贪贿司法解释》的规定,根据数额和情节因素的不同,将 3 年有期徒刑、10 年有期徒刑进行所属法定刑的准确区分后,放入正确的刑罚阶梯中。

（九）》实施之前和之后的案例数分别为6975例和11,417例，为了保证被解释变量的一致性，笔者对所有案例都按照以上阶梯进行编码整理。

（2）关键解释变量：贪污数额、严重情节和其他情节

贪污数额：判决书记载了起诉的贪污数额、法院最终认定的贪污数额、个人分赃数额，3种数额在同一判决书中的金额可能不同，由于法院最终认定的贪污数额决定了刑罚的梯度，笔者选取法院认定的贪污数额作为关键解释变量。样本中贪污数额最小值为0.2万元，最大值为52,000万元，均值为25.7万元，标准差为397.1，由于不符合正态分布，将贪污数额取自然对数进行分析，取自然对数后，最小值为-1.63，最大值为10.86，均值为2.02，标准差为1.24，基本符合正态分布。

严重情节：《贪贿司法解释》"列举规定了五种情节并且还规定了造成恶劣影响或其他严重后果的兜底情节"，[①]列举的5种严重情节包括：贪污救灾、抢险、防汛、优抚、扶贫、移民、救济、防疫、社会捐助等特定款物的；曾因贪污、受贿、挪用公款受过党纪、行政处分的；曾因故意犯罪受过刑事追究的；赃款赃物用于非法活动的；拒不交代赃款赃物去向或者拒不配合追缴工作，致使无法追缴的。对于赃款赃物用于非法活动的情节，由于《贪贿司法解释》之前的判决书对于该项情节的记载并不明确，该情节未能体现在本研究之中；对于拒不交代赃款赃物去向或者拒不配合追缴工作，致使无法追缴的情节，与判决书明确记载的是否退赃具备相关性，本书以退赃替代该情节，当然，有可能导致分析结论存在误差。最后，本书将司法解释的严重情节，包括是否特定款物、是否受过党纪或行政处分、是否受过刑事追究、是否退赃等变量进行合并整理，形成是否具有严重情节的综合变量，作为一个独立的关键性解释变量。

其他情节：《贪贿司法解释》规定的5种严重情节，可以决定刑罚梯度的上升。《刑法修正案（九）》对如实供述自己罪行、真诚悔罪、积

---

① 赵俊主编：《贪污贿赂罪各论》，法律出版社2017年版，第5页。

极退赃,避免、减少损害结果发生的,规定可以从宽处理。但遗憾的是"《刑法修正案(九)》针对贪污受贿罪作出的重要从宽情节的具体适用,《解释》却没有进行细化解释",[①]容易造成司法实践对于从轻、减轻情节的忽视。"当这种加重处罚情节与从宽量刑情节冲突时,司法解释如何选择,也是一个解释难题"。[②] 有学者提出"不能简单地对冲或者抵消,因为相互之间的作用虽然相反,但作用的力度未必相等"[③]。但对于各种情节的作用力度到底有多大,现有理论研究并未给出具体标准,也会造成司法人员的适用困惑。根据《刑法》总则的规定,本书将犯罪作用大小、[④]是否存在犯罪未遂(含部分未遂)、[⑤]是否坦白、是否自首、是否立功、是否认罪悔罪等变量,作为可能影响刑罚梯度的其他情节,以发现各种情节之间的关系,并试图解决从严和从宽情节竞合的难题。

(3)控制变量:犯罪主体、地域、经济与诉讼程序

主体特征:包括犯罪主体的年龄、性别、文化程度、国家工作人员的类型、职务级别等因素。犯罪主体年龄呈现出正态分布,以44岁为均数,往高低年龄段递减。文化程度以文盲、小学文化、初中/中专文化、高中文化、大专、本科文化、硕士研究生和博士研究生进行有序分类编码,大专、本科以上文化占有效样本的比例为27.84%,高学历的贪污犯罪主体越来越多。[⑥] 国家工作人员类型分为4类:国家机关中从事公务的人员,国有公司、企业、事业单位、人民团体中从事公务的人员,国家机关、国有公司、企业、事业单位委派到非国有公司、企业、事业单位、社会团体中从事公务的人员和其他依法从事公务的人员。职务级

① 刘宪权:《贪污贿赂犯罪最新定罪量刑标准体系化评析》,载《法学》2016年第5期。

② 姜涛:《贪污受贿犯罪之量刑标准的再界定》,载《比较法研究》2017年第1期。

③ 孙国祥:《贪污贿赂犯罪研究》(下册),中国人民大学出版社2018年版,第1216页。

④ 犯罪作用大小主要是为了区分从犯与主犯,我国刑法没有对单独犯和主犯加重或减轻处罚的规定,为了不让样本形成缺失,本书将单独犯与主犯放一个变量值中进行分析。

⑤ 样本中的案例更多呈现出贪污金额部分未遂的情况,为了考察这一情节的影响力,为后续司法裁判提供参考,本书将其纳入模型,所以该变量主要解释了部分未遂的情况。

⑥ 参见林哲等:《腐败犯罪学研究》,北京大学出版社2002年版,第415~416页。

别分为其他人员、一般干部、乡科级干部、县处级干部、厅局级干部和省部级及以上干部。遗憾的是，由于性别、年龄、文化程度、职务级别变量存在较大的缺失值，为了保持数据的完整性，增加模型的准确度和可解释性，对于存在较大缺失值且在模型中没有显著影响的变量，笔者在模型的拟合过程中予以删除。

不同经济带："由于我国各个地区经济发展的不平衡，经济发达地区的司法部门倾向于将贿赂犯罪的起点自行认定为 5 万元"，[①]为了控制地域差异对司法裁判的影响，笔者借鉴"我国部分地区对受贿罪的量刑存在显著差异"[②]的研究结论，基于受贿罪与贪污罪同样存在数额与情节的关系，根据我国按照经济技术发展水平和地理位置相结合原则划分 3 大经济地带的标准，将样本涉及的 31 个省、自治区、直辖市划分为东部沿海经济带、中部经济带和西部经济带。[③]

各年度人均 GDP：笔者考虑到"数额犯中的犯罪数额与经济发展状况关系密切"，[④]参考"规定犯罪数额的计算依据为案发时案发地的上年度人均国内生产总值"[⑤]的标准，控制各年度人均 GDP 对定罪量刑的影响，既解决了各年度人均 GDP 对入罪的影响，也解决了不同年份之间的差异。由于各年度人均 GDP 是以万元为单位的连续性变量，为了保持与犯罪数额处于同一自变量的量纲级别，笔者对人均 GDP 取自然对数进行分析。

诉讼程序特征：控制是否取保候审、是否有辩护人、独任审理或合议庭审理等因素可能对刑罚阶梯产生的影响。

以上所有变量的指标描述和统计情况见表 5.1。

---

① 王秀梅：《论贿赂犯罪的破窗理论与零容忍惩治对策》，载《法学评论》2009 年第 4 期。

② 王剑波：《我国受贿罪量刑地区差异问题实证研究》，载《中国法学》2016 年第 4 期。

③ 东部沿海经济带包括：辽宁、北京、天津、上海、河北、山东、江苏、浙江、福建、广东、广西、海南；中部经济带包括：黑龙江、吉林、山西、内蒙古、安徽、河南、湖北、湖南、江西；西部经济带包括：重庆、四川、云南、贵州、西藏、陕西、甘肃、青海、宁夏、新疆。

④ 胡学相：《贪污罪数额标准的定量模式分析》，载《法学》2014 年第 11 期。

⑤ 孙春雨：《关于犯罪数额的几个问题》，载《法学杂志》2006 年第 3 期。

表 5.1 主要变量的说明和统计描述

变量名称	观测个数	均值	标准差	最小值	最大值
刑罚梯度	18,392	1.19	0.44	1	4
数额	18,390	2.02	1.24	-1.63	10.86
严重情节	18,392	1.3	0.46	1	2
特定款物	18,392	1.21	0.41	1	2
退赃	18,388	1.91	0.29	1	2
行政处分	18,392	1.01	0.09	1	2
刑事追究	18,392	1.01	0.12	1	2
作用大小	18,392	1.85	0.36	1	2
未遂	18,392	1.02	0.13	1	2
坦白	18,392	1.9	0.30	1	2
自首	18,392	1.44	0.50	1	2
立功	18,392	1.02	0.15	1	2
认罪悔罪	18,392	1.94	0.24	1	2
性别	15,413	1.9	0.31	1	2
年龄	11,916	44.05	8.78	16	78.76
文化程度	11,284	3.79	1.21	1	8
人员类型	17,893	4	1.45	1	5
职务级别	15,663	1.27	0.69	1	5
审判形式	18,392	1.96	0.2	1	2
取保受审	18,153	1.69	0.46	1	2
辩护人	18,392	1.46	0.5	1	2
经济带	18,392	1.89	0.74	1	3
人均 GDP	18,392	1.65	0.13	-0.05	1.86

(二)回归分析及量化结果

《刑法修正案(九)》于 2015 年 11 月 1 日正式实施,笔者以此时间点将数据分为两组,分别在有序回归模型中进行分析。为了保证数据的完整性，在回归过程中，笔者删除了存在缺失值且对模型没有显著影响的变量。原始模型 Exp(B)①值参数存在大于 1 的危险因素和小于 1 的保护因素，形成参数上的正向和负向关系，为了能便于比较各种因素对刑罚梯度的影响力大小，笔者根据危险因素和保护因素之间的倒数关系，统一调整为正向关系进行影响力大小的比较。

1.《刑法》修正前后数额与严重情节的关系

《刑法修正案(九)》实施以前，数额因素在决定不同的刑罚梯度上占据了主导地位，影响作用最大，因此笔者调整 Exp(B) 值为 6.274；《贪贿司法解释》规定的严重情节虽然与模型存在线性关系，但在模型中的影响作用最小，调整 Exp(B) 值为 1.350。而《贪贿司法解释》未规定的其他情节对刑罚的梯度影响力相比严重情节更大，依次为犯罪中的作用大小(4.292)、自首(3.268)、认罪悔罪(1.736)、未遂(1.435)、立功(1.434)(见表 5.2 列 1 模型)。

《刑法修正案(九)》实施以后，数额因素的影响力从 6.274 降到 5.817，数额的影响力虽然有所下降，但纵观整个模型，数额因素仍然占据主导地位。《贪贿司法解释》规定的严重情节从 1.350 提高为 1.613，严重情节的地位和作用有所凸显，扭转了严重情节在《刑法修正案(九)》实施之前影响力最小的尴尬境地，高于未遂(1.278)、认罪悔罪(1.149)，但其影响力仍然低于犯罪中的作用大小(4.808)、立功(2.272)、自首(1.965)(见表 5.2 列 2 模型)。

在所有样本中，数额因素的影响力为 5.019，远远高于《贪贿司法解释》规定的严重情节(1.481)，严重情节的影响力依然小于犯罪作用大小(3.984)、自首(2.111)、立功(1.741)(见表 5.2 列 3 模型)。

从以上结果可以看出，数额与情节总体呈现出“数额为主，情节为辅”的关系，《刑法修正案(九)》实施之前，数额占据绝对的影响力，严重情节并未得到足够的重视，《刑法》修正后，数额影响力有所下降，严

① Exp(B)值表示在控制其他因素的前提下，某自变量的改变会导致因变量发生概率增加或者减少的倍数，由于除数额以外的各种情节都是两分类变量，本研究借鉴这一指标，尝试性地进行各种情节之间影响力大小的对比。

重情节的地位相对其他情节而言得到了明显的突破，但数额影响力是严重情节的3.57倍，在决定定罪和法定刑升格上，数额与情节的关系仍然是“数额为主，情节为辅”。

表5.2 数额与情节的关系

变量	(1)			(2)			(3)		
	修正案前			修正案后			全样本		
	Ordinal 模型			Ordinal 模型			Ordinal 模型		
	刑罚阶梯			刑罚阶梯			刑罚阶梯		
	B	Exp(B)	调整Exp(B)	B	Exp(B)	调整Exp(B)	B	Exp(B)	调整Exp(B)
数额	1.836*** (0.0403)	6.274	6.274	1.761*** (0.0315)	5.817	5.817	1.613*** (0.0227)	5.019	5.019
严重情节	-0.299*** (0.0656)	0.741	1.350	-0.478*** (0.0490)	0.620	1.613	-0.393*** (0.0382)	0.675	1.481
作用大小	-1.458*** (0.0828)	0.233	4.292	-1.573*** (0.0660)	0.208	4.808	-1.383*** (0.0500)	0.251	3.984
未遂	0.361 (0.2371)	1.435	1.435	0.245 (0.1706)	1.278	1.278	0.277** (0.1355)	1.319	1.319
自首	1.184*** (0.0637)	3.268	3.268	0.675*** (0.0463)	1.965	1.965	0.747*** (0.0364)	2.111	2.111
立功	0.361** (0.1784)	1.434	1.434	0.821*** (0.1518)	2.272	2.272	0.554*** (0.1134)	1.741	1.741
认罪悔罪	0.551*** (0.1382)	1.736	1.736	0.139 (0.0942)	1.149	1.149	0.231** (0.0764)	1.260	1.260
控制变量	已控制			已控制			已控制		
R^2(决定系数)	0.670			0.553			0.581		
模型准确度[1]	74.41%			71.81%			71.00%		
案例总数	6975			11,417			18,392		

说明：括号内为标准误差，***表示在1%水平显著，**表示在5%水平显著，*表示在10%水平显著。所有回归中均控制了国家工作人员类型、审判形式、取保候审情况、辩护人情况、不同经济带、人均GDP等的影响，是否坦白对刑罚梯度没有影响，限于篇幅，文中未全部报告上述变量。

[1]笔者根据Ordinal模型所预测的4个档期类别与原有4个档期进行交叉表(crosstab)统计，得出预测的阶梯与数额阶梯的匹配程度，由此表明了模型的准确度。

2. 具体严重情节之间的关系

贪污罪的定罪和法定刑升格并未改变“数额为主，情节为辅”的关系，但严重情节在整体上已经实现了一定的突破，本书将进一步探索几种不同的严重情节是否在《刑法修正案（九）》实施前后发生改变，如何改变及其作用力大小。本书将严重情节变量还原为原始变量，是否属于特定款物、是否受过党纪或行政处分、是否受过刑事追究、是否退赃，在控制其他变量后，再次进行回归分析。

《刑法修正案（九）》实施以前，是否贪污救灾、抢险、防汛、优抚、扶贫、移民、救济、防疫、社会捐助等特定款物对贪污罪的定罪和法定刑的提升没有显著影响（$P>0.1$）。但《刑法修正案（九）》实施后，该情节对定罪和法定刑的升格产生了显著影响（$P<0.01$），调整 Exp（B）值由 1.125 提高为 1.647，地位得到明显的提高。是否受过党纪或行政处分在《刑法修正案（九）》实施以前对贪污罪的定罪和法定刑升格没有显著影响（$P>0.1$），但《刑法修正案（九）》实施后，该情节对定罪和法定刑的升格产生了显著影响（$P<0.01$），调整 Exp（B）值由 1.203 提高为 2.525，提高了 1 倍，地位得到显著提高；是否受过刑事追究在《刑法修正案（九）》实施以前对贪污罪的定罪和法定刑的升格没有显著影响（$P>0.1$）。但《刑法修正案（九）》实施后，该情节的影响虽然不显著（$P>0.1$），但调整 Exp（B）值由 1.124 提高为 1.351，地位有一定的提升。是否退赃，虽然在《刑法修正案（九）》实施前后都对贪污罪的定罪和法定刑升格存在显著影响（$P<0.01$），但影响力有所下降，从 1.883 降低为 1.175（见表 5.3 列 1、列 2 模型）。这个结果并不符合研究的预期，可能由以下原因导致：其一，如前变量设计所述，对于拒不交代赃款赃物去向或者拒不配合追缴工作，致使无法追缴的情节，由于与判决书明确记载的是否退赃具备相关性，以是否退赃替代该情节可能形成误差。其二，对于拒不交代赃款赃物去向或者拒不配合追缴工作，致使无法追缴的情节是个综合性的情节，司法实践中的理解可能与是否退赃存在差异。其三，从模型的角度考虑，严重情节中的其他因素获得了质的突破，在其他严重情节影响力大幅提高的情形下，这一情节的影响力相对下降。

从以上结果得出，在《刑法修正案（九）》实施后，具体的严重情节呈现出对贪污罪的定罪和法定刑升格影响力提高的趋势，是否属于特定款物和是否受过党纪或行政处分两个情节的影响力，具有质的突破，但也存在其他严重情节影响力不足的情形。《贪贿司法解释》将五类具体的严重情节置于同样的地位，但各种具体情节对定罪和法定刑升格的影响力却存在较大差距，严重情节之间的作用力并不平衡，可能造成定罪量刑上的不均衡。另外，四种具体情节的影响力大小依次为是否受过党纪或行政处分（2.525）、是否为特定款物（1.647）、是否受过刑事追究（1.351）、是否退赃（1.175）（见表5.3列2模型），人身危险性情节的影响力排在第一位且作用力合计最大，结合《贪贿司法解释》关于严重情节的规定，对贪污罪的入罪和法定刑升格，更加重视人身危险性情节。

表5.3　严重情节之间的关系

变量	(1)			(2)			(3)		
	修正案前			修正案后			全样本		
	Ordinal 模型			Ordinal 模型			Ordinal 模型		
	刑罚阶梯			刑罚阶梯			刑罚阶梯		
	B	Exp(B)	调整 Exp(B)	B	Exp(B)	调整 Exp(B)	B	Exp(B)	调整 Exp(B)
数额	1.824*** (0.0405)	6.194	6.194	1.776*** (0.0321)	5.903	5.903	1.612*** (0.0230)	5.015	5.015
特定款物	-0.118 (0.0780)	0.889	1.125	-0.499*** (0.0557)	0.607	1.647	-0.341*** (0.0440)	0.711	1.406
党纪、行政处分	-0.207 (0.3334)	0.813	1.203	-0.996*** (0.2553)	0.369	2.525	-0.775*** (0.1944)	0.461	2.169
刑事追究	-0.117 (0.2128)	0.890	1.124	-0.301 (0.2082)	0.740	1.351	-0.285** (0.1444)	0.752	1.330
退赃	0.633*** (0.1067)	1.883	1.883	0.162** (0.0776)	1.175	1.175	0.300*** (0.0609)	1.350	1.350

续表

变量	(1)			(2)			(3)		
	修正案前			修正案后			全样本		
	Ordinal 模型			Ordinal 模型			Ordinal 模型		
	刑罚阶梯			刑罚阶梯			刑罚阶梯		
	B	Exp (B)	调整 Exp (B)	B	Exp (B)	调整 Exp (B)	B	Exp (B)	调整 Exp (B)
作用大小	-1.465*** (0.0830)	0.231	4.329	-1.562*** (0.0661)	0.210	4.762	-1.382*** (0.0500)	0.251	3.984
未遂	0.447* (0.2399)	1.564	1.564	0.167 (0.1714)	1.182	1.182	0.263* (0.1368)	1.301	1.301
自首	1.166*** (0.0640)	3.209	3.209	0.686*** (0.0464)	1.986	1.986	0.748*** (0.0365)	2.112	2.112
立功	0.354** (0.1782)	1.425	1.425	0.822*** (0.1520)	2.275	2.275	0.557*** (0.1135)	1.745	1.745
认罪悔罪	0.490*** (0.1395)	1.632	1.632	0.163* (0.0944)	1.178	1.178	0.236** (0.0767)	1.266	1.266
控制变量	已控制			已控制			已控制		
R^2 (决定系数)	0.672			0.554			0.581		
模型准确度	74.51%			71.80%			70.97%		
案例总数	6975			11,417			18,392		

说明：括号内为标准误差，＊＊＊表示在1%水平显著，＊＊表示在5%水平显著，＊表示在10%水平显著。所有回归中均控制了国家工作人员类型、审判形式、取保候审情况、辩护人情况、不同经济带、人均 GDP 等的影响，是否坦白对刑罚梯度没有影响，限于篇幅，文中未全部报告上述变量。

3. 所有具体情节之间的关系

《刑法修正案（九）》规定了贪污罪的从宽条款，即在提起公诉前如实供述自己罪行、真诚悔罪、积极退赃，避免、减少损害结果发生的，在第一个刑罚档期内，可以从轻、减轻或者免除处罚，从宽规定可能导致刑罚梯度的下降。但《刑法修正案(九)》的从宽规定不全面,并未结合《刑法》总则进行规定,忽略了诸如犯罪作用大小、自首、立功、未遂等情节的规定,加之《贪贿司法解释》只细化了严重情节且并未规定从宽情节,可能导致从宽情节适用的局限和束缚。本书将《贪贿司法解释》规定的 5 种严重情节与判决书载明的其他法定和酌定情节相结合,分为两大类情节,一类主要反映了社会危害性的情节,包括是否属于特定款物、是否存在犯罪未遂、犯罪作用大小、退赃,另一类主要反映人身危险性程度的情节,包括是否受过党纪或行政处分、受过刑事追究、自首、立功、认罪悔罪,分析基准参考上文表 5.3 中各情节的调整 Exp(B)值。

《刑法修正案(九)》实施之前,人身危险性情节的影响力合计为 8.593,社会危害性情节的影响力合计为 8.901(见表 5.4 列 1 模型),人身危险性情节的影响力小于社会危害性情节。《刑法》在修正之前更重视社会危害性情节。《刑法修正案(九)》实施后,人身危险性情节的影响力合计为 9.315,社会危害性情节的影响力合计为 8.766(见表 5.4 列 2 模型),人身危险性情节的影响力大于社会危害性情节。《刑法》在修正之后更重视人身危险性情节。此外,《刑法修正案(九)》实施以后,社会危害性情节的影响力有所下降,下降了 0.135,人身危险性情节的影响力得到很大提高,提高了 0.722(见表 5.4 列 3 模型)。由此可见,贪污罪的定罪和法定刑升格,隐藏着从重视社会危害性情节向人身危险性情节转变。

《刑法修正案(九)》实施之前,各种情节影响定罪和量刑梯度的排序依次为,犯罪作用大小(4.329)、自首(3.209)、退赃(1.883)、认罪悔罪(1.632)、未遂(1.564)、立功(1.425)、受过党纪或行政处分(1.203)、特定款物(1.125)、受过刑事处罚(1.124)。犯罪作用大小和自首的影响力最大,是否属于特定款物和是否受过刑事处罚的影响力最小,影响力的均值为 1.944,中位数为 1.564(见表 5.4 列 1 模型)。《贪贿司法解释》规定的是否受过党纪或行政处分、是否属于特定款物、是否受过刑事处罚的影响力都未达到平均值,也未超过中位数,相对其他情节而言在贪污罪定罪和法定刑升格中的影响力小。

《刑法修正案(九)》实施以后,各种情节影响定罪和量刑梯度的排序依次为,犯罪作用大小(4.762)、是否受过党纪或行政处分(2.525)、立功(2.275)、自首(1.986)、是否属于特定款物(1.647)、是否受过刑事处罚(1.351)、是否存在犯罪未遂(1.182)、认罪悔罪(1.178)、退赃(1.175)。司法解释规定的严重情节的影响力得到提高,是否受过党纪或行政处分(2.525)、是否属于特定款物(1.647)、是否受过刑事处罚(1.351)的权重有明显的提高(见表5.4列2模型)。《刑法修正案(九)》实施以后,情节的影响力合计有所提高,但提高的幅度并不大,仅为0.587。情节中是否受过党纪或行政处分、是否属于特定款物的作用力提高最大,分别为1.322和0.522,司法解释规定情节影响力的提高,相对而言,势必降低其他情节的作用大小,自首、退赃、认罪悔罪的作用有所下降,自首下降最多,为-1.223(见表5.4列3模型)。可见,在"数额为主,情节为辅"关系未改变的情形下,情节的地位突破在于司法解释规定的从严情节提高与其他情节的相对下降,具体而言,呈现出从严情节中人身危险性情节作用的提高与其他社会危害性情节作用的相对下降。

表5.4　具体情节之间的关系

变量	(1) 《刑法修正案(九)》实施前调整Exp(B)值	(2) 《刑法修正案(九)》实施后调整Exp(B)值	(3) 《刑法》修正后调整Exp(B)值的变化	(4) 全样本调整Exp(B)值
特定款物	1.125	1.647	0.522	1.406
未遂	1.564	1.182	-0.382	1.301
作用大小	4.329	4.762	0.433	3.984
退赃	1.883	1.175	-0.708	1.350
党纪、行政处分	1.203	2.525	1.322	2.169
刑事追究	1.124	1.351	0.227	1.330
自首	3.209	1.986	-1.223	2.112

续表

变量	(1)《刑法修正案(九)》实施前调整 Exp(B)值	(2)《刑法修正案(九)》实施后调整 Exp(B)值	(3)《刑法》修正后调整 Exp(B)值的变化	(4)全样本调整 Exp(B)值
立功	1.425	2.275	0.850	1.745
认罪悔罪	1.632	1.178	-0.454	1.266
均值	1.944	2.009	0.065	1.851
中位数	1.564	1.647	0.083	1.406
最小值	1.124	1.175	0.051	1.266
最大值	4.329	4.762	0.433	3.984
情节合计	17.494	18.081	0.587	16.663
社会危害性均值	2.225	2.192	-0.033	2.010
社会危害性合计	8.901	8.766	-0.135	8.041
人身危险性均值	1.719	1.863	0.144	1.724
人身危险性合计	8.593	9.315	0.722	8.622

说明：上述表格是通过回归模型所得出的调整 Exp(B)值进行的比较分析，由于数额情节已经在表5.3中予以说明，并未报告全部变量。

(三)稳健性检验

《刑法修正案(九)》于2015年11月1日正式实施，虽然提升了情节的地位，但并未给出具体的标准。《贪贿司法解释》于2016年4月18日正式实施，给出了数额和情节关系的具体标准。二者之间存在6个月的缺乏明确标准期。我们剔除了缺乏标准时期的案例，将《贪贿司法解释》实施后的案例进行稳健性检验。

《贪贿司法解释》实施后，数额与情节仍然呈现出“数额为主，情节为辅”的关系，数额的调整 Exp(B)值为5.808，《贪贿司法解释》规定情节的调整 Exp(B)值为1.613，数额的影响仍然远高于《贪贿司法解释》规定的严重情节(见表5.5列2A模型)。《贪贿司法解释》实施后，数额的影响力有所降低，调整 Exp(B)值降低了0.466，情节的影响力有所提高,调整 Exp(B)值提高了 0.263(见表 5.5 列 3A)。可见,在决定贪污罪的定罪和法定刑升格上,《贪贿司法解释》实施后,数额的地位有所下降,严重情节的地位有所提高,但仍然呈现出“数额为主,情节为辅”的关系。

《贪贿司法解释》实施后,各种情节影响定罪和量刑梯度的排序依次为,犯罪作用大小(4.808)、是否受过党纪或行政处分(2.959)、立功(2.231)、自首(2.047)、是否属于特定款物(1.669)、退赃(1.171)、是否受过刑事处罚(1.159)、认罪悔罪(1.133)、是否存在犯罪未遂(1.113)(见表 5.5 列 2B),司法解释的严重情节与前文所述的《刑法修正案(九)》实施之后的排列次序基本一致。同时,司法解释规定的严重情节影响力得到提高,是否受过党纪或行政处分、是否属于特定款物、是否受过刑事处罚的权重有明显的提高,分别提高 1.756、0.544、0.035,提高的幅度和《刑法修正案(九)》实施之后的结果基本一致[见表 5.5(3)B]。

对于数额与严重情节的关系、不同具体情节之间的关系,通过《贪贿司法解释》后的数据进行稳健性检验,与前文模型的结论基本一致。

表 5.5　数额与情节的稳健性分析

<table>
<tr><td rowspan="6" colspan="2">变量</td><td colspan="2">(1)</td><td colspan="2">(2)</td><td colspan="2">(3)</td></tr>
<tr><td colspan="2">修正案前</td><td colspan="2">《贪贿司法解释》实施后</td><td colspan="2">前后变化</td></tr>
<tr><td colspan="2">Ordinal 模型</td><td colspan="2">Ordinal 模型</td><td colspan="2">Ordinal 模型</td></tr>
<tr><td colspan="2">刑罚阶梯</td><td colspan="2">刑罚阶梯</td><td colspan="2">刑罚阶梯</td></tr>
<tr><td>A</td><td>B</td><td>A</td><td>B</td><td>A</td><td>B</td></tr>
<tr><td>调整 Exp(B)</td><td>调整 Exp(B)</td><td>调整 Exp(B)</td><td>调整 Exp(B)</td><td>调整 Exp 变化</td><td>调整 Exp 变化</td></tr>
<tr><td colspan="2">数额</td><td>6.274</td><td>6.194</td><td>5.808</td><td>5.913</td><td>-.466</td><td>-0.281</td></tr>
<tr><td rowspan="4">严重情节</td><td>特定款物</td><td rowspan="4">1.350</td><td>1.125</td><td rowspan="4">1.613</td><td>1.669</td><td rowspan="4">0.263</td><td>0.544</td></tr>
<tr><td>党纪、行政处分</td><td>1.203</td><td>2.959</td><td>1.756</td></tr>
<tr><td>刑事追究</td><td>1.124</td><td>1.159</td><td>0.035</td></tr>
<tr><td>退赃</td><td>1.883</td><td>1.171</td><td>-0.712</td></tr>
</table>

续表

变量	(1)		(2)		(3)	
	修正案前		《贪贿司法解释》实施后		前后变化	
	Ordinal 模型		Ordinal 模型		Ordinal 模型	
	刑罚阶梯		刑罚阶梯		刑罚阶梯	
	A	B	A	B	A	B
	调整 Exp (B)	调整 Exp (B)	调整 Exp (B)	调整 Exp (B)	调整 Exp 变化	调整 Exp 变化
作用大小	4.292	4.329	4.854	4.808	0.562	0.479
未遂	1.435	1.564	1.206	1.113	-0.229	-0.451
自首	3.268	3.209	2.024	2.047	-1.244	-1.162
立功	1.434	1.425	2.235	2.231	0.801	0.806
认罪悔罪	1.736	1.632	1.101	1.133	-0.635	-0.499
控制变量	已控制	已控制	已控制	已控制	—	—
R^2(决定系数)	0.670	0.672	0.554	0.554	—	—
模型准确度	74.41%	74.51%	71.22%	71.40%	—	—
案例总数	6975	6975	10,652	10,652	—	—

说明:所有回归中均控制了国家工作人员类型、审判形式、取保候审情况、辩护人情况、不同经济带、人均 GDP 等的影响,是否坦白对刑罚梯度没有影响,限于篇幅,文中未全部报告上述变量。

三、"数额与情节"关系的量化结论

(一)澄清"数额与情节"关系的理论争议

对"数额为主,情节为辅"关系的坚守。《刑法修正案(九)》实施以前,数额因素在决定不同的刑罚梯度上占据了主导地位,影响作用最大。虽然在《刑法修正案(九)》实施以后,数额的地位有所下降,符合立法修正目的和理论界的期待,但数额因素仍然占据主导地位,该地位并未因立法的修正和理论界的呼声而改变。数额与情节之间仍然呈现出"数额为主,情节为辅"的关系,数额因素影响力仍然高于严重情节。

针对贪污罪的立法修正更多地呈现出"并合式纯正数额犯"的特征,在"立法技术上既重数额又重其他的情节"[①],将数额与情节并列为定罪和法定刑升格的要件,但仍然以数额为基础,情节在具备一定数额的基础上才发挥评价作用。从1952年的《惩治贪污条例》、[②]1988年的全国人民代表大会常务委员会《关于惩治贪污罪贿赂罪的补充规定》、[③]1979年《刑法》、[④]1997年《刑法》[⑤]到《刑法修正案(九)》,64年的历次修改,都重视情节在贪污罪定罪和法定刑升格、减轻法定刑的地位和作用。但由于数额具备明确性,而情节包含了法定情节和酌定情节,各种情节又具备从重、从轻、减轻和免予刑事处罚的功能,较为复杂,多种情节一旦结合,更难以把握。在司法实践中,具备明确性的数额便成为法院对贪污犯罪人定罪量刑可以依靠并且更多依赖的依据,产生了理论界所谓的"唯数额论"和"数额中心论"。在批判"唯数额论"和"数额中心论"的浪潮中,《刑法修正案(九)》的法条表述将数额与严重情节放在了同等的地位,形成了数额与情节的"二元论",学者们纷纷拍案叫好。但好景不长,时隔6个月的时间,囿于对明确性数额的内生性需求,且不明确的数额和纷繁的情节可能导致司法适用的混乱,《贪贿司法解释》将数额和严重情节的关系再一次回归到"数额为主,情节为辅"的路径。从实证研究结果上看,20年的司法裁判(1999～2018)呈现出数额因素在贪污罪的定罪和法定刑升格中占据了主导的地位,而且并未因为《刑法修正案(九)》或《贪贿司法解释》而发生

---

① 唐世月:《数额犯论》,法律出版社2005年版,第68页。

② 1952年《惩治贪污条例》第4条规定了11种从重、加重处罚情节,第5条规定了4种从轻、减轻、免予刑事处罚情节。

③ 全国人民代表大会常务委员会《关于惩治贪污罪贿赂罪的补充规定》第2条规定了情节较轻、情节严重、情节特别严重给予减轻、免予刑事处罚、法定刑升格的条件,还特别说明了犯罪后自首、立功或者有悔改表现、积极退赃的减轻、免处情节。

④ 1979年《刑法》规定了数额巨大、情节严重的,处5年以上有期徒刑;情节特别严重的,处无期徒刑或者死刑。

⑤ 1997年《刑法》规定了"情节较重""情节特别严重"的法定刑升格条款和犯罪后自首、立功或者有悔改表现、积极退赃的具体减轻处罚、免予刑事处罚条款。

改变。

有学者指出，对于贪污受贿犯罪“只要有行为发生，无论数额大小，均可构成犯罪已是各国通例”①，进而否认我国刑法规定数额因素的合理性。与其他国家刑法的“立法定性＋司法定量”不同，我国采取的是“立法定性＋立法定量”的模式，不能照搬国外刑法规定的贪污罪的入罪模式。贪污罪是一种贪利型渎职犯罪，“犯罪数额就是衡量犯罪的社会危害程度进而决定罪与非罪、罪轻罪重的重要且直观标准”②，在定罪量刑中具有不可替代的特殊意义。

“数额为主，情节为辅”的关系符合我国传统的刑法观念，与《刑法》自身的其他规范和犯罪构成理论相协调，能达成与党纪处分、行政处罚之间的统一，是64年历次修法上的正确坚守，也是司法实践长期形成的共识。在《贪贿司法解释》之后，赵秉志教授也提出，数额仍然在贪贿犯罪危害程度的衡量中具有基础作用，完全依赖情节往往难以量化和准确把握，容易产生量刑的随意性空间。③ 以发生的小概率量刑不均衡案例，断然否定“数额为主，情节为辅”关系并不妥当且不客观。另外，主次关系抑或择一关系的纠葛并非问题的实质，建立数额与情节之间科学合理的标准，让情节的影响力更加明确可循，构架二者的逻辑关系路径，才是解决该问题的关键，对立法和司法才具备更重要的意义。

（二）发现“数额与情节”关系的实践问题

1. 情节突破中的问题

《刑法修正案（九）》提升了情节的地位和作用，《贪贿司法解释》虽然将情节拉入了原来的路径，但从实证结果上来看，从严情节在定罪和法定刑升格中的作用得到了实质性的突破，但在情节的突破中，本书

---

① 何承斌：《贪污犯罪比较研究》，法律出版社2004年版，第226页。

② 孙国祥、魏昌东：《反腐败国际公约与贪污贿赂犯罪立法研究》，法律出版社2011年版，第301页。

③ 参见赵秉志主编：《最新贪污贿赂司法解释的理解与适用》，清华大学出版社2017年版，第89页。

也发现了如下问题：

第一，虽然《贪贿司法解释》将各种从严情节置于同等重要的地位，但不同严重情节的影响力并不均衡，并且在从严情节得到重视的情况下，从宽情节的作用有所降低。在各种严重情节之间，人身危险性情节得到更高的重视，社会危害性情节的作用相对较小，并且社会危害性情节总体影响力小于人身危险性情节。《贪贿司法解释》规定了曾因贪污、受贿、挪用公款受过党纪、行政处分和曾因故意犯罪受过刑事追究的人身危险性情节。虽然“人身危险性一直没能在刑事立法上登堂入室”，①但其却在《贪贿司法解释》中得到体现，成为了是否入罪的标准。不仅如此，从实证研究的结果来看，人身危险性情节在入罪和法定刑升格中占据了更大的影响力。“社会危害性是犯罪的属性，人身危险性是犯罪人的属性”，②社会危害性更倾向于犯罪事实特征，人身危险性倾向于行为人特征，随着风险社会的到来，“危害的内容便不再限于实际的危害，而是同时包含侵害危险”③。刑事一体化的体系促使了“从定罪、量刑、行刑等一体化地逐一详加考察行为人的人身危险性”④。《贪贿司法解释》在定罪时考虑了行为人的人身危险性情节，这一做法虽然引发了关于报应刑和预防刑的争议，但考虑到风险社会的不断加强，其实证研究显示人身危险性情节的影响力超过了社会危害性情节。这种趋势可能会动摇责任刑的基础地位，并改变责任刑和预防刑之间的平衡。一般而言，“适用预防刑情节要受责任刑的限制，不得超出责任刑的上限”，⑤所以应当扭转从严情节中社会危害性情节权重较低的不平衡地位。

第二，对从宽情节的忽视及造成的其影响力相对下降。《贪贿司法解释》规定的严重情节具备定罪与法定刑升格的两种功能，《刑法修

① 劳佳琦：《累犯从严量刑适用实证研究》，载《中国法学》2016 年第 1 期。

② 曲新久：《刑法的精神与范畴》，中国政法大学出版社 2000 年版，第 232 页。

③ 劳东燕：《危害性原则的当代命运》，载《中外法学》2008 年第 3 期。

④ 陈伟：《“人身危险性”与“社会危险性”的纠缠与厘定》，载《法治研究》2016 年第 3 期。

⑤ 王瑞君：《量刑情节的规范识别和适用研究》，知识产权出版社 2016 年版，第 151 页。

正案(九)》规定了在提起公诉前如实供述自己罪行、真诚悔罪、积极退赃等从宽情节,具备法定刑减轻的功能,从严情节和从宽情节至少能共同作用于不同的法定刑。另外,结合《刑法》第13条但书的规定,从宽情节也应当发挥出罪功能,“对于一些超过贪污受贿犯罪定罪数额的行为,结合犯罪情节,可以不作为犯罪处理”。①《贪贿司法解释》采取了“数额标准+从重情节”②的模式,并未对从宽情节进行细化,同时《刑法修正案(九)》也未对犯罪作用大小、犯罪未遂等可以减轻法定刑的罪中情节进行规定,从而可能导致在《刑法》修改后,从宽情节的作用力下降。实证研究结果也证明,除了犯罪作用大小未产生明显变化外,自首、认罪悔罪、退赃、犯罪未遂等情节在定罪量刑过程中的作用力相对降低。从严情节地位的提升和从宽情节地位的下降,虽然反映了对贪污罪从严惩处的刑事政策,但与《刑法》总论的规定并不协调。严重情节和从宽情节应共同决定贪污罪的定罪和法定刑,否则仍然会造成不同裁判的量刑差异,所以对从宽情节亟须在《刑法》的修正或司法解释中得到正视和重视。

第三,《贪贿司法解释》遗漏情节和情节之间的竞合问题。明确从宽情节后,从严情节和从宽情节应具备何种地位,对于遗漏的情节和情节竞合问题,如何处理,势必也带给理论界困惑。如前所述,社会危害性情节至少应与人身危险性情节在同等重要的地位,《贪贿司法解释》规定的人身危险性情节不仅应与社会危害性情节具备同等的影响力,而且对于其他未规定的情节,也应当让社会危害性情节和人身危险性情节整体上具备相当的影响力。《贪贿司法解释》遗漏情节和情节之间的竞合疑难问题,具体表现为以下几个方面:其一,贪污数额在1万元以上不满3万元,同时具备严重情节又具备从宽情节。其二,贪污数额在3万元以上不满10万元,仅具备严重情节、仅具备从宽情节或既

① 商浩文:《贪污受贿犯罪“但书”规定之出罪机制研究》,载《江西社会科学》2018年第11期。

② 刘伟丽:《我国腐败犯罪的刑法规制》,中国人民公安大学出版社2017年版,第96页。

具备严重情节又具备从宽情节。其三，贪污数额在 10 万元以上不满 20 万元的，同时具备严重情节和从宽情节。其四，贪污数额在 20 万元以上不满 150 万元的，仅具备严重情节、仅具备从宽情节或既具备严重情节又具备从宽情节。其五，贪污数额在 150 万元以上不满 300 万元，同时具备严重情节和从宽情节。

2. 社会危害性情节向人身危险性情节的转变

《刑法修正案（九）》实施之前，社会危害性情节的影响力略大于人身危险性情节，更重视社会危害性情节。《刑法修正案（九）》实施以后，社会危害性情节的影响力有所下降，人身危险性情节的影响力得到很大提高，而且人身危险性情节的影响力大于社会危害性情节的影响力，更加重视人身危险性情节。在影响贪污罪定罪和法定刑升格的各种情节中，隐藏着从重视社会危害性情节向人身危险性情节的转变。立法对于"情节犯"的设置具有一定的随意性，缺乏必要的科学论证，表述上欠缺周延性和统一性，导致了"司法权僭越立法权"的印象和司法适用的差异。[①]《刑法修正案（九）》实施之前的贪污罪立法，对"情节较重""情节严重""情节特别严重"的认定主要是在社会危害性的基础上进行入罪，对"情节较轻"的认定偏向于从人身危险性角度进行出罪。[②]

《贪贿司法解释》将受过党纪、行政处分或刑事追究规定为情节严重，将人身危险性情节作为入罪的标准。首先，受过党纪、行政处分或刑事追究属于酌定量刑情节中的前科劣迹，刑法学家马克昌教授认为，有前科的再犯，理应受到比没有前科的犯罪人较重的处罚，[③]"应当将前科劣迹作为一项重要的酌定从重量刑情节在量刑中予以考虑"[④]。但是《贪贿司法解释》直接将其定义为具有法定性质的入罪和法定刑升格情节，与人身危险性具备出罪功能的传统刑法观念相悖，而且改变

① 参见李翔：《情节犯研究》（第 2 版），北京大学出版社 2018 年版，第 193 ~ 197 页。
② 参见张世琦编著：《犯罪数额与情节的认定》，法律出版社 2008 年版，第 346 页。
③ 参见马克昌等主编：《刑法学全书》，上海科学技术文献出版社 1993 年版，第 684 页。
④ 许美：《酌定量刑情节规范适用研究》，黑龙江人民出版社 2016 年版，第 72 页。

的步伐显得过快、过大。其次，关于人身危险性是否可以作为入罪标准，肯定说认为："已然之罪的社会危害性是定罪的主要根据，但未然之罪的人身危险性也是定罪的根据。"①否定说认为："人身危险性只能是量刑根据，而不能与社会危害性并列作为定罪的根据。"②折中说认为："在犯罪构成的事实特征中并不排除说明人身危险性事实的存在，不过这一说明人身危险性事实主要指向负面评价，从而成为出罪的根据。"③理论界更多地坚持否定说和折中说，因为将人身危险性作为入罪的标准可能存在"重复评价，最终不适当地扩大了犯罪圈，侵犯了行为人的合法权益"④的风险。《刑法修正案（九）》规定的严重情节是否应当包括人身危险性情节，还需要理论上进行更进一步的深入研究。最后，即使认可《贪贿司法解释》将人身危险性作为入罪的标准，也应"考虑行为的社会危害性，在报应的基础上确立可伦理谴责的责任主义"⑤。即使承认《贪贿司法解释》的合理性，但在影响力大小上，人身危险性情节的整体影响力也不应当高于社会危害性情节，对贪污罪的定罪和法定刑升格，社会危害性仍应当作为基础性情节，毕竟受过党纪、行政处分或刑事追究系刑法理论中的酌定量刑情节，从理论上的酌定情节转向《贪贿司法解释》的具备法定性情节，从量刑情节转向定罪情节，必须进行谨慎的论证。

（三）提出"数额与情节"竞合的参考标准

《贪贿司法解释》仅重视了数额与严重情节的关系，缺乏对从宽情节的细化规定，进而忽略了从宽情节与数额的关系，忽略了从宽情节与从严情节的关系。最高人民法院应对此制定相应的细化规定，否则仍

---

① 参见陈兴良：《走向哲学的刑法》，法律出版社 1999 年版，第 395 页。

② 游伟、陆建红：《人身危险性在我国刑法中的功能定位》，载《法学研究》2004 年第 4 期。

③ 张小虎：《论人身危险性的理论蕴含与罪刑地位》，载《南京社会科学》2017 年第 2 期。

④ 李永升、胡冬阳：《人身危险性导入罪量要素之检讨》，载《国家检察官学院学报》2017 年第 2 期。

⑤ 王利宾：《酌定量刑情节规范适用研究》，上海社会科学院出版社 2010 年版，第 14 页。

然会造成贪污罪定罪量刑的不均衡。具体而言,其一,当数额达到《贪贿司法解释》要求的基本标准要求,贪污具备社会危害性,影响力大的从宽减轻情节可以作为免予刑事处罚和法定刑降低的条件,但不适合不起诉,判无罪,毕竟数额因素占据主要的影响力。其二,当数额未达到基本标准要求,同时存在严重情节和从宽减轻情节,应明确系何种严重情节或从宽减轻情节,根据影响力的大小,决定入罪、升格法定刑或升格后从轻。

本书借鉴我国刑法学界情节适用的原则[①]和情节冲突的6种代表性观点[②]的合理内核,根据实证研究各情节影响力的大小,结合《刑法》但书的规定,确立社会危害性情节和影响力最大的情节优先适用的原则,提出以下路径选择供司法裁判参考。其一,当数额为“1万元以上不满3万元”时,必须考察严重情节,并结合从宽情节,形成出罪、免予刑事处罚、法定刑幅度内从轻等结局相结合的3种竞合路径选择。其二,当数额为“3万元以上不满20万元、20万元以上不满150万元、150万元以上不满300万元”时,区分是否存在严重情节,并结合从宽情节,形成依照各自法定刑、法定刑幅度内从重、法定刑幅度内从宽、法定刑降格等结局相结合的5种竞合路径选择。其三,当数额为“10万元以上不满20万元、150万元以上不满300万元”时,必须考察严重情节,并结合从宽情节,形成不升档、升档后法定刑幅度内从轻等结局相结合的3种竞合路径选择,从而彻底解决数额和情节竞合后的司法适用(见表5.6)。

---

① 情节适用的原则包括全面适用原则、综合适用原则和禁止重复评价原则,参见蒋明:《量刑情节研究》,中国方正出版社2004年版,第217～218页。

② 6种代表性观点:整体综合判断说、分别综合判断说、优势情节适用说、绝对抵消说、相对抵消说、抵消及排斥结合说。参见陈炜:《量刑情节论——量刑情节疑难问题探析》,法律出版社2009年版,第179～181页。

表 5.6　数额与情节的竞合路径

<table>
<tr><th>数额因素</th><th colspan="2">情节因素</th><th>路径选择</th></tr>
<tr><td rowspan="3">1 万元以上
不满 3 万元</td><td rowspan="3">严重情节 + 从宽情节</td><td>严重 + 从犯</td><td>免予刑事处罚或出罪</td></tr>
<tr><td>严重 + 其他从宽情节≥2</td><td>免予刑事处罚或出罪</td></tr>
<tr><td>严重 + 其他从宽情节 = 1</td><td>免予刑事处罚或
法定刑幅度内从轻</td></tr>
<tr><td rowspan="5">3 万元以上
不满 20 万元、
20 万元以上
不满 150 万元、
150 万元以上
不满 300 万元</td><td colspan="2">没有严重情节</td><td>依照各自法定刑</td></tr>
<tr><td colspan="2">仅有严重情节</td><td>法定刑幅度内从重,不升格</td></tr>
<tr><td rowspan="3">严重情节 + 从宽情节</td><td>严重 + 从犯</td><td>法定刑降格或法定刑
幅度内从宽</td></tr>
<tr><td>严重 + 其他从宽情节≥2</td><td>法定刑幅度内从宽</td></tr>
<tr><td>严重 + 其他从宽情节 = 1</td><td>对比从重或从宽情节影响力的大小,决定法定刑幅度内从宽或者从重</td></tr>
<tr><td rowspan="3">10 万元以上
不满 20 万元、
150 万元以上
不满 300 万元</td><td rowspan="3">严重情节 + 从宽情节</td><td>严重 + 从犯</td><td>不升档</td></tr>
<tr><td>严重 + 其他从宽情节≥2</td><td>不升档或升档后从轻</td></tr>
<tr><td>严重 + 其他从宽情节 = 1</td><td>升档后法定刑幅度内从轻</td></tr>
</table>

说明:本表根据《贪贿司法解释》规定的严重情节,结合数据结果得出,未来立法修正和司法解释如若进行调整,路径选择可能会发生变化。

第二节　罪量标准的科学设置——以贪污罪数额修正的合理性为例

罪量标准的设置直接影响定罪量刑,标准过低违背刑法的谦抑性,标准过高不利于对犯罪的惩罚和预防,将犯罪控制在合理的范围依赖于罪量标准的科学设置。罪量标准中的情节依赖于列举,数额标准的设置却需要给出具体的数字,数字的明确性和可能的机械性,致使数额标准的设置往往会受到许多争议和质疑。数量刑法学试图从刑法内外的多维度数量关系中探寻罪量标准的科学设置。虽然贪污罪数额标准的提高已经过去几年，但学界对贪污罪数额修正的合理性论证陷入了“证成不充分，证伪不间断”的境地，仍然存在诸多争议或质疑。所以，本书仍以贪污罪为例，从数量分析的角度出发，在本书18,392例贪污罪量刑裁判的基础上，探寻贪污罪数额标准提高的合理性。

一、数额修正后的理论争议

（一）贪污罪数额修正后的学界争议和质疑

贪污罪数额修正后，对于是否应该提高数额，学界存在着截然不同的观点。基于社会经济和司法实践情况，陈兴良教授认为：“提高贪污受贿罪的定罪数额势在必行。”①其在宏观上论证了数额的调整“还是充分考虑了各种相关因素，因而是极为合适的数额标准”。② 张明楷教授否认经济发展和司法现状作为提高贪污罪定罪数额的合理内核，提出：“学者们对《解释》提高数额标准所提出的基本理由未必是成立的。”③孙国祥教授也认为数额的提高“意味着立法对腐败容忍度的增高，与打早打小的刑事政策初衷渐行渐远，并不值得肯定”。④ 赞成的学者在证成贪污罪数额提高的合理性上缺乏系统性论证，且并未给出充足且可信服的证据，成为反对者不断质疑的软肋。

贪污罪数额修正后，理论界仍然存在着诸多质疑。对于贪污罪数额的提高，何荣功教授认为：“具有导致国民反腐意识进一步钝化和刑法反腐功能进一步衰退的风险”⑤；于改之教授等提出：“存在着‘同行不同（定）性、同罪不同罚、罪刑不均衡’等司法不公问题，有违宪法上

---

① 陈兴良：《贪污贿赂犯罪司法解释：刑法教义学的阐释》，载《法学》2016年第5期。

② 陈兴良：《〈关于办理贪污贿赂刑事案件适用法律若干问题的解释〉总置评》，载《浙江社会科学》2016年第8期。

③ 张明楷：《贪污贿赂罪的司法与立法发展方向》，载《政法论坛》2017年第1期。

④ 孙国祥：《贪污贿赂犯罪研究》（上册），中国人民大学出版社2018年版，第78页。

⑤ 何荣功：《贪腐犯罪定罪量刑数额提升的法治反思——以最新刑事立法与司法解释为中心》，载《北京师范大学学报（社会科学版）》2016年第6期。

的平等原则"[①]；刘用军副教授也质疑数额修正后的公平性，提出："应当适当修正这种奖励性的过于功利性的反腐措施，以回归贪污罪与盗窃罪之间犯罪与刑罚对应之本身的公平性"。[②] 对于数额修正后与财产犯罪之间罪刑失衡的公平性质疑，王彦强副教授在批判传统的"想象竞合论"和"法条竞合论"的基础上，提出了互斥论的创新性方案："即坚持贪污罪应为单一侵占行为类型，将盗窃、诈骗等行为方式排除在贪污罪之外，从而从一开始就否定贪污罪与盗窃罪、诈骗罪的竞合关系。"[③]但这种创新方案与贪污罪的犯罪构成又会形成对立。刘宪权教授并不认可罪刑不均衡的观点，提出："仅将盗窃、诈骗罪与贪污、受贿罪进行简单的'数额'比较，便得出贪污、受贿罪入罪门槛更低、法网更松的结论，未免片面。"[④]理论界关于数额修正后可能衍生问题的隐忧，仍然暗藏着对贪污罪数额修正合理性的质疑。

（二）针对贪污罪数额修正的量化研究方案

对于贪污罪数额的修正，学界未充分证成提高贪污罪数额的必要性且论证逻辑缺乏系统性，加之数额提高后可能衍生的问题（也可能是莫须有的担忧），从而质疑数额提高的合理性，形成了理论界"证成不充分，证伪不间断"的现象。在论证方法上，学者们对于贪污罪数额修正的论证视域局限于某一环节，伴有先入为主的论证逻辑，且在论证说理上并不充分，导致两派学者陷入"自说自话"的境地。正确论证贪污罪数额修正的逻辑思路应为：首先，贪污罪数额修正的理由是否充足，是解决理论界争议的重要逻辑起点，应先证明贪污罪数额修正是否存在充足的理由。倘若理由足够让学者们信服，那么产生的理论和现实困境，自然成为不可避免的问题，教义学的研究重心应放在衍生问题的解决路径上，而非单纯地发表质疑。如若理由并不充足，应反思立法和司法解释的

① 于改之、吕小红：《刑法解释中平等原则的适用》，载《比较法研究》2017 年第 5 期。

② 刘用军：《贪污罪与盗窃罪法律处遇差异的社会学反思》，载《中国海洋大学学报（社会科学版）》2017 年第 3 期。

③ 王彦强：《业务侵占：贪污罪的解释方向》，载《法学研究》2018 年第 5 期。

④ 刘宪权：《贪污贿赂犯罪最新定罪量刑标准体系化评析》，载《法学》2016 年第 5 期。

合理性,着力点才应置于日后立法和司法解释的修正。其次,法律的修正并非能尽善尽美,如果有充足理由提高数额,理论界应以积极的姿态承认和面对可能造成的理论或现实困境。最后,如若有充足理由提高数额,对贪污罪数额修正后存在的难题,刑法教义学应积极探寻妥善的理论和实践路径,为后期的立法修正和司法适用提供更有力的智力支持。

在纯粹的定性认识无法让学界达成共识的情形下,数量刑法学通过实证分析方法,围绕着两个问题展开数量论证:其一,论证贪污罪数额修正的理由是否充足。其二,如若贪污罪数额修正的理由充足,是否还存在理论或现实困境,是否有合理解决的路径。数量刑法学通过大数据集合进行多维度挖掘,对上述问题进行量化论证和评估,试图澄清理论上的分歧,为后续的理论研究、立法修正和司法解释提供一个可供参考的标准。

二、数额修正的合理性证成

高铭暄教授等认为:“贪污贿赂犯罪定罪量刑标准并非仅仅通过立法就可以解决的,而是不仅要考虑到社会经济和伦理文化因素,还要受到体制及政策的因素、法律内部协调平衡等诸多问题的制约。”①贪污罪的数额修正综合考虑了当前我国经济发展状况、司法实践反馈的实际情况和贪污罪内部罪刑协调等因素,是在坚持罪刑均衡的基础上,消解罪刑不均衡的时际冲突、区际冲突和惩罚边际效应冲突的应然之举。

(一)时际冲突:经济发展导致的时期性罪刑不均衡

陈兴良教授认为:“法律不是一成不变的,而是随着社会生活的发展而不断演变的。法律的废、改、立,就是使法律保持长久的生命力的必要途径。”②所以,“随着经济的发展或货币的贬值,原各有关经济犯

① 高铭暄、范连玉:《略析贪污罪中贪污数额起点与共犯责任》,载《云南社会科学》2014 年第 1 期。

② 陈兴良:《刑事法治论》(第 2 版),中国人民大学出版社 2017 年版,第 165 ~ 166 页。

罪的犯罪起点数额和用以确定不同法定刑的界限数额将会不符合客观实际情况,因此,在经过一定时间后,需要进行适当的修改"。[①] 经济基础决定上层建筑,法律的修正特别是经济类犯罪数额标准的修正,必须顺应我国社会经济不断发展的实际情况。2015 年的 5000 元与 1997 年《刑法》修订时的 5000 元已经明显地不能同日而语。我国 20 多年的经济发展所导致的罪刑时际不均衡是贪污罪数额修正的首要原因。

贪污罪的犯罪对象是国家公共财产,故本书选择以国内生产总值为基础指标,除以当期人口数,得到人均国内生产总值,即人均 GDP。以人均 GDP[②] 作为贪污罪的比较指标,既反映了经济社会的总体发展情况,又反映了民众对贪污罪的可接受程度。1997 年至 2015 年,人均 GDP 由 6481 元上升为 50,028 元,提高了 6.719 倍,而法定 5000 元数额并未变化,严重滞后于社会经济发展水平。如果严格按照人均 GDP 的发展情况,2016 年应然法定数额应为 41,414 元,而以 1997 年人均 GDP 作为标准,2015 年 5000 元法定数额仅相当于 1997 年的 648 元,呈现出基于经济发展水平基础上的罪刑时际不均衡。假定 1997 年 5000 元法定数额设置合理的基础上,将 5000 元的数额标准设为 1,法定数额指标呈现出逐年下降趋势,2015 年到达了最低点,为 1997 年法定数额指标的 0.13 倍;虽然《贪贿司法解释》将数额提高到 3 万元,但法定数额指标为 0.72,并未达到 1997 年 5000 元的水平,仅相当于 2001 年的数额标准(见表 5.7)。

表 5.7 贪污罪入罪数额变化

年份	人均 GDP/元	法定数额/元	法定数额/人均 GDP	应然数额/元	实际数额(以 1997 年为基准)/元	变化趋势(1997 = 1)
1997	6481	5000	0.7715	5000	5000	1
1998	6860	5000	0.7289	5292	4724	0.94

① 欧锦雄:《论经济犯罪数额的立法模式》,载《政治与法律》1998 年第 5 期。

② 笔者通过国家统计局的网站获得了 1997 年至 2016 年的人均 GDP 数据。

续表

年份	人均 GDP/元	法定数额/元	法定数额/人均 GDP	应然数额/元	实际数额(以 1997 年为基准)/元	变化趋势(1997 = 1)
1999	7229	5000	0. 6917	5577	4483	0. 90
2000	7942	5000	0. 6296	6127	4080	0. 82
2001	8717	5000	0. 5736	6725	3717	0. 74
2002	9506	5000	0. 5260	7334	3409	0. 68
2003	10, 666	5000	0. 4688	8229	3038	0. 61
2004	12, 487	5000	0. 4004	9634	2595	0. 52
2005	14, 368	5000	0. 3480	11, 085	2255	0. 45
2006	16, 738	5000	0. 2987	12, 913	1936	0. 39
2007	20, 494	5000	0. 2440	15, 811	1581	0. 32
2008	24, 100	5000	0. 2075	18, 593	1345	0. 27
2009	26, 180	5000	0. 1910	20, 198	1238	0. 25
2010	30, 808	5000	0. 1623	23, 768	1052	0. 21
2011	36, 302	5000	0. 1377	28, 007	893	0. 18
2012	39, 874	5000	0. 1254	30, 762	813	0. 16
2013	43, 684	5000	0. 1145	33, 702	742	0. 15
2014	47, 005	5000	0. 1064	36, 264	689	0. 14
2015	50, 028	5000	0. 0999	38, 596	648	0. 13
2016	53, 680	30, 000	0. 5589	41, 414	3622	0. 72

贪污罪入罪数额指标从 1997 年的 1，到 2001 年的 0. 74，再到 2007 年的 0. 32，最后到 2015 年的 0. 13，实质的不法程度不断下降与经济的发展水平严重不符。《贪贿司法解释》通过将数额提高到 3 万元，法定数额指标从 0. 13 提高到 0. 72，扭转了贪污罪法定数额不变而导致的数额指标呈现的逐年下降趋势，数额指标逐步回归到罪刑相适应的规制理性，解决了数额规定的稳定性和经济发展的动态性之间的矛盾，克服了僵化数额所导致的罪刑时际不均衡（见图 5. 1）。

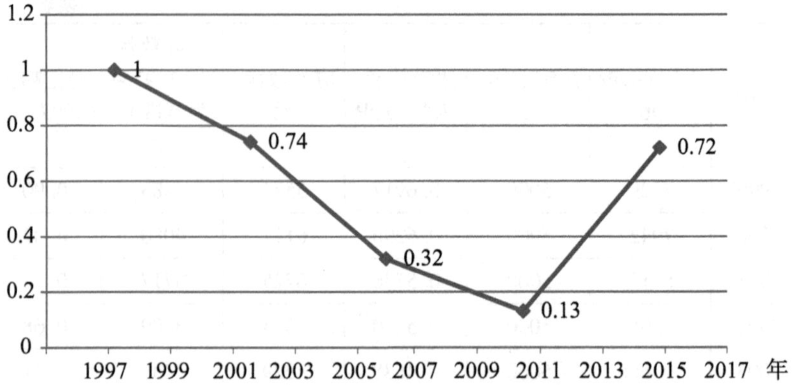

图 5.1 贪污罪入罪数额指标变化趋势

从以上数据结论和趋势图可以看出：其一，原有贪污罪的数额标准已经严重滞后于经济发展，人均 GDP 增加 8 倍多，而法定入罪数额并未变化，贪污罪作为经济犯罪，修正数额具有强烈的经济动因。其二，由于严重滞后于经济发展，2015 年的 5000 元法定数额仅相当于 1997 年的 648 元，原有贪污罪的数额标准已经产生了明显的时际罪刑不均衡。其三，贪污数额作为认定贪污罪入罪和法定刑升格的重要标准，在法定数额指标逐年下降，尤其是降到 2015 年的 0.13 的水平时，严重突破包括司法裁判者在内的民众的可接受程度，也造就了“经济发达地区的司法部门倾向于将贿赂犯罪的起点自行认定为 5 万元”①的司法现状。其四，贪污罪入罪数额虽然从 5000 元提高到 3 万元，多数学者仅从表面上分析，认为提高幅度较大且修改较为激进，进而让数额提高饱受学界的质疑。但是，数额的修正仍然采用了“渐进而行”的方式，如果严格按照人均 GDP 的发展标准，2016 年的应然入罪数额应为 41,414 元，实际修正为 3 万元，实质上仅相当于 2001 年的水平，仍然低于 1997 年的不法程度。

综上所述，贪污罪数额修正不仅符合经济发展的现实需求，而且是

① 王秀梅：《论贿赂犯罪的破窗理论与零容忍惩治对策》，载《法学评论》2009 年第 4 期。

在罪刑均衡基础上,实现了入罪标准的理性回归。正如刘仁文教授所述:"以3万元为贪污贿赂类罪的起刑点,基本在顺应社会经济水平发展状况的前提下维持了原有起刑点的稳定性,同时也顺应了社会经济发展的实际。"①

（二）区际冲突:司法实践反馈的地区性罪刑不均衡

5000元的入罪标准"在司法实践中已很难执行"②。5万元以下的贪污案件"在一些经济发达地区已大多或基本不予追究"③或"以党纪、行政处分结案"。④虽然不同地区的变通性规定和司法实践反馈的情况,从形式上看有违罪刑法定之嫌,且备受理论界的诟病,但是,由于前述经济因素导致的罪刑时际冲突,立法滞后的规定严重偏离实质正义,司法实践只好采取了此种"刑事司法先行"的无奈之举。毕竟,当法律的规定已经不符合社会经济发展状况,特别是与司法现状相脱离时,我们不应责怪司法实践的无奈,而应更加清醒地认识到贪污罪数额修正的迫切性,"刑事司法先行予以改革、摸索、积累经验,待条件成熟后再进行立法改革,也是当前获得普遍认同的模式"。⑤

随着经济水平的不断提高,贪污犯罪数额也在不断提高,整体上已经与过去无法同日而语。在18,392例样本中,贪污数额1万元以下,仅占到全部样本的2.3%;贪污数额在3万元以上,占到全部样本的79.8%。另外,贪污数额的样本均值为25.71万元,均值95%的置信区间为19.97万~31.45万元。1万元以下的贪污犯罪在司法实践中越来越少,而且贪污罪的整体均值已经远远超过了原有立法规定的10万元法定刑升格标准,提高贪污罪的入罪数额,并重构法定刑升

---

① 刘仁文:《贪污受贿定罪量刑的修改与评析》,载《江淮论坛》2017年第5期。

② 阮齐林:《依法从严惩治贪污贿赂犯罪》,载《人民法院报》2016年4月19日,第2版。

③ 张兆松:《论〈刑法修正案(九)〉对贪污贿赂犯罪的十大重大修改和完善》,载《法治研究》2016年第2期。

④ 陈兴良:《贪污贿赂犯罪司法解释:刑法教义学的阐释》,载《法学》2016年第5期。

⑤ 赵秉志、阴建峰:《论新中国刑法立法的客观影响因素》,载《南开学报(哲学社会科学版)》2010年第4期。

格的数额空间势在必行，否则，将导致因法定入罪数额较低造成的入罪标准虚置和法定刑升格的刑罚滥用。随着经济水平的不断提高，贪污犯罪数额存在明显的区际罪刑不均衡。东部沿海经济带的犯罪数额均值为39.23万元，中部经济带的犯罪数额均值为18.41万元，西部经济带的犯罪数额为19.82万元。本书通过对东部沿海经济带和中、西部经济带进行Wilcoxon Signed Rank Test（威尔科克森符号秩检验），发现$P<0.05$，东部沿海经济带与中、西部经济带的犯罪数额存在明显差异，且东部沿海经济带的犯罪数额明显高于中部、西部经济带。我国东部沿海经济带的经济发展水平明显高于全国平均水平，如若不进行数额的修正，将继续恶化贪污罪定罪和量刑的地区性不均衡。

从以上数据结论可以看出：其一，原有贪污罪的数额已经明显不符合当前贪污罪的犯罪形势，1万元以下的贪污犯罪所占的比例已经很少，贪污犯罪的整体犯罪数额已经远远超出了原来的10万元的法定刑升格标准，所以提高贪污罪的入罪数额，并重新构建贪污罪的犯罪数额体系符合当前贪污罪的犯罪特征。其二，我国经济发展存在地区性的不均衡，也导致贪污罪犯罪数额呈现出地区性的差异，东部沿海经济带明显高于中部、西部经济带。由于贪污犯罪更多表现为数额犯的特征，那么提高贪污罪的犯罪数额，有利于缓解经济差异导致的区际罪刑不均衡。

（三）内部冲突：惩罚边际效应导致的内生性罪刑不均衡

囿于社会经济发展与原有法定数额之间的矛盾，赵秉志教授认为："在贪污受贿数额达到一定额度后，犯罪数额与量刑之间无明显的正比关系。"①正如有学者指出："腐败金额越多，判刑时间越长，但判刑增加的力度随着腐败金额的增加而减少，惩罚力度呈现出边际递减现象。"②虽然刑罚本身无法摆脱边际递减效应，如无期徒刑或死刑已经

---

① 赵秉志：《贪污受贿犯罪定罪量刑标准问题研究》，载《中国法学》2015年第1期。

② 褚红丽、魏建：《腐败惩罚的边际递减及地区差异：基于腐败金额的实证分析》，载《广东财经大学学报》2016年第3期。

接近惩罚效应的最高点，即使犯罪数额增加无穷倍，刑罚的威慑力或惩罚效力也无法提高，但是，在有期徒刑的适用上，原有的贪污罪数额随着经济的发展限缩了惩罚的效率，特别是犯罪数额超过 10 万元后，由于法官只能选择在 10 年以上 15 年以下进行量刑，贪污数额为 10 万元和 100 万元的量刑不存在明显的差异，甚至有时会造成贪污数额较少而量刑较重，贪污数额较多而量刑偏轻的司法窘境，形成贪污罪内部的罪刑不均衡。在社会经济不断发展的状况下，适度释放贪污罪入罪和法定刑升格的数额张力，才能有效缓解边际递减效应导致的内生性罪刑不均衡。

为了论证贪污罪是否存在边际递减效应及边际递减效应的大小，本书根据二次项曲线方程构建了贪污罪的曲线估计模型：$LN(\text{刑期}) = \alpha + \beta_1 LN(\text{数额}) + \beta_2 LN(\text{数额})^2$。① 本书以 18,392 例贪污罪的量刑裁判作为验证对象，将数额修正前和修正后的案例进行检验，通过 SPSS 进行一次项和二次项的曲线拟合，观察二次项 β_2 系数的正负确定是否存在边际递减效应，比较数额修正前后 β_2 系数的大小确定边际递减的程度及变化。

数额修正前，刑罚的边际递减效应比较明显，曲线估计模型二次项的系数为 -0.064。数额修正后，贪污罪虽然仍然存在边际递减效应，二次项 β_2 系数为负数，为 -0.012，但其绝对值相对有较大降低，从数额修正前的 0.064 降低为 0.012，边际递减效应明显减弱。数额修正前，二次曲线拟合的 R^2（决定系数）为 0.601，大于线性估计 0.564，量刑裁判更符合曲线特征，边际递减效应相较明显；数额修正后，线性估计和曲线估计的 R^2 几乎一致，分别为 0.581 和 0.582（见表 5.8），边际递减效应明显减弱，接近线性关系，即随着数额增加刑期呈现递增的趋势。

---

① 由于贪污数额和刑期不符合正态分布，笔者对贪污数额和数额取自然对数进行分析。

表 5.8　贪污罪惩罚边际效应

统计指标	数额修正前		数额修正后	
	线性估计	曲线估计	线性估计	曲线估计
截距 a	2.486	2.228	1.335	1.247
一次项系数 β_1	0.477	0.791	0.520	0.592
二次项系数 β_2	—	-0.064	—	-0.012
R^2(决定系数)	0.564	0.601	0.581	0.582
模型 P 值	$P<0.001$	$P<0.001$	$P<0.001$	$P<0.001$

数额修正前,数额与刑期的关系呈现出明显的凸形且拐点明显,同时刑期与数额的分布较为分散,罪刑不均衡较为明显(见图 5.2.1);数额修正后,凸形明显弱化且未存在明显拐点,刑期与数额的分布相比修正前要集中,罪刑不均衡得以缓解(见图 5.2.2)。综上,数额修正前,贪污罪存在明显的惩罚边际递减效应,数额修正后,边际递减效应被降低到较小程度。

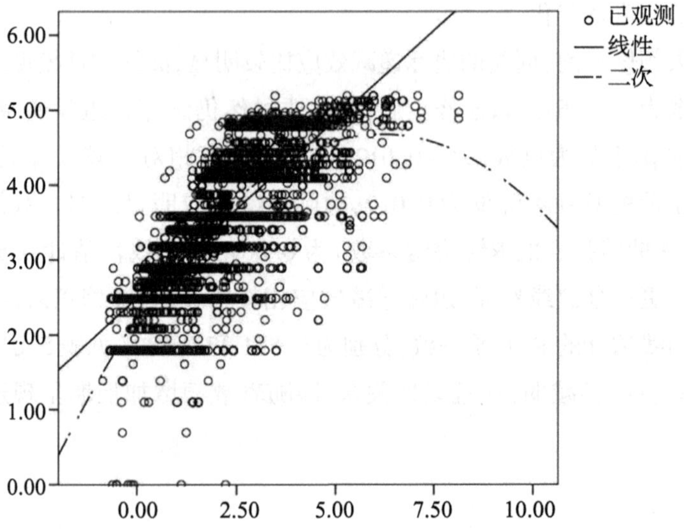

图 5.2.1　修正前数额与刑期关系

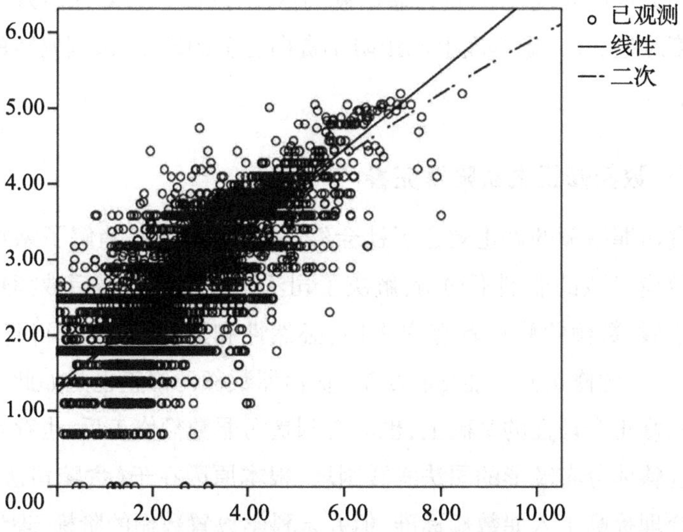

图 5.2.2　修正后数额与刑期关系

从以上数据结论和趋势图可以看出：

其一，由于贪污罪数额已经明显不符合当前的社会经济发展状况和司法实践情况，在数额修正前，贪污罪呈现出明显的边际递减效应；数额修正后，刑期呈现出随着数额的增加而不断提高的趋势，进而释放了数额与刑期的张力，边际递减效应得到明显的降低，缓解了数额与社会经济发展的内生性矛盾。

其二，边际递减效应的存在导致了明显的罪刑不均衡。在数额修正前，贪污数额提高到一定程度后，刑期不但没有增加反而降低，导致前文所述的贪污数额较少而量刑较重，贪污数额较多而量刑偏轻的司法个案差异。同时边际递减效应的存在导致数额与刑期的关系分布较为分散，整体上存在明显的量刑不均衡。数额修正后，贪污罪的边际递减效应得到明显的降低甚至接近于线性关系，刑期的分布较为集中，量刑不均衡问题在整体上得到了明显的缓解。

其三，边际递减效应的存在“不仅没有很好地遏制腐败，甚至使小腐败向大腐败转变”。[①] 贪污罪数额的修正,解决了边际递减效应的法律制度难题,在一定程度上能预防小贪向巨贪的转变,遏制腐败的不断恶化。

三、数额修正之缺陷及完善

贪污罪数额的修正契合了社会经济发展的实际,消解了惩罚边际递减效应导致的罪刑不均衡,解决了司法实践理性与滞后数额规定之间的矛盾,数额的修正具有内生性、必然性和迫切性,是值得肯定的。当然,法律的修正并非能尽善尽美,贪污罪数额的修正也是如此。在承认数额修正合理性的基础上,也应看到贪污罪数额修正后,也存在量刑更轻且整体分布畸形的司法实践困境,根本原因在于《贪贿司法解释》虽然合理提高了入罪数额标准,但并未科学设置数额的阶梯,理论界的现有研究仅集中于入罪数额的提高上,并未发现数额阶梯设置的不合理。

(一)数额修正后的司法实质性从轻变轨

“中国现阶段贪污贿赂等腐败犯罪的立法和司法,不但要严密法网,也要在刑罚上保持足够的威慑力,不应对轻刑化无原则地认同而减损对贪污贿赂犯罪的刑罚供应量。”[②]从我国的《刑法》规定和相关司法解释来看,其实现了对贪污犯罪的“严”的一面,即法网严密;但是,在司法层面,没有真正实现对贪污犯罪“从严”惩治的要求,反而形成了修正后的司法实质性从轻变轨:自由刑刑期相较修正前整体更轻且分布畸形、轻刑率远高于全国所有犯罪的平均水平、缓刑适用率居高不下、免予刑事处罚比例增大。

自由刑刑期整体较修正前明显偏轻,并且自由刑的整体分布畸轻。笔者基于全国18,392例量刑裁判的实证分析发现:数额修正前,自由

---

① 褚红丽、魏建:《刑期与财产双重约束下的腐败惩罚——2015年刑法修改的实证分析》,载《社会科学战线》2018年第1期。

② 孙国祥、魏昌东:《反腐败国际公约与贪污贿赂犯罪立法研究》,法律出版社2011年版,第182页。

刑刑期均值为 39.54 个月，中位数为 30 个月，众数为 36 个月，虽然自由刑刑期集中在 50 个月以下，但 50 个月至 100 个月、100 个月至 180 个月也有大量分布，大致可以看出 3 年以下有期徒刑、3 年到 10 年有期徒刑、10 年以上有期徒刑，呈现出由低到高逐渐减少的区间量刑分布（见图 5.3.1）；而数额修正后，自由刑刑期整体明显下降，均值为 19.12 个月（相比修正前降低了约 20 个月），中位数为 12 个月（相比修正前降低了 18 个月），众数为 12 个月（相比修正前降低了 24 个月），5 年以上 10 年以下有期徒刑、10 年以上有期徒刑的分布畸少（见图 5.3.2）；自由刑刑期几乎完全集中在 60 个月以下，占到样本的 98.2%，10 年以上有期徒刑仅占到样本的 0.3%。笔者通过威尔科克森符号秩检验（$P<0.01$），发现修正后的自由刑刑期显著低于修正前。

轻刑率大幅升高、缓刑适用率居高不下和免予刑事处罚比例增大。数额修正前，样本轻刑率（3 年以下有期徒刑与拘役）为 73.6%；数额修正后，样本轻刑率为 91.3%，提高近 20 个百分点，且远高于全国所有犯罪 2012 年至 2021 年的平均水平，[①]高出约 40 个百分点。缓刑适用率仍然居高不下。数额修正前，缓刑适用率为 64.1%，数额修正后，缓刑适用率为 63.8%，大约为近 10 年全国所有犯罪缓刑适用率的 2 倍多。[②] 数额修正后，免予刑事处罚的处罚比例增大。数额修正前，免予刑事处罚的适用率为 17.2%，数额修正后，免予刑事处罚的适用率为

---

① 本书将轻刑率界定为当年度所有犯罪被判处 3 年以下有期徒刑、拘役、管制、单处附加刑的人数与所有被给予刑事处罚总人数的比值。2011 年至 2020 年，轻刑率的平均值为 52.61%。2011 年为 46.36%，2012 年为 47.19%，2013 年为 50.73%，2014 年为 52.55%，2015 年为 54.44%，2016 年为 55.48%，2017 年为 48.53%，2018 年为 55.75%，2019 年为 58.72%，2020 年为 56.39%。原始数据来源于"全国法院司法统计公报"，《中华人民共和国最高人民法院公报》2012～2021 年。

② 缓刑适用的前提条件为"被判处 3 年以下有期徒刑或者拘役"的犯罪分子，所以本书将缓刑适用率界定为当年度所有犯罪缓刑适用的总人数与被判处 3 年以下有期徒刑或者拘役的总人数的比值。2011 年至 2020 年，缓刑适用率的平均值为 24.71%。2011 年为 17.36%，2012 年为 22.18%，2013 年为 24.73%，2014 年为 25.20%，2015 年为 25.23%，2016 年为 26.12%，2017 年为 27.62%，2018 年为 25.77%，2019 年为 27.33%，2020 年为 25.53%。原始数据来源于"全国法院司法统计公报"，《中华人民共和国最高人民法院公报》2012～2021 年。

24.4%,增加了约7个百分点。

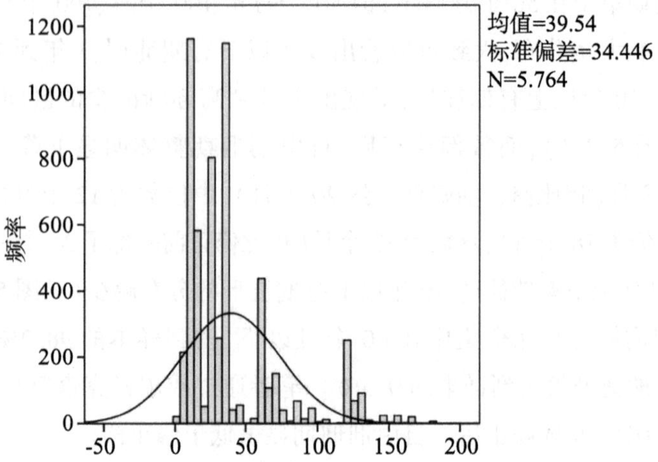

图5.3.1　数额修正前自由刑刑期分布

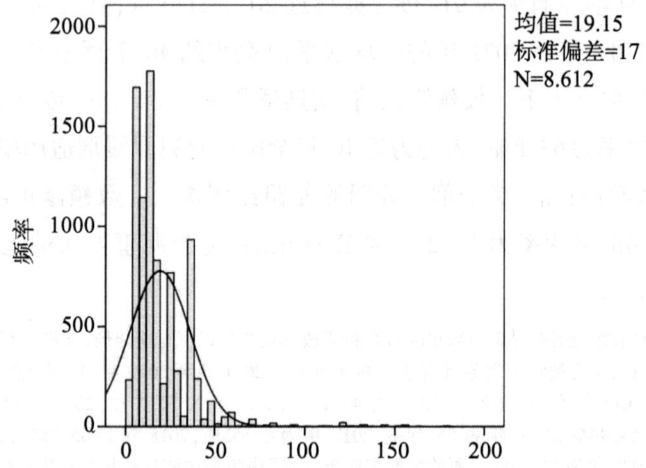

图5.3.2　《刑法》修正后自由刑刑期分布

(二)数额阶梯的设置不合理导致司法畸轻

陈兴良教授认为:“假如在司法实践中某一犯罪的刑罚不是呈现为这种正态分布,而是或重或轻地畸形分布,这种刑罚分配显然既不均衡也不合理。”[①]《贪贿司法解释》设置了3个数额阶梯(不包含严重情节):3万元以上不满20万元的,认为是数额较大,20万元以上不满300万元的,认为是数额巨大,300万元以上的,认为是数额特别巨大;3个数额阶梯的刑罚配置为3年以下有期徒刑或者拘役,3年以上10年以下有期徒刑,10年以上有期徒刑、无期徒刑或者死刑。前文虽然证成了贪污罪入罪数额提高的合理性,但《贪贿司法解释》对于数额阶梯的设置具有随意性,未能正确认识数额阶梯的实然样态,并且与经济发展水平不匹配,与定罪数额的提高不同步、不协调,进而导致数额阶梯的设置缺乏科学性,法定升格的数额空间提高幅度过宽,刑罚分配不均衡、不合理,造成司法实践的实质性从轻变轨。

其一,数额阶梯的设置并未正确认识贪污数额的实然样态。严格按照《贪贿司法解释》规定的数额阶梯进行罪刑估计,在18,392例样本中,贪污数额的均值为25.71万元,均值95%的置信区间为19.97万~31.45万元。除去少数极端个案,贪污的平均数额整体上难以突破300万元,判处10年以上有期徒刑的案件会越来越少,大量的案件将集中于10年以下有期徒刑。在18,392例样本中,20万元以下的贪污数额占到全部样本的80%,20万元到300万元的贪污数额占到样本的19.91%,300万元以上的贪污数额仅占到样本的0.09%。在不考虑严重情节的情况下,80%的案件中犯罪人有可能被判处3年以下有期徒刑或者拘役,仅有不到1%的案件中犯罪人可能被判处10年以上有期徒刑。虽然《贪贿司法解释》通过修正贪污罪的数额,系统性地进行刑罚的分配,整体上扩大刑罚可安放的数额空间,试图减少司法实践中的个案量刑不均衡,但是,数额阶梯的设置并未正视贪污数额的整体实然样态,导致数额阶梯的幅度过宽,出现司法实践的量刑畸轻现象就不足为怪了。

其二,数额阶梯的设置与经济发展水平不相匹配。如前文所证,贪污罪入罪数额的修正符合经济发展现状,实现了入罪标准的逐步理性

① 陈兴良:《贪污贿赂犯罪司法解释:刑法教义学的阐释》,载《法学》2016年第5期。

回归,但数额阶梯的提高却远超经济的发展水平,缺乏理性评估。以10年以上有期徒刑修正前后的样本做纵向比较,如果严格按照人均GDP的发展水平,10年以上有期徒刑的应然数额设置应该为828,267元,而《贪贿司法解释》规定的300万元,接近应然数额的4倍,严重超出了经济发展水平。在假定1997年10万元法定数额设置合理的基础上,将10万元的数额标准设为1,法定数额指标呈现出逐年下降的趋势,到2015年到达了最低点,为1997年的0.13。但《贪贿司法解释》将数额提高到300万元,法定数额指标从0.13提高到3.62,相当于1997年的362,202元,远远高于1997年的不法程度(见表5.9)。虽然数额的提高扭转了贪污罪数额不变而导致的数额指标呈现出的逐年下降趋势和惩罚边际递减效应,但法定刑升格的数额提高幅度过大,导致数额阶梯的设置与经济发展水平不匹配,加之对贪污数额实然样态的认识不足,进而造成司法实践的量刑整体畸轻分布。

表5.9 10年以上有期徒刑数额变化

年份	人均GDP/元	法定数额/元	法定数额/人均GDP	应然数额/元	实际数额(以1997年为基准)/元	变化趋势(1997=1)
1997	6481	100,000	15.43	100,000	100,000	1
1998	6860	100,000	14.58	105,848	94,475	0.94
1999	7229	100,000	13.83	111,541	89,653	0.9
2000	7942	100,000	12.59	122,543	81,604	0.82
2001	8717	100,000	11.47	134,501	74,349	0.74
2002	9506	100,000	10.52	146,675	68,178	0.68
2003	10,666	100,000	9.38	164,573	60,763	0.61
2004	12,487	100,000	8.01	192,671	51,902	0.52
2005	14,368	100,000	6.96	221,694	45,107	0.45
2006	16,738	100,000	5.97	258,263	38,720	0.39
2007	20,494	100,000	4.88	316,217	31,624	0.32

续表

年份	人均 GDP/元	法定数额/元	法定数额/人均 GDP	应然数额/元	实际数额(以 1997 年为基准)/元	变化趋势(1997 = 1)
2008	24, 100	100, 000	4. 15	371, 856	26, 892	0. 27
2009	26, 180	100, 000	3. 82	403, 950	24, 756	0. 25
2010	30, 808	100, 000	3. 25	475, 359	21, 037	0. 21
2011	36, 302	100, 000	2. 75	560, 130	17, 853	0. 18
2012	39, 874	100, 000	2. 51	615, 245	16, 254	0. 16
2013	43, 684	100, 000	2. 29	674, 032	14, 836	0. 15
2014	47, 005	100, 000	2. 13	725, 274	13, 788	0. 14
2015	50, 028	100, 000	2. 00	771, 918	12, 955	0. 13
2016	53, 680	3, 000, 000	55. 89	828, 267	362, 202	3. 62

其三,数额阶梯的设置整体不协调、不同步加剧了量刑的畸形分布。仅从数额上看,贪污罪入罪数额从 5000 元提高到 3 万元,提高了 6 倍;而 10 年以上有期徒刑的犯罪数额,从 10 万元提高到 300 万元,提高了 30 倍,二者提高的幅度并不一致,10 年以上有期徒刑犯罪数额提高的倍数远远高于入罪数额。结合人均 GDP 数据来看,贪污罪入罪数额提高后,仅相当于 2001 年的水平,扭转了入罪数额实质性逐年下降的趋势并回归到理性的规制水平,但数额阶梯的设置却与入罪数额的提高不协调、不同步。以 10 年有期徒刑为例,3 万元的贪污罪入罪数额指标为 0. 72,而 300 万元的法定刑数额指标飙升为 3. 62,呈现较大斜率的陡然激增(见图 5. 4)。贪污罪的入罪标准基本维持且略低于 1997 年水平,而法定刑升格标准变化率却远远高于入罪标准,是入罪标准变化的 5. 03 倍。入罪数额和法定刑升格数额的巨大差异,造成了贪污罪内部的罪刑配置极其不协调,加之贪污犯罪数额实然样态的分布情况,导致司法实践中的量刑畸轻分布。

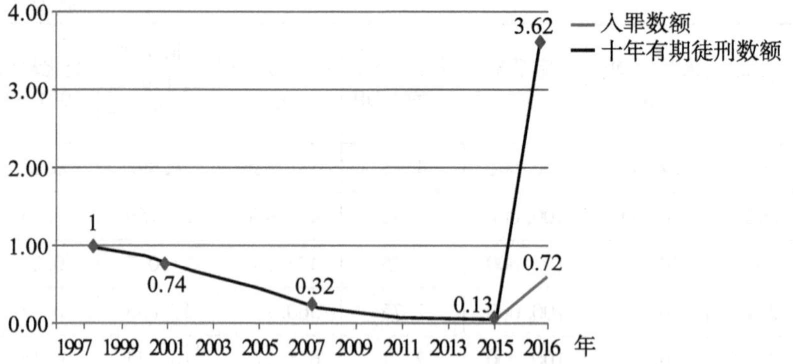

图 5.4 贪污罪数额标准变化趋势

(三)数额阶梯的合理修正

“立法者必须将法定刑设置在合理的幅度内,幅度太窄既难以实现罪刑相当,也难以实现刑罚的个别化;法定刑配置幅度过大,又会产生与绝对不定期刑类似的弊端,缺乏可操作性,司法实践中难免产生刑罚过度或刑罚不足的现象。”①贪污罪的数额阶梯设置关系到罪刑配置和司法适用,对数额阶梯“必要的修正不会损害刑法典的稳定性,主要在于我们如何把握‘度’”。② 对数额阶梯的合理修正,应综合考量贪污犯罪数额的实然样态、经济发展状况、贪污罪修正前后的纵横关系等因素,才能扭转司法实践的畸轻分布,正确体现罪刑相适应的原则和要求。

以“631”司法实然样态作为数额阶梯设置的基础。陈兴良教授假设了存在 10 万件贪污或者受贿案件,3 万元以上 20 万元以下的量为 5 万件、20 万元以上 300 万元以下的案件量为 3 万件、300 万元以上的案件量为 2 万件,该“532”的数额阶梯假设对应较轻犯罪(占到 50% 左右)、较重犯罪(占到 30% 左右)、特别严重犯罪(占到 20% 左右)的刑

① 姚龙兵:《刑法立法基本原则研究》,中国政法大学出版社 2014 年版,第 175 页。
② 高铭暄、郭玮:《我国刑法修正模式辨正》,载《法学杂志》2018 年第 12 期。

罚理想分布状态。[1] 笔者将陈兴良教授提出的“532”刑罚理想分布状态代入18,392例量刑裁判中进行验证,发现如若要达到此种刑罚理想分布状态,贪污罪的对应数额为6.36万元以下(占到50%),6.36万元至19.75万元(占到30%),19.75万元以上(占到20%),远远低于《贪贿司法解释》的数额规定,这种理想的刑罚分布状态也不符合贪污罪数额的实然样态。虽然我们在不断地追求刑罚的正态分布,但现实情况往往很难完全达到。本书根据陈兴良教授提供的罪刑配置思路,结合18,392例贪污罪数额的实然样态,提出较为现实可行的“631”的刑罚阶梯设置,即当数额阶梯修正为3万元到10万元、10万元到50万元、50万元以上的时候,较轻犯罪(3年以下有期徒刑或者拘役占到60%左右)、较重犯罪(3年以上10年以下有期徒刑占到30%左右)、特别严重犯罪(10年以上有期徒刑、无期徒刑或者死刑占到10%左右)。这种刑罚阶梯设置可以扭转10年以上有期徒刑仅占到样本的0.7%的尴尬局面。

本书认为应以经济发展状况和修正前后的纵横关系作为数额阶梯设置的调整依据。如果严格以“631”司法实然样态作为数额阶梯设置标准,也会滞后于经济发展的实际状况。以10年以上有期徒刑为例,1997年的10万元对应2016年的应然数额应是828,267元,“631”数额阶梯设置为50万元,低于应然数额30多万元;如果严格以“631”司法实然样态作为数额阶梯设置标准,50万元的数额标准仅相当于1997年的60,367元,难以保持与1997年的不法程度和民众的可接受程度同步。在假定1997年10万元设置合理的基础上,确定828,267元为10年以上有期徒刑的适用起点,可以保持数额修正的纵向同步关系。在此基础上,考虑到立法规定和司法裁判的整数思维,本书认为将100万元作为10年以上有期徒刑的适用起点较为适宜。结合上述“631”的划分基础,相应的数额阶梯应修正为3万元到10万元;10万元到

① 参见陈兴良:《贪污贿赂犯罪司法解释:刑法教义学的阐释》,载《法学》2016年第5期。

100 万元;100 万元以上。另外,从贪污罪数额提高的横向协调性来讲,将 10 年以上有期徒刑的适用起点提高为 100 万元,仅相当于 1997 年不法水平的 1.21 倍,与入罪数额的 0.72 倍之间的差距并不大,保持了入罪数额和法定刑升格数额的同步协调。

以均值的 95% 的置信区间为 5 年有期徒刑的分界点。上述分析虽然解决了 10 年以上有期徒刑的分布畸少的问题,但在 18,392 例裁判中,由于 5 年以下有期徒刑占到样本的 98.2%,呈现出轻刑率过高、缓刑适用率居高不下的实质性从轻。因此,在司法适用环节,应对 10 万元到 100 万元的数额区间进行限制,因为该区间数额幅度较大,所对应的刑期为 3 年以上 10 年以下有期徒刑刑期裁判空间也较大,容易造成畸轻的量刑分布和缓刑适用率的居高不下。在 18,392 例量刑裁判中,贪污罪数额均值 95% 的置信区间为 19.97 万 ~ 31.45 万元。结合数额的司法实然样态,本书建议将 20 万元作为一个分界点,在司法适用中,贪污数额在 20 万元以上的,应在 5 年以上有期徒刑进行裁判,一方面可以扭转 5 年以上有期徒刑的畸少分布,另一方面,由于不符合缓刑的适用条件,也可以在一定程度上降低过高的缓刑适用率。

综上所述,本书认为应将数额阶梯修正为 3 万元到 10 万元,10 万元到 100 万元;100 万元以上,分别对应的刑期为 3 年以下有期徒刑或拘役,3 年以上 10 年以下有期徒刑,10 年以上有期徒刑、无期徒刑或死刑。在司法适用环节,贪污数额在 20 万元以上的,原则上判处 5 年以上有期徒刑。这不仅符合经济发展的水平和司法实践中贪污数额的实然样态,又能在一定程度上扭转贪污罪自由刑刑期的畸轻分布,缓刑适用率过高等实质性从轻问题,从而有效实现对贪污犯罪的刑事治理。

第三节 刑罚适用的合理评估——以食品安全犯罪为例

数量刑法学的实践性展开不仅可以探索罪量因素之间的关系及其标准的设置,还可以对刑罚的适用状况、效果进行量化评估,为数字刑量的立法设置和司法适用提供参考标准。食品安全涉及公众生命健康权，一直是社会关注的焦点，习近平总书记提出了针对食品安全的“四个最严”①要求，确保人民群众舌尖上的安全。我国通过对食品安全犯罪降低入罪门槛、扩大犯罪圈、加强行刑衔接等措施提高了惩罚概率（行为人逃脱刑事制裁的概率更低），提高法定刑和配置从业禁止，司法上规定从严惩治和严格适用缓刑增加了惩罚力度（行为人付出的犯罪成本更高），形成了对食品安全犯罪的“从严”刑事打击。所以，针对食品安全犯罪的刑罚适用状况一直是学界重点关注的问题。本书将食品安全犯罪作为研究对象，对司法实践中食品安全犯罪的刑罚适用状况和效果进行量化评估，在此基础上提出改进的量化参考方案。

一、立法层面的“既严又厉”规定

关于食品安全问题的法律规制经历了从无到有，从轻到严的3个阶段：刑事责任空白阶段（1949～1979），该阶段从卫生防疫的角度旨在加强食品的行政监管，最早由原卫生部颁布了《清凉饮食物管理暂行办法》（1953），其后我国又相继制定了《肉品卫生检验试行规程》（1959）、《食品合成染料管理办法》（1960）、《食品卫生管理试行条例》（1965）、《农村集市贸易食品卫生管理试行办法》（1979）。刑事责任确立扩展阶段（1979～2009），该阶段行政处罚和刑事处罚双管齐下，加强食品监管和确立刑事处罚规范，相继在《刑法》（1979）、《刑法》（1997）规定了食品安全犯罪，制定了《食品卫生法（试行）》（1982）、《食品卫生法》（1995）。刑事处罚全面从严阶段（2009至今），受三鹿奶粉事件的影响和相继出现的“地沟油”“瘦肉精”“毒血旺”等事件的发酵，社会公众对食品安全犯罪的公共危险性认识提高，考验国家对食品安全治理的智慧，催生了全面从严打击食品安全犯罪的共识。在此阶段，我国相继制定、修改了一系列从严惩处食品违法犯罪的法律规

① 习近平总书记提出的“四个最严”的要求包括最严谨的标准、最严格的监管、最严厉的处罚、最严肃的问责4个方面。参见《习近平对食品安全工作作出重要指示》，载新华网，http://www.xinhuanet.com//politics/2016-01/28/c_1117928826.htm。

范，特别是《食品安全法》(2009)、《刑法修正案(八)》(2011)、《食品安全法》(2015)、《刑法修正案(九)》(2015)[①]、《刑法修正案(十一)》(2020)[②]、《食品安全法》(2021)都明确了对食品安全违法犯罪行为的从严惩治。

对于食品安全犯罪存在刑法介入时间提前、范围扩展、力度加重的趋势，虽然部分学者产生了“不能发挥风险刑法的提前规制效果”[③]，“抽象危险犯与法定犯对法益保护的双重前置”[④]，可能造成法益保护与人权保障“常处于紧张的对立之中”[⑤]的担忧，但对食品安全犯罪“从严”惩治的理性选择，却是刑事立法层面的一直坚守。笔者通过收集1953年至2017年涉及食品违法犯罪的法律规范性文件(含《刑法》及修正案，食品安全法律法规，最高人民法院、最高人民检察院的司法解释、国务院关于全国食品药品专项整治工作安排及其他涉及食品违法犯罪的规范性文件)共计55部，发现94.5%的法律规范性文件明确提出对食品安全犯罪应当从严惩处。在“从严”的实现方式上，约60%的规范性文件明确规定采用“既严又厉”的路径，即将“法网严密”和“刑罚严厉”两方面结合，主要体现于罪刑规范的设置和适用上。

---

① 《刑法修正案(九)》增加了“因利用职业便利实施犯罪，或者实施违背职业要求的特定义务的犯罪被判处刑罚的，人民法院可以根据犯罪情况和预防再犯罪需要，禁止其自刑罚执行完毕之日或者假释之日起从事相关职业，期限为三年至五年。”该条在司法实践中大量适用于食品安全犯罪，加大了对食品安全犯罪的惩罚力度。

② 《刑法修正案(十一)》将《刑法》第408条之一第1款修改为：“负有食品药品安全监督管理职责的国家机关工作人员，滥用职权或者玩忽职守，有下列情形之一，造成严重后果或者有其他严重情节的，处五年以下有期徒刑或者拘役；造成特别严重后果或者有其他特别严重情节的，处五年以上十年以下有期徒刑：(一)瞒报、谎报食品安全事故、药品安全事件的；(二)对发现的严重食品药品安全违法行为未按规定查处的；(三)在药品和特殊食品审批审评过程中，对不符合条件的申请准予许可的；(四)依法应当移交司法机关追究刑事责任不移交的；(五)有其他滥用职权或者玩忽职守行为的。”该条对负有食品监督管理职责的国家机关工作人员滥用职权或玩忽职守同样进一步明确了处罚依据。

③ 黄星：《食品安全的风险刑法观之反思》，载《法学杂志》2011年第9期。

④ 杜小丽：《抽象危险犯形态法定犯的出罪机制——以生产销售假药罪和生产销售有毒有害食品罪为切入》，载《政治与法律》2016年第12期。

⑤ 刘仁文：《中国食品安全的刑法规制》，载《吉林大学社会科学学报》2012年第4期。

在刑事立法方面的表现：其一，增加罪名的设置。在生产、销售不符合安全标准的食品罪和生产、销售有毒、有害食品罪的基础上，增加了食品监管渎职罪。其二，取消罚金刑的限制、增加保安性措施、保留重刑。生产、销售不符合安全标准的食品罪和生产、销售有毒、有害食品罪都取消单处罚金，一律修改为并处罚金，倍比罚金刑改为无限额罚金刑，取消罚金刑上限；对食品安全犯罪可以适用3年至5年的从业禁止；生产、销售不符合安全标准的食品罪最高可以适用无期徒刑，生产、销售有毒、有害食品罪保留死刑的同时取消拘役刑。其三，降低基本犯的入罪门槛，生产、销售不符合安全标准的食品罪增加其他严重情节。生产、销售有毒、有害食品罪将"对人体健康造成严重危害的"修改为"对人体健康造成严重危害或者有其他严重情节的"。

在刑事司法方面的表现：其一，强调依法对食品安全犯罪进行严惩，加大财产刑的适用，严格控制适用缓刑和免予刑事处罚。其二，推进行政执法和刑事司法衔接，明确严禁"以罚代刑"。其三，严格控制缓刑适用，如若适用缓刑，应当同时宣告禁止令。

最后，国务院及相关部委的规范性文件，一直强调对食品违法犯罪行为的及时打击和从严惩处。

二、司法层面的实质性"从轻"异化

生产、销售有毒、有害食品罪的社会危害性大、惩处严，成为讨论最多、争议最大的罪名。本书将其作为食品安全犯罪中最典型的罪名进行分析，通过对该罪名8062例量刑裁判实证分析发现：食品安全犯罪的刑事治理在司法层面存在实质性"从轻"的异化。

（一）轻刑的适用率偏高，有期徒刑整体偏轻

在全国生产、销售有毒、有害食品罪的量刑裁判中，免予刑事处罚共计41例，占样本总数的0.5%；单处罚金共计22例，占样本总数的0.3%；拘役86例，占样本总数的1.1%；有期徒刑7913例，占样本总数的98.2%；轻刑率为96.3%，远高于2011年至2020年全国所有犯罪

轻刑率的平均水平 52.61 %。[1] 由于5 年以下有期徒刑占到有期徒刑样本总数的98.4%,且基本犯占据了该罪的绝大多数,本书将重点考察基本犯的5 年以下有期徒刑的司法适用情况。另外,《刑法修正案(八)》未对第一档刑期进行降低或提高,研究基本犯的第一档刑期能跨越《刑法》修正的历程,更具有数据的时间贯通性和说服力。在数据清洗和整理后,符合上述要求一共有 7830 份量刑裁判,下文在此基础上进行数据挖掘和分析。

全国生产、销售有毒、有害食品罪的有期徒刑量刑,众数为 6 个月,中位数为 8 个月,均值为 10.81 个月。较多的量刑选择依次为 6 个月(36.7%)、12 个月(15.8%)、8 个月(9%)、7 个月(8.5%),合计占样本总数的 70%。12 个月以下的量刑选择合计占样本总数的 82.1%,法定刑中线 30 个月[2]以下的量刑合计占样本总数的 97.1%(见表5.10),而选择适用最高刑 60 个月的案例仅有 43 个,仅占 0.5%。样本的中位数(实然的法定刑中线)为 8 个月,应然的法定刑中线为 30 个月,二者相差 22 个月,几乎所有的有期徒刑在法定刑中线 30 个月以下进行选择。有期徒刑整体偏轻的量刑情况与食品安全犯罪“从严”刑事政策的要求相去甚远,陷入实质性从轻的极端。

---

① 本书将轻刑率界定为当年度所有犯罪被判处 3 年以下有期徒刑、拘役、管制、单处附加刑的人数与所有被给予刑事处罚总人数的比值。2011 年至 2020 年,轻刑率的平均值为 52.61%。2011 年为 46.36%,2012 年为 47.19%,2013 年为 50.73%,2014 年为 52.55%,2015 年为 54.44%,2016 年为 55.48%,2017 年为 48.53%,2018 年为 55.75%,2019 年为 58.72%,2020 年为 56.39%。原始数据来源于“全国法院司法统计公报”,《中华人民共和国最高人民法院公报》2012 ~ 2021 年。

② 严格意义上来讲,有期徒刑的法定刑中线应该是用最高刑加最低刑除以 2,应该是 33 个月,但源于数据涉及之前未取消拘役刑的判决,存在 1 月的最低自由刑处罚,加之司法量刑裁判存在整数的裁判习惯,本书将这里的法定刑中线定义为 30 个月。

表 5.10　有期徒刑的分布

刑期/月	案例数/件	所占百分比/%	累计百分比/%
6	2874	36.7	36.7
7	662	8.5	45.2
8	701	9.0	54.3
12	1235	15.8	82.1
18	368	4.7	90.8
24	312	4.0	95.9
30	68	0.9	97.1

说明:为了简化表格,仅列举了出现频率较高或重要量刑刻度的整数量刑,其他的量刑未在表格中显示,下文的表格也按照此方法进行处理。

(二)缓刑的适用率偏高,禁止令未严格适用

适用缓刑的被告人数为 4003 人,缓刑适用率达样本总数的 51.1%,高于全国所有犯罪 2011 年至 2020 年缓刑适用的平均水平,[①]高出 20 多个百分点。缓刑考验期均值为 15.8 个月,众数为 12 个月,中位数为 12 个月,较多的缓刑考验期量刑选择依次为 12 个月(71.3%)、24 个月(15%)、18 个月(5%),合计占样本总数的 91.3%。缓刑考验期在 24 个月以下的占到样本总数的 93.9%(见表 5.11),缓刑考验期存在一年或两年的司法适用习惯,且大多数的缓刑考验期都未超过有期徒刑的法定刑中线 30 个月。

2013 年"两高"《关于办理危害食品安全刑事案件适用法律若干问题的解释》(已失效)第 18 条规定:对于符合刑法规定的缓刑适用条件的犯罪分子,可以适用缓刑,但是应当同时宣告禁止令,禁止其在缓刑考验期限内从事食品生产、销售及相关活动。该解释力图通过在缓刑

① 缓刑适用的前提条件为"被判处 3 年以下有期徒刑或者拘役"的犯罪分子,所以本书将缓刑适用率界定为当年度所有犯罪适用缓刑的总人数与被判处 3 年以下有期徒刑或者拘役的总人数的比值。2011 年至 2020 年,缓刑适用率的平均值为 24.71%。2011 年为 17.36%,2012 年为 22.18%,2013 年为 24.73%,2014 年为 25.20%,2015 年为 25.23%,2016 年为 26.12%,2017 年为 27.62%,2018 年为 25.77%,2019 年为 27.33%,2020 年为 25.53%。原始数据来源于"全国法院司法统计公报",《中华人民共和国最高人民法院公报》2012～2021 年。

考验期内适用禁止令，以增强刑法的威慑力和矫正教育功能。但是，笔者通过将2013年《关于办理危害食品安全刑事案件适用法律若干问题的解释》颁布后的所有缓刑适用判决进行数据挖掘，发现23.3%宣告缓刑的量刑裁判并未对被告人宣告禁止令，司法裁判并未严格按照司法解释的要求进行缓刑禁止令的宣告适用，无形中降低了刑罚的威慑和预防效果。生产、销售有毒、有害食品罪大量适用缓刑且缓刑考验期较低，禁止令未完全严格适用，大大地弱化了食品安全犯罪"从严"刑事政策的要求，甚至让部分犯罪分子实质性地逃脱了刑事制裁。

表5.11 缓刑考验期分布

缓刑考验期刑期/月	案例数/件	所占百分比/%	累计百分比/%
12	2853	71.3	71.9
18	199	5.0	78.7
24	601	15.0	93.9
36	145	3.6	98.2
48	52	1.3	99.6
60	17	0.4	100

（三）罚金刑整体趋轻化，罚金数额差异较大

罚金刑数额最低为1000元，最高为2,000,000元，均值为20,492元，中位数为10,000元，众数为10,000元，标准差为51,991，标准差是均值的2倍多，说明罚金刑的离散程度较高，罚金刑差异性较大。罚金刑同时也存在一定的集中趋势，罚金刑数额较多的选择依次为10,000元（占4.9%），5000元（占16%），20,000元（占11.4%），2000元（占10.8%），20,000元以下的罚金刑数额占到样本总数的83.3%，50,000元以下的罚金刑数额占到样本总数的93.1%（见表5.12），呈现出罚金刑普遍偏轻的集中趋势。整体偏轻的罚金刑适用，未体现食品安全犯罪"从严"刑事政策的要求，难以剥夺食品安全犯罪分子再犯的能力，加之有期徒刑刑期短、缓刑适用率高等从轻的司法处遇，弱化了刑罚的威慑力和预防效果，可能造成更多的犯罪分子重操旧业。

表 5.12　罚金数额分布

罚金数额/元	案例数/件	所占百分比/%	累计百分比/%
1000	385	4.9	4.9
2000	844	10.8	15.8
5000	1250	16.0	42.2
10,000	1382	17.7	67.5
20,000	893	11.4	83.3
50,000	202	2.6	93.1

三、"从严"刑事政策下的匡正对策

食品安全犯罪的刑罚适用要解决3个重要问题：其一，考虑到监禁刑的社会成本和效益，结合刑罚轻缓化发展趋势，不能一味地从重处罚，但毕竟是"从严"的刑事政策，至少应保证有期徒刑整体在法定刑中线左右。其二，由于食品安全犯罪属于追求经济目的犯罪行为，可以借鉴"经济学人"的思路，应用犯罪经济学的基本原理，充分适用罚金刑，一方面提高犯罪的成本，另一方面降低其再犯的可能性。其三，禁止令和从业禁止的绝对适用，可以在较长时期内防止再犯的可能性，充分发挥刑罚预防犯罪的作用。这样的刑罚适用对策力图消除"死刑偏重、生刑偏轻"①的窘境，在法网不扩大的情形下，不让法律虚置，让生刑更具威慑力和预防效果。

（一）改变有期徒刑整体偏轻的现状

如上文所证，以食品安全犯罪最典型的生产、销售有毒、有害食品罪而言，其轻刑率高于全国2011年至2020年所有犯罪的轻刑率的平均水平，有期徒刑量刑整体偏轻。2013年《关于办理危害食品安全刑事案件适用法律若干问题的解释》和《关于常见犯罪的量刑指导意见（试行）》并未对基本犯的量刑给出明确的裁量标准，司法实务也难以对食品安全犯罪的"从严"刑事政策进行精准的把握。立法上给出的生产、销售有毒、有害食品罪有期徒刑的量刑区间为6个月以上5年以下，贯彻"从

---

① 孙点婧：《死缓限制减刑制度研究》，载《中国人民公安大学学报（社会科学版）》2021年第3期。

严”的刑事政策关键在于合理确定司法适用的一般性量刑区间，当然极端的个案也不排除超出这一区间。本书在此处提出3个由轻到重的“量刑区间”供司法机关在制定量刑指导意见时参考：(1)法定刑中线区间：应然的法定刑中线为30个月，实然的法定刑中线为8个月，整体量刑区间应在8个月以上30个月以下，以扭转50%的量刑都在8个月以下的实质性从轻。(2)三分之二区间：整体量刑区间应在12个月以上40个月以下进行评估，扭转82.1%的量刑在12个月以下的实质性从轻。(3)黄金分割线区间：以0.618和0.382计算出22.92个月以上37.08个月以下的黄金分割线区间，考虑到司法裁判的整数习惯，约为24个月以上36个月以下的区间，即2年以上3年以下。3个量刑区间是有期徒刑整体贯彻“从严”刑事政策应有的整体分布区间，但并不排除特殊案件中脱离量刑区间进行上限和下限的调整，同时量刑区间并未排斥缓刑“3年以下有期徒刑”的适用前提，也能很好地衔接缓刑的适用。

有期徒刑实质从轻的扭转并不是从极端的从轻到极端的从严，而是结合中线理论和黄金分割理论寻求食品安全犯罪“从严”的理性转变，在裸刑均值普遍低于法定刑中线既定事实的情形下，尊重司法官员的独立理性，采用“渐进而行”[①]的思路，在不违背当前刑罚轻缓化的趋势下，扭转食品安全犯罪“从严”刑事政策实质从轻、威慑力和预防效果弱化的现状。

(二)提高罚金刑数额与行政罚款数额相衔接

根据美国经济学家加里·贝克尔的犯罪经济学模型，[②]犯罪人在决定是否实施犯罪时，会权衡定罪的概率与刑罚的严厉程度，并将其与预期的犯罪收益进行对比。这种经济理性的考量对于风险偏好者、风险中性者和风险规避者具有不同程度的威慑力，从轻到重依次递增。但贝克尔并未细分不同刑罚措施对不同犯罪的成本差异，进而精准地减少风险偏好者、增加风险规避者的比例。对于经济犯罪、财产犯罪和其他营

---

① 白建军：《裸刑均值的意义》，载《法学研究》2010年第6期。

② 参见[美]加里·S.贝克尔：《人类行为的经济分析》，王业宇、陈琪译，格致出版社、上海三联书店、上海人民出版社2008年版，第58~68页。

利性犯罪“仅处以自由刑，难收预防犯罪之成效，不能实现刑罚的目的”①，必须考虑提高罚金刑在威慑食品安全犯罪中的重要作用。

在食品安全犯罪人中男性占65.5%，女性占34.5%，被告人年龄均值为41.49岁，中位数为41.76岁，众数为43岁，并且人数以41.76岁向高低年龄方向逐渐降低，基本呈正态分布（见图5.5）。无业、务农、务工人员占46.6%，个体户占到50.8%，二者合计占97.4%。初中以下文化程度的人员占到了85.2%。犯罪主体呈现出以中青年男性为主，以无业、务农、务工人员和个体户为主要职业的犯罪群体画像。该犯罪群体职业不固定、经济收入偏低且文化程度不高，结合年龄因素，该犯罪群体承担着家庭支出的经济压力，经济收益的强烈迫切性使其忽略自由刑的犯罪成本，甚至在极端情况下自由刑可能根本不能对其形成威慑。② 食品安全犯罪人有着追求经济利益的强烈动机，提高罚金刑恰好能形成对其巨大的约束力，显著地增加犯罪的成本，减少风险偏好者的比例，增加风险规避者的比例，提高刑罚的威慑和预防效果。

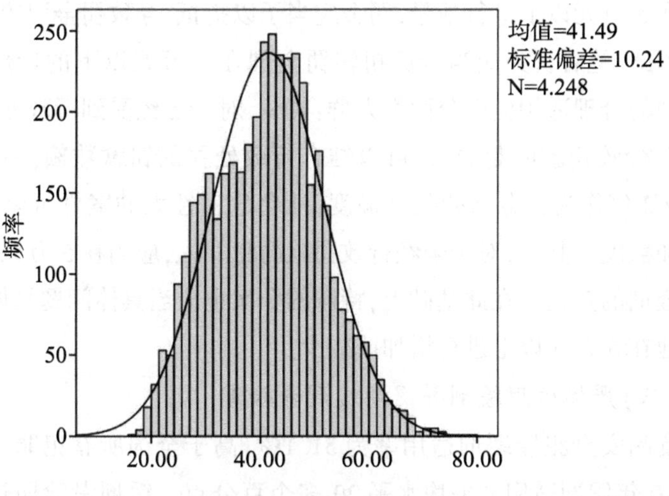

图5.5　被告人年龄分布

① 赵国强：《关于完善我国罚金刑适用范围的研究》，载《法律学习与研究》1989年第2期。

② 司法实践中也出现过发生交通肇事后，肇事人花钱找人顶包的案例。有些经济收入较低的人员为了经济利益不顾人身权的剥夺，自由刑对其的威慑力并不高。食品安全犯罪人对经济的渴望程度较高，也会导致其以自由换取非法经济利益。

当前我国的罚金刑存在限额罚金刑、倍比罚金刑和无限额罚金刑三种立法模式。《刑法修正案(八)》取消了单处罚金刑,将食品安全犯罪原有的倍比罚金刑修改为无限额罚金刑,试图增加罚金刑的威慑力,为法官创造了灵活的罚金刑适用条件,但却造成罚金刑适用的标准不统一,操作性不强。虽然2013年《关于办理危害食品安全刑事案件适用法律若干问题的解释》规定了处以生产、销售2倍以上的罚金进行了补救,但正如上文所证,司法实践中判处的罚金刑差异极大且整体从轻,并未体现出罚金刑应有的威慑力和预防犯罪效果。

另外,食品安全犯罪的罚金刑还涉及与《食品安全法》之间的衔接。《食品安全法》一般处以5万元以上的罚款,而司法实践中5万元以下的罚金刑数额占到样本总数的93.1%,导致二者之间的极不协调。加之《行政处罚法》第35条第2款规定:"违法行为构成犯罪,人民法院判处罚金时,行政机关已经给予当事人罚款的,应当折抵相应罚金。"如若行政机关已经给予犯罪分子行政罚款且都在5万元以上,罚金刑在5万元以下进行裁量,罚金应当予以折抵,导致罚金刑的虚置。

因此,笔者认为应当全面扭转罚金刑在5万元以下的量刑分布。罚金刑的合理适用应区分两类人群:其一,对于已经受到行政处罚5万元以上行政罚款的犯罪人,可以结合行政处罚的罚款数额,一般增加1倍或2倍作为罚金刑的判处额度,社会危害性大的案件可以例外考虑增加额度。其二,对于未经行政罚款的犯罪人,应当在5万元以上进行罚金刑的宣判。在此基础上,特殊的个案也应当具体问题具体分析,适度地在5万元以上进行增加或减少。

(三)严格适用缓刑并提高缓刑考验期

食品安全犯罪缓刑适用率为51.1%,高于全国所有犯罪2011年至2020年缓刑适用的平均水平20多个百分点。缓刑考验期较短、缓刑禁止令并未严格适用的问题,弱化了缓刑的作用和"从严"刑事政策的落实。对于食品安全犯罪的缓刑适用,不管是"两高"的通知还是司法解释的精神,都认为应当严格控制,以改善食品安全犯罪中缓刑适用率过高的司法状况。在从严"渐进而行"和保障人权的基础上,缓刑的适用率整体上应保持在30%左右,尽量与全国平均水平保持一致。根据2013年《关于办理危害食品安全刑事案件适用法律若干问题的解释》的规定,食品安全犯罪判处缓刑绝对适用禁止令,所以缓刑考验期必须考虑改变现有的较短现状,结合上文有期徒刑的3个量刑区间,可以考虑3年至5年的缓刑考验期,禁止其在缓刑考验期限内从事食品生产、销售及相关活动;而对于未判处缓刑的犯罪人应当宣告3年至5年的从业禁止,剥夺犯罪分子再犯的可能,以达到惩罚犯罪和社会防卫的双重目的。

第六章　数量刑法学之现代性拓展

> 作为一种观念形态和知识体系，科学技术对人们的精神生活，包括价值观念、行为准则、伦理道德、文化形式和理论思维，都有深刻的影响。①
>
> ——钱三强

“从语义看，现代性是关于现代之性质的思考；而从语用看，现代性则是一种不断生成的‘时代意识’。”②现代性集中体现了社会现代化的属性。随着科学技术的飞速发展，在互联网、大数据、人工智能技术的推动下，当前社会正在进行现代性的时代转型和发展，“互联网+”“大数据+”“人工智能+”等已经成为社会各领域进行主体性构建、认识论革新、方法论改进的重要路径。我国的刑法研究偏重“刑法学+for”研究，即主要针对互联网、大数据、人工智能等科学技术带来的刑法问题进行规制。但缺少“刑法学+by”研究，即将现代科技融入刑法学研究。正如刘艳红教授在论述科技时代与刑法理论的关系时提出，“事实上，大数据与人工智能的法律问题主要是如何将之运用于法律领域的问题”，③即主要解决“刑法学+by”的研究。目前，在全国开展的“智慧法院”和“智慧检务”是在实践层面的现代化改革，其不仅影响

① 《钱三强科普著作选集》，上海教育出版社1990年版，第248页。

② 张健：《现代性的含义及其在当代中国的理解与构建》，载《社会科学研究》2006年第1期。

③ 刘艳红：《刑法理论因应时代发展需处理好五种关系》，载《东方法学》2020年第2期。

刑事程序问题，还涉及定罪和量刑等实体性判断，亟须在刑法理论的基础上进行算法和模型的理性构建。数量刑法学之现代性拓展，是在刑法中“数”“量”及其关系的逻辑起点上，融合规范进路的数理模型和实践进路的数据模型，以数据为沟通桥梁，将互联网、大数据、人工智能等信息技术融入刑法研究，为夯实刑法学的规范性基础和提高刑法学的实践性效率而提出的数量研究方案。

第一节　数量刑法学之大数据平台搭建及应用

大数据平台的搭建是进行数据挖掘、算法构建、程序设计、人工智能应用的重要基础，其通过数据采集、数据清洗和数据挖掘，为刑法学研究提供坚实的经验基础，为刑事立法和司法的决策分析提供可靠的数据支撑。数量刑法学基于量化研究的范式，具备天然的数据转化和处理能力，能很好地助力刑法学大数据平台的搭建。

一、刑事一体化的数据库结构

我国已经开展了许多与法律相关的数据库建设，但不同机关、部门和学术研究机构的数据库相互独立，缺少关联互动，形成了物理性和逻辑性的“数据孤岛”，消耗大量资源的同时，不利于刑事立法、刑事司法和刑法理论的整合性研究。

储槐植教授提出了刑事一体化思想，并对刑法学的内外关系进行了界定：“内部关系主要指罪刑关系，以及刑法与刑事诉讼的关系。外部关系更加复杂：其一为前后关系，即刑法之前的犯罪状况；刑法之后的刑罚执行情况。其二为上下关系，即刑法之上的社会意识形态、政治体制、法文化、精神文明等；刑法之下主要指经济体制、生产力水平、物质文明等。”[①]本书沿着储槐植教授的刑事一体化思想，设计大数据平台的数据库结构，由于上下关系的内容较为抽象，大数据平台的数据库

① 储槐植：《再说刑事一体化》，载《法学》2004 年第 3 期。

结构至少要处理好内部关系以及前后关系两个方面,待后续量化研究更为深入后,再加入上下关系的内容。本书认为可以基于此,构建以罪刑关系为核心(刑事立法和刑事司法数据库),以分则罪名体系为接口,统筹刑法之前的社会状况和犯罪形势数据库,以及刑法之后的刑罚执行数据库,从而形成的刑事一体化下的大数据平台数据库结构。

"关系有外部关系和内部关系之分,结构也相应地有外部结构和内部结构之分。外部结构通常左右事物的环境;内部结构通常决定事物的性质。"①本书通过数量刑法学的量化优势,利用数据的转换和交换,形成刑事一体化下具有双向反馈的"闭循环"数据库结构。该数据库中各部分的相互关系从宏观上主要表现为:其一,刑法之前的社会状况及犯罪形势,直接作用于刑事立法中罪刑关系的设置和修正,刑事立法反作用于社会状况及犯罪形势的改变;其二,刑事立法确立的罪刑关系指导司法实践运行,并接受司法实践反馈出的新情况和新问题,进而对刑事立法中的罪刑关系进行调整;其三,司法裁判直接决定刑法之后的刑罚执行,刑罚执行的方式、执行中的问题以及执行后的效果,反馈于司法裁判的修正;其四,刑罚执行后的效果,主要从社会治安状况和犯罪状况进行判断,同时也反馈于刑罚执行方式本身的改进(见图6.1)。

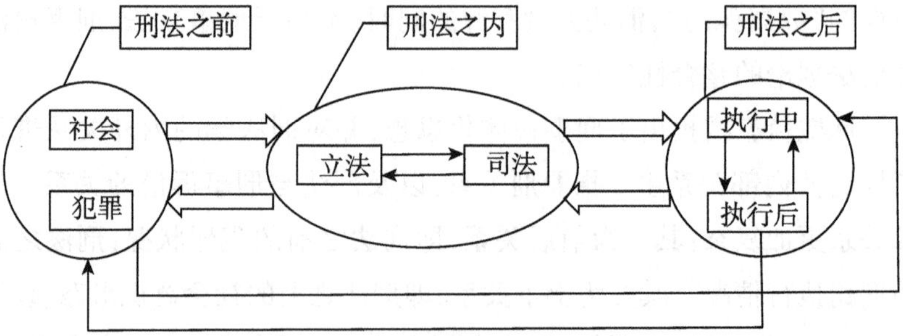

图6.1 刑事一体化数据库结构

① 高维俭:《刑事三元结构论——刑事哲学方法论初探》,北京大学出版社2006年版,第70页。

刑法之前包括社会状况数据库和犯罪形势数据库。社会状况数据库,根据不同的罪名,对接公安、监察、市场监督管理、金融监管等机关对治安案件、行政违法案件建立的相应数据库。我们可以从案件发生的件数、案件与人口比、案件增长趋势、危害性大小(经济损失、人身伤害、社会秩序破坏)等因素,权衡某类行为的社会现实状况。犯罪形势数据库,根据《刑法》分则的罪名体系,在一个统计年度内,对应于公安机关的刑事立案数、检察机关的公诉案件数、人民法院的收案和结案数,以及案件与人口比(犯罪率)、再犯率等因素建立的数据库。

刑法之内包括刑事立法数据库和刑事司法数据库。刑事立法数据库不同于以往将法条进行简单罗列,而是以《刑法》分则的 483 个罪名为基础,通过罪质、罪量、刑量 3 个模块,构建以罪名体系为核心的数据库。刑事司法数据库包含司法解释等规范性文件以及司法案例两个模块,以刑事立法数据库的罪名体系为标准,一方面,构建涉及罪质、罪量、刑量更为细化的司法解释数据模块;另一方面,通过对罪名体系中的个罪在司法裁判中呈现出的特征,进行个罪变量体系的设置,呈现罪质、罪量、刑量的实然状态。

刑法之后包括刑罚执行中的数据库和刑罚执行后的数据库。刑罚执行中的数据库,主要针对执行的罪名、执行的方式、执行的时间、执行中犯罪分子的表现、减刑、假释、暂予监外执行等情况建立数据库。刑罚执行后的数据库,主要针对执行完毕后的犯罪分子,根据不同罪名和刑罚轻重设置 1 年到 10 年的回访期,一种方式是可以在刑罚执行完毕时规定犯罪分子按时主动报告,另一种方式是可以由执行机关或当地公安机关进行定期随访。在犯罪分子刑罚执行完毕后的相应期限内,根据其思想状况、就业情况、经济状况、行政处罚情况、再犯情况等指标建立数据库。

刑法之前的社会状况数据库和犯罪形势数据库,在一个闭循环后,又可以将其与上一统计年度的数据进行对比,从而考察社会状况和犯罪形势是否得到有效改善,并找出其中的原因,然后反馈于刑事立法、刑事司法、刑罚执行方式进行调整。

二、数据库的数据来源及类型

（一）数据的来源

数据来源有 3 种方式：自行收集、获得权限的网络爬虫爬取、API（应用程序编程接口）调用。刑事立法数据库和刑事司法数据库涉及的样本较少，可以通过北大法宝等网站自行收集，同时应注意在刑法理论和罪名体系的基础上设计变量（如本书在"模糊罪量—数字刑量"关系结构中就已经涉及了罪量和刑量的数据库内容）。刑事司法案件数据库涉及的样本最多，数据的更新速度也最快，可以通过获得权限的网络爬虫爬取和 API 调用获得。社会状况数据库和犯罪形势数据库多为宏观面板数据，可以考虑从相关罪名对应机构的网站、统计公报中获取。刑罚执行的数据库应考虑加强执行机关（特别是监狱系统）的信息化建设，构建刑罚执行中和刑罚执行后的数据平台，在此基础上通过 API 的调用获得数据。当前可以实现的是刑法之前、刑法之内的数据获取，刑法之后的数据仅能依靠一些宏观面板数据，微观层面的问题还有待刑罚执行平台建立后才能实现。

（二）数据的类型

1. 数据来源的类型

数据的类型包括结构化数据、非结构化数据和半结构化数据等。结构化数据是"有确定的数据结构的数据，它能够通过储存在关系型数据库，如 Oracle（甲骨文公司的关系数据库管理系统）、SQL Server（微软公司的关系型数据库管理系统）、DB2（IBM 公司的一种分布式数据库解决方案）、Sybase（Sybase 公司的数据库管理系统）、MySQL（瑞典 MySQL AB 公司的关系型数据库管理系统）等中或用二维表结构逻辑表达并实现"①。我们常见的 Excel 表格数据、SPSS 二维数据都是结构化数据。非结构化数据是"相对于结构化数据而言，不方便用

---

① 《结构化数据分析技巧》编写组编写：《结构化数据分析技巧》，中国时代经济出版社 2016 年版，第 1～2 页。

数据库二维逻辑表来表现的数据”，[①]包括各类文档、图像、音频、视频等信息数据。半结构化数据是指“数据模型介于结构化数据和非结构化数据之间的数据，它和结构化数据相比，没有严格定义的理论模型，结构灵活多变，易于扩展。和非结构化数据相比，其在数据模型上呈现出一定的规律”。[②] 一般网页就采用 xml（可扩展标记语言）文档的形式储存半结构化数据。刑法之前的社会状况数据库和犯罪形势数据库更多偏向于结构化宏观面板数据。刑法之内的刑事立法数据库和刑事司法数据库，按照罪名体系进行整理后，可以形成结构化数据，而当前的司法案例数据库更接近于半结构化数据。刑法之后的刑罚执行数据库，更偏向于结构化数据。

数量刑法学大数据平台构建的目的在于深入挖掘和研究罪刑关系，提供可为立法和司法参考的分析结论，所以半结构化的司法案例数据库应以罪名体系为基础，转化为结构化数据库，更利于提供准确的决策分析。当前司法案件以裁判文书的形式存放于 xml 文档中，完全依赖人工进行结构化数据的录入已不现实，应在罪名体系变量科学设置的基础上，进行判决书信息的自动化提取。这里就需要运用 Python 等编程软件，通过正则表达式合理编写，进行字符自动匹配、要素的自动提取和自动储存，从而使半结构化的裁判文书数据库，变为利于后期进行罪刑关系分析的结构化数据库。

2. 结构化数据库中的数据类型

整理后的结构化数据库呈现的是二维列表，每一列表示具备共同属性或特征的变量，每一行表示一个分析单位。数量刑法学大数据平台的建设，以罪名体系为基础，483 个罪名就存在 483 个分析单位，即 483 行；而刑法之前、刑法之内、刑法之后所涉及的各种因素就可能有成千上万个变量。以醉酒型危险驾驶罪为例，其作为一个分析单位，在

① 陈燕、李桃迎、张金松编著：《非结构化数据处理技术及应用》，科学出版社 2017 年版，第 12 页。

② 张引：《半结构化数据管理关键算法研究与实证》，中国社会科学出版社 2018 年版，第 12 页。

刑法之前就存在诸如饮酒驾驶案件的案件数、发生率，醉酒驾驶犯罪案件数、发生率、再犯率等指标；刑法之内存在立法规定和司法解释规定的诸多指标，司法裁判中存在被告人年龄、性别、犯罪地点、犯罪时间、血液酒精浓度、刑种、刑期等指标；刑法之后存在执行的方式、执行的时间、执行期间表现、减刑、假释、暂予监外执行、执行后相关行政处罚情况、再犯情况等指标。

每一列变量是罪刑关系中对某一指标的刻画，基于结构化数据的不同类型划分而形成的变量具有包容性，可以较为全面地刻画罪行特征及其关系。变量一般分为连续性变量、无序分类变量、有序分类变量3种，数量刑法学的应用中存在以下数据类型：

（1）定类数据：是指在相同类别属性中，将具有平等并列关系的类归在一起的数据类型。如犯罪人的性别分为男性和女性，在数据编码过程中，我们可以用1表示女性，2表示男性。又如，抢劫罪的8种加重情节，我们可以用1表示入户抢劫，2表示在公共交通工具上抢劫，3表示抢劫银行或者其他金融机构，4表示多次抢劫或者抢劫数额巨大，5表示抢劫致人重伤、死亡，6表示冒充军警人员抢劫，7表示持枪抢劫，8表示抢劫军用物资或者抢险、救灾、救济物资。定类数据可以处理不同属性的各类数据，也可以处理基于刑法或理论划分的类型化问题，展现出每一类的频数和频率，并可以基于不同的类进行其他多维因素分析。

（2）定序数据：是指在相同类别属性中，将具有顺序关系的类归在一起的数据类型。如犯罪人的文化程度，在数据编码的过程中，我们可以用1表示文盲，2表示小学，3表示初中，4表示中专或高中，5表示大专，6表示本科，7表示硕士，8表示博士，区分犯罪人的文化程度高低差异。又如，罪量体系中的“情节较轻”“情节严重”“情节特别严重”，刑量体系中的不同法定刑区间（第1档、第2档、第3档），也可以用1、2、3的编码进行表示。定序数据除了能进行类型化表示，还给出了不同类的顺序高低差异。不仅可以展现每一类的频数和频率，还可以计算累计百分比，如本科以下学历占比或本科以上学历的占比，还能基于不同的类进行其他多维因素分析。

(3)定比数据。定比数据是可以用具体数值进行表示的具有一定单位的测量值,刑法中存在大量的定比数据,如犯罪数额、犯罪对象的数量、刑期的长短,罚金数额等。我们不仅能在定比数据的基础上进行类别划分,还能区分出不同测量单位之间实际差异的大小,并可以进行加减乘除或更高级的数学运算,为数量刑法学的分析提供更丰富的资料和更多样化的分析手段,得出更深入的结论。

(4)定距数据。定距数据和定比数据虽然都属于实际测量值,但定距数据只能进行加减运算,不能进行乘除运算。定距数据中的0不表示没有,是作为比较的标准,比如表示温度的0摄氏度,并不表示没有,而是一个度量刻度。而定比数据中的0表示没有,比如犯罪金额、犯罪对象数量编码为0,即表示没有。

实际运用中,定类数据和定序数据主要针对定性的变量,定比数据和定距数据主要针对定量的变量。SPSS、SAS、R语言等数据分析软件常常会从度量标准的角度将定类数据作为名义型变量,将定序数据作为序号变量,将定距数据和定比数据作为度量型变量。在C语言、Python等编程软件中,还存在数字型、字符串型、列表型、元祖、集合、字典型等标准数据类型。数量刑法学大数据平台的数据来源、储存需要利用Python编程中的数据类型,在具体罪刑关系的分析过程中,应尽量使用结构化的数据类型。不管是刑法中的类型化问题,还是具体罪刑特征及关系的数量分析,都可以通过大数据平台的相关变量进行较为客观全面的刻画。

三、大数据平台下的数据挖掘

大数据平台的数据分析涵盖描述和预测两大方面,包括预测建模、关联分析、聚类分析、异常检测等数据挖掘任务。[①] 数量刑法学的大数据平台,一方面可以较为客观全面地反映以罪刑关系为核心的刑法之

---

① 参见王见等编著:《物联网之云:云平台搭建与大数据处理》,机械工业出版社2018年版,第90~93页。

前、刑法之内、刑法之后相关因素的特征和规律,另一方面,还能在刑事一体化的视角下,探索实然层面的罪刑关系模型并进行预测,具体而言,包括以下内容。

(一)数据的初步探索及应用

数量刑法学关于数据的初步探索,在尽量少的先验假设基础上,通过偏向于描述的汇总统计、衍生变量的设置、数据可视化、数据降维等分析方法,较为简单、直观地反映数量刑法学涵盖的各项指标所呈现出的属性特征,为深入分析罪刑关系奠定基础。

1. 数据的基本描述性统计

描述性统计是最基本的数据探索方式,包括数据的频数、集中趋势、离散程度的描述。数量刑法学通过描述性统计探索罪量、刑量及其他指标呈现出的基本特征和属性。

频数分析通过频数、所占百分比、累计百分比等指标,对分类变量的分布情况进行描述。例如就被告人的文化程度,我们既可以得到每一种文化程度的频数和所占百分比,也可以得出如中专以下文化程度或本科以上文化程度合计所占的百分比。

集中趋势通过平均值、中位数、众数等指标,对连续性变量的一般水平进行描述。例如,就量刑环节的宣告刑而言,判处有期徒刑的,我们可以通过平均值、中位数、众数等指标刻画量刑的集中趋势。在量刑存在较大的差异的情况下,平均值容易受到极端值的影响,我们需要通过中位数和众数来考察量刑的集中趋势。一般情况下,我们将平均值、中位数、众数3个指标综合考察集中趋势。

离散程度通过方差、标准差、变异系数等指标,对连续性变量的差异程度进行描述。方差是各个数据分别与平均数之差的平方和的平均数,标准差是方差的算术平方根。当不同量纲的数据进行对比时,直接使用标准差并不恰当,如同一罪名,如果分析有期徒刑的量刑和罚金刑的量刑,哪一个量刑的差异较大,就需要引入变异系数(标准差/平均值)进行不同量纲的比较。如将有期徒刑的量刑和罚金刑相比,变异系数越大,说明量刑的差异越大,变异系数越小,说明量刑的差异越小。

2. 衍生变量的构建

大数据平台通过数据爬取或 API 调用的数据为原始变量数据，在数量刑法学的数据库构建过程中，我们还需要根据具体的需求构造衍生变量。例如我们可以根据某一犯罪的人数与当期人口的总量，构造某一犯罪的犯罪率变量；还可以根据再犯人数与释放人数的比值，计算再犯率。从罪量的角度来看，我们可以根据某具体案例人身伤害、财产损失、自身违法所得情况与总体案件的比值，构造人身伤害率、财产损失率、自身违法所得率等指标；从刑量的角度看，我们可以根据某罪轻刑或重刑所占的比例，构造某一犯罪的轻刑率或重刑率指标，还可以构造免予刑事处罚率、缓刑适用率等指标。以上是衍生变量最基础的构造，我们还可以根据具体犯罪的情况构造随机指标、趋向指标、波动指标、变动率指标，但每一个衍生变量的构造，都必须在立法规范和刑法理论的基础上进行，衍生变量可以给出罪刑关系中对相应分析目标的更深入的解释，使结论更为直观易懂。

3. 数据的可视化

数据可视化是将数据信息通过图形化的展现，把各种变量的特征和属性、变量之间的关系以及发掘的规律直观有效地表达出来的方式。从数据初步探索的角度来看，数量刑法学数据的可视化是通过简单易懂的图形，较为直观地反映罪量和刑量的基本统计信息，我们常常用条形图、直方图、饼图、折线图、气泡图、箱形图等图形进行表示。以本书 18, 392 例贪污罪的量刑裁判为例：

条形图和饼图一般用于直观反映分类变量的频率或百分比。如图 6. 2. 1 的条形图，可以清晰反映在贪污罪样本中，犯罪主体所属国家工作人员类型的分布。

直方图可以比较直观地反映数据的分布状态。如图 6. 2. 2 的直方图，以贪污罪犯罪主体的年龄为分析指标，可以看出贪污罪犯罪主体的年龄基本上呈正态分布，中位数和均值都在 44 岁左右，清晰地给出了贪污罪犯罪主体的重点人群信息。

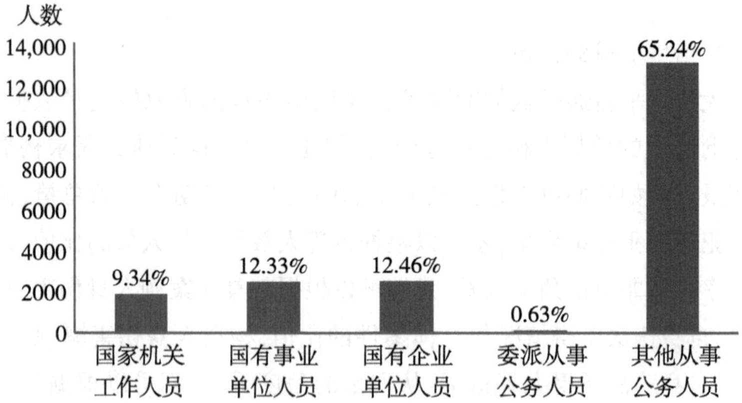

图 6.2.1 国家工作人员类型

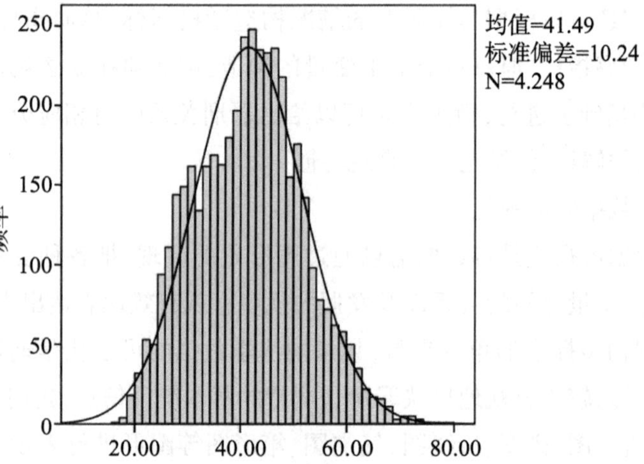

图 6.2.2 被告人年龄分布

折线图可以直观地反映数据随时间或有序类别而变化的趋势。如图 6.2.3 的折线图,以判决书记载的起诉金额为指标,清晰反映出贪污罪的犯罪金额和经济发展水平相关,东部经济发达地区犯罪金额整体高于中部和西部,中部地区略高于西部。

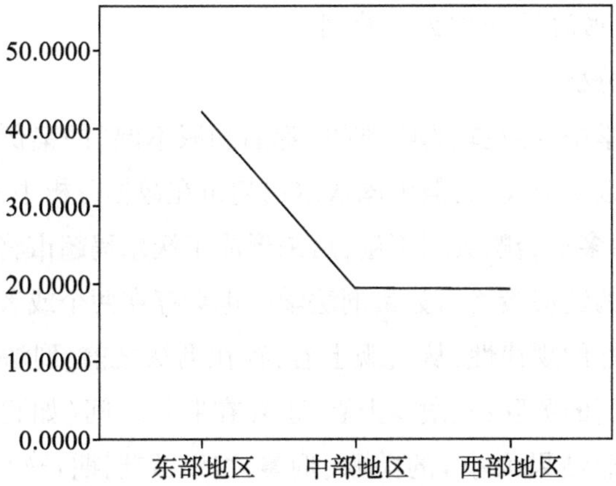

图 6.2.3 不同地区贪污数额均值

箱形图通过最小值、中位数、四分位数和最大值，较为直观地反映数据的对称和分布情况。如图 6.2.4 所示的箱形图。以不同地区的自由刑刑期为探索目标，从该图中可以直观看出东部、中部、西部 3 个地区，在自由刑刑期的量刑分布上基本一致，并不存在显著性差异。

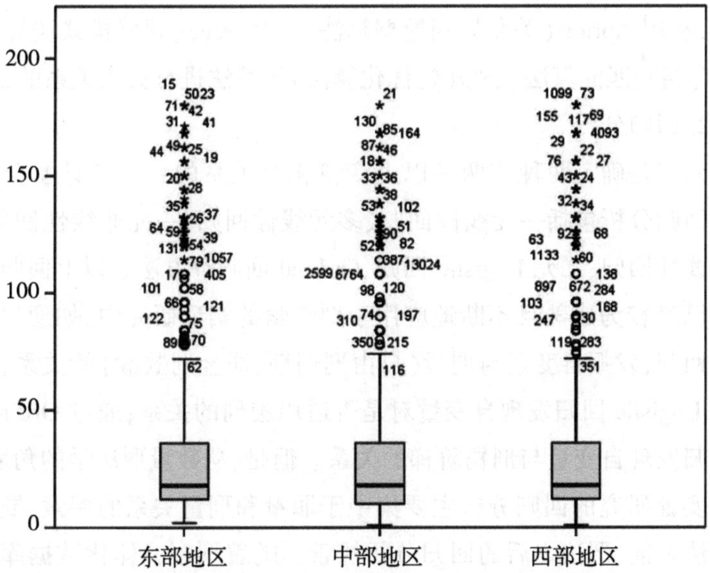

图 6.2.4 不同地区自由刑刑期分布

(二)数据的高阶挖掘及应用

1. 关联分析

在统计学中,存在较为经典的“啤酒和尿不湿”的案例。虽然啤酒和尿不湿难以形成关系,但美国沃尔玛超市在数据分析中发现:买啤酒的顾客中,许多都会购买尿不湿,后来形成了沃尔玛超市将啤酒和尿不湿放在一起的销售策略。数量刑法学中也会存在两个或者多个变量之间显性或隐性的规律性,从宏观上看,存在刑法之前、刑法之内和刑法之后三者之间的关联;从微观上看,也存在罪量之间(如犯罪动机的恶性程度与犯罪结果大小)的关联、刑量之间(如刑期长短与罚金刑数额)的关联、罪量和刑量之间(行为本身的危害程度与刑期的长短)的关联、刑罚的适用(行为类型和缓刑适用)等的关联。传统统计学常常采用 Pearson、Kendall、Spearman 等方法,针对不同的类型的变量,进行关联或相关分析,通过相关系数和显著性来分析变量之间的关系。但是,基于数量刑法学的大数据平台建立,我们需要在海量数据中进行关联关系的挖掘。为了提高关联规则的挖掘效率,我们还可以根据实际情况,利用 Apriori(关联规则挖掘算法)、FP—tree(频繁模式树算法)、BOM(精确匹配算法)、SO(蛇优化算法)等算法进行关联关系的挖掘。

2. 回归分析

回归是确定两种或两种以上变量相互关系的一种统计学分析方法。回归分析包括一元线性回归、多元线性回归、一元非线性回归、多元非线性回归、二元 Logistic 回归、Ordinal 回归等方法。以上回归分析方法已经较为成熟且不断地应用于刑法学的实证研究中,如通过多元线性回归,发掘自变量与刑量(自由刑刑期、罚金刑数额)的关系;通过二元 Logistic 回归发现自变量对是否适用缓刑的关系;通过 Ordinal 有序回归发现自变量与刑罚阶梯的关系。但是,从数量刑法学的角度看,当前实证研究的回归分析主要集中于罪量和刑量关系的探索,缺乏对于刑法之前、刑法之后的回归分析探索。随着刑事一体化数据库结构基础上的大数据平台建立,回归分析能更好地应用于探索刑法之前、刑法之内、刑法之后等各种具有重要意义的关系。

3. 分类分析

分类是日常生活和科学研究中的常见问题,如脊椎动物可以分为圆口类、哺乳动物、鸟类、鱼类、爬行动物和两栖动物。在刑法学中,按照犯罪的既遂标准存在诸如行为犯、结果犯、危险犯、举动犯的分类;按照故意犯罪的停止形态标准存在预备犯、中止犯、未遂犯、既遂犯的分类。数据挖掘中的分类根据数据集样例,以及属性集合和特殊属性,在实例样本进行自我学习的基础上,建立属性集合映射到特殊属性上的目标函数或叫分类模型,从而实现对事物的自动化分类。刑法中存在大量的类型化问题,加之483个罪名体系带来的多样性和复杂性,适当应用大数据挖掘中的分类技术,在提高分类效率的同时,还可以较为科学地进行类别判断,对刑法之前的具体犯罪预测、刑法之后的再犯危险性评估(高风险或低风险类别)有较大的应用价值。在大数据分类的应用中,根据实际的情况,未来可能需要应用决策树、贝叶斯、神经网络、SVM(支持向量机)、随机森林分类等方法。

4. 聚类分析

聚类分析可以将大量数据划分为性质相同且有意义的组(簇)。聚类和分类看似相近,实则并不相同。分类是在已知样本类别标记的基础上,通过机器学习建立分类模型,从而实现判断和预测;聚类事先并不知道样本的类别标记,而是通过某种算法将未知类别样本划分成若干类别。刑法中大量已知的类型化问题,可以通过分类来进行模型的构建,进而应用于判断和预测,更偏向于立法和司法中的适用。而对于刑法学中尚未明确或需要发掘的类型化问题,我们可以通过聚类分析来进行数据挖掘,更偏向于理论探索和实践创新中的适用,在仅凭经验和刑法专业知识难以确切分类的场合,为分类标准和层次结构的创建提供基础。如聚类分析可以用来发现不同犯罪的不同犯罪主体群,并且可以通过所犯之罪刻画不同犯罪主体群的特征;再如,聚类分析可以通过重刑率、再犯率、犯罪率等多维指标来界定犯罪的不同分类,再根据不同的类别进行立法、司法和刑罚执行决策的制定。在数量刑法学大数据聚类分析的应用中,未来可能需要应用层次化聚类、密度聚类、高斯聚类、模糊聚类等实践中常用的聚类方法。

5. 异常挖掘

异常挖掘是发现与大部分对象、一般行为或模型不同的离群点或孤立点,这些离群点携带的重要信息,对数据的预处理、分析模型的优化、异常状况的检测等具有重要意义。在数量刑法学的大数据平台基础上,刑法之前的异常挖掘,可以加强对犯罪的防控和精准打击,推动国家治理体系现代化。如电信诈骗,可以根据电话拨打的次数、对象的范围、拨打时间长短等进行异常判断;又如,大数据反腐,可以根据资金的流动情况、监控对象的财产状况、日常消费情况等指标进行异常判断。刑法之内的异常挖掘,可以发掘立法和司法实践中的新情况,还可以对诸如司法裁判的适当性进行检测。如在个罪刑罚裁量因素建立的判断集或刑罚裁量模型基础上,发掘远离一般规律的刑罚裁量,包括免予刑事处罚、缓刑适用、自由刑刑期长短、罚金刑数额等方面的异常案例,从而加强刑罚裁量的主动性预警、监督和纠正。刑法之后的异常挖掘,可以发现刑罚执行中和执行后的异常情况:如通过执行中犯罪分子表现形成的判断集和模型,可以发现异常的减刑、假释、暂予监外执行的监管建议和裁定,实现对刑罚执行环节的有效监督。在数量刑法学大数据异常分析的应用中,未来需要应用基于邻近度的异常检测、基于模型的异常检测、基于密度的异常检测等具体方法。

第二节 数量刑法学之人工智能拓展及应用

按照党中央和国务院的规划部署,2017 年 7 月 8 日印发并实施的《新一代人工智能发展规划》:首先,确定了有关法律法规的“三步走”战略目标,即第一步,到 2020 年,部分领域的人工智能政策法规初步建立;第二步,到 2025 年,初步建立人工智能法律法规、伦理规范和政策体系;第三步,到 2030 年,建成更加完善的人工智能法律法规、伦理规范和政策体系。其次,明确提出了人工智能与法学学科专业教育的交叉融合。最后,在推进社会治理智能化的方面,明确了智慧法庭的概念和建设要求，即建设集审判、人员、数据应用、司法公开和动态监控于一体的智慧法庭数据平台，实现法院审判体系和审判能力智能化。① 当前，我们对于人工智能方面的政策和法律法规已经初步建立并逐步完善，解决了“for + 人工智能”的法律法规内容，可以说基本实现了“三步走”的第一步要求，但在第二步、第三步中法院审判体系和审判能力智能化的建设，涉及“by + 人工智能”的内容，还需要进一步开展和完善。推进国家治理体系和治理能力现代化，刑事立法和司法的科学化和智能化是重要的环节，数量刑法学以“数”“量”的内核，在刑事一体化大数据平台构建的基础上，能顺利对接现代化科技，促进刑事立法及司法裁判的智能化构建。

一、人工智能的拓展现状

“人工智能是计算机技术的一个分支，英文缩写为‘AI’，是研究用于扩展模拟人的智能的技术科学。”②人工智能包括了自然语言处理（成功进行语言交流）、知识表示（发现并储存它知道或听到的信息）、自动推理（运用自身储存的信息回答问题并推出结论）、机器学习（以适应新情况的检测和预测模式）、计算机视觉（感知事物）、机器人学（操作和移动对象）等研究领域，③可以模拟人类的思维过程及学习、推理、思考、规划等行为。在与自然学科和社会科学不断融合的基础上，人工智能已经广泛应用于科技创新、智能经济、智能社会、国防军工、基础设施建设等领域，深刻地影响着人类社会的生活方式和思维模式。

人工智能在法律领域的应用。“在法律领域，尤其是司法体制改革领域，人工智能也备受决策层的重视，无论是主动开展还是驱动地方

---

① 参见《国务院关于印发新一代人工智能发展规划的通知》，载中国政府网，http://www.gov.cn/zhengce/content/2017－07/20/content_5211996.htm。

② 董玉庭：《人工智能与刑法发展关系论——基于真实与想象所做的分析》，载《现代法学》2019 年第 5 期。

③ 参见[美]Stuart J. Russell，Peter Norvig：《人工智能：一种现代的方法》，殷建平等译，清华大学出版社 2013 年版，第 4 页。

开展,司法人工智能建设都被提上日程。”[①]在人工智能不断融入法律领域的过程中,“全国86%的法院已建成信息化程度较高的诉讼服务大厅,各类智能诉讼服务设备层出不穷”[②]。如最高人民法院建立的“类案智能推送系统”,“在业界率先从案件性质、案情特征、争议焦点、法律适用等4个方面,覆盖1330个全部案由,通过机器自动学习构建出超过10万个维度的特征体系”[③]。各地方法院也不断将人工智能融入司法领域:如北京市高级人民法院的“睿法官”智能研判系统、上海市高级人民法院的“206智能辅助办案”系统、贵州省高级人民法院的“法镜大数据系统”、海南省高级人民法院的“量刑规范化智能辅助系统”、江苏省高级人民法院的“同案不同判预警系统”、苏州市中级人民法院的“智慧审判苏州模式”等人工智能应用的试点和探索。[④] 虽然不同智能系统暴露出的数据垄断、算法黑箱、场景自设等问题,使得人工智能的应用不尽如人意,[⑤]但是,在解决上述问题基础上的人工智能应用确是大势所趋。

法律与人工智能相结合的教育和研究机构不断建立。人工智能应用于法律,一方面需要培养掌握“人工智能+法律”的复合型人才,另一方面需要加强“人工智能+法律”的科学研究。基于此,各法学院校相继建立了法律与人工智能结合的教育和研究机构:北京大学成立了“北京大学法律人工智能实验室”和“北京大学法律人工智能研究中心”,[⑥]清华大学相继成立了“智能法治研究院”[⑦]和“法律

---

① 钱大军:《司法人工智能的中国进程:功能替代与结构强化》,载《法学评论》2018年第5期。

② 刘子阳、王芳:《铆足马力创新发展深化智能应用》,载《法制日报》2018年3月13日,第8版。

③ 熊群力:《类案智能推送系统上线,为“智慧法院”建设保驾护航》,载一点资讯网2018年1月8日,http://www.yidianzixun.com/article/0I5Y6bvt。

④ 参见刘雁鹏:《智慧司法中的忧虑:想象、剖析与展望》,载《理论与改革》2020年第3期。

⑤ 参见李训虎:《刑事司法人工智能的包容性规制》,载《中国社会科学》2021年第2期。

⑥ 参见《引领法学知识生产、推动法治人才培养、助力法治发展进步》,载北京大学网2018年1月3日,https://www.law.pku.edu.cn/xwzx/xwdt/58007.htm。

⑦ 参见《首届计算法学论坛暨清华大学智能法治研究院成立仪式圆满举行》,载清华大学法学院网2018年12与28日,https://www.law.tsinghua.edu.cn/info/1134/2605.htm。

与大数据研究中心”,[1]中国人民大学法学院成立了“未来法治研究院”,[2]中国政法大学法学院成立了“大数据和人工智能法律研究中心”,[3]西南政法大学成立了“人工智能法学院”,[4]华东政法大学成立了“互联网+法律”大数据平台,[5]中南财经政法大学刑事司法学院成立了“人工智能联合实验室”,[6]东南大学成立了全国首家“人民法院司法大数据研究基地”,[7]四川大学成立了“法律大数据实验室”等。[8] 各大法学院校以积极的姿态开展人工智能与法律相融合的法学教育和研究,产生了一系列重要的理论和应用成果。

数量刑法学的人工智能展开。人工智能是在已知数据的基础上,通过自我学习探寻蕴含于数据中的规律或判断规则,进而应用到新数据中进行判断或预测。数量刑法学与人工智能具有数据上的天然融合优势,在数量刑法学大数据平台成功构建的基础上,对于更为庞大的数据计算和更复杂的多维问题,人工智能可以增强对刑法之前、刑法之内、刑法之后的“数”“量”关系及其规律进行深度分析和智能化判断。利用人工智能,数量刑法学能拓展数量的处理维度,提高数据的处理效率,构建更优的关系模型,得出精准度更高的结论。另外,相较单纯的实证分析而言,人工智能还善于处理多维的非线性关系,更好地模拟法律思维和拟合复杂庞大的关系模型。

---

① 参见清华大学法学院网,https://www.law.tsinghua.edu.cn/xygk/yjzx.htm。

② 参见中国人民大学未来法治研究院网,http://lti.ruc.edu.cn/sy/index.htm。

③ 参见《中国政法大学法学院大数据和人工智能法律研究中心成立》,载中国政法大学新闻网 2018 年 1 月 3 日,http://news.cupl.edu.cn/info/1011/26207.htm。

④ 参见西南政法大学人工智能法学院网站,https://alc.swupl.edu.cn。

⑤ 参见《华东政法大学教学科研机构》,载华东政法大学网,https://www.ecupl.edu.cn/604/list.htm#ybsz,2021 年 10 月 12 日。

⑥ 参见《中南财经政法大学刑事司法学院与云思创智共建人工智能联合实验室》,载中南财经政法大学刑事司法学院网 2019 年 3 月 18 日,http://cjs.zuel.edu.cn/2019/0318/c3115a211916/page.htm。

⑦ 参见《全国首家“人民法院司法大数据研究基地”在东南大学揭牌成立》,载东南大学网 2017 年 1 月 22 日,https://www.seu.edu.cn/2017/0122/c154a183538/page.htm。

⑧ 参见《四川大学法学院法律大数据实验室官方网站正式上线》,载四川大学法学院网 2017 年 4 月 25 日,https://law.scu.edu.cn/info/1011/2943.htm。

二、人工智能的具体应用——以 BP 神经网络为例

大脑含 10^{11} 至 10^{12} 个神经元,每个神经元约有 10^3 至 10^4 个突触,构成了复杂拓扑网络结构,以脉冲形式进行信号传递,作用于人类的日常记忆和思维。人工神经网络是通过模拟上述人脑的神经网络结构及信号传递方式而建立的信息处理系统,其非线性、非局限性、非常定性、非凸性等特点,“能够发现高维数据中的复杂结构,取得比传统机器学习方法更好的结果”。[①] 人工神经网络包括单层前向神经网络、多层前向神经网络、反馈神经网络、随机神经网络、竞争神经网络等不同类型。本书第五章数量刑法学之实践性展开部分,通过 18,392 例量刑裁判对贪污罪数额与情节两个罪量的关系进行了实证探索,发现在数额和情节竞合的情形下,刑罚阶梯的判断存在多种可能性,最终量刑的“确定之数”的判断具有复杂性。为了解决这一复杂问题,本书基于人工神经网络较强的自我学习能力及对复杂函数具有较为精确的函数逼近性,在《贪贿司法解释》实施之后的 4977 份量刑裁判为样本的基础上,以应用最为广泛的 BP 神经网络(误差逆向传播的多层前馈式神经网络)为例,进行贪污罪人工神经网络的刑罚裁量模型探索,充分展示数量刑法学之现代性拓展。

(一)贪污罪 BP 神经网络裁量模型的网络设置

BP 神经网络由输入层、隐含层、输出层 3 部分构成。根据对影响贪污罪量刑因素的整理,本书确定的输入变量为 17 个,输入层的节点数用向量表示为 $Vn = [V_1, V_2, V_3, V_4, V_5, \cdots\cdots, V_{17}]$;[②]隐含层包含层数和节点数,在进行单隐含层和双隐含层的反复实验法测试后,确定为

---

① 中国人工智能学会组编:《人工智能导论》,中国科学技术出版社 2018 年版,第 111 页。

② $Vn = [V_1, V_2, V_3, V_4, V_5, \cdots\cdots, V_{17}]$的行向量,其中 V_1 表示所属经济带;V_2 表示被告人年龄;V_3 表示是否曾受贪贿的纪律处分或行政处罚;V_4 表示被告人文化程度;V_5 表示是否取保候审;V_6 表示是否有辩护人;V_7 表示审理方式;V_8 表示国家工作人员类型;V_9 表示是否属于特定款物;V_{10} 表示贪污数额;V_{11} 表示是否退赃;V_{12} 表示犯罪作用大小;V_{13} 表示是否认罪悔罪;V_{14} 表示是否坦白;V_{15} 表示是否自首;V_{16} 表示是否立功;V_{17} 表示是否存在严重情节。

[17,8]的双隐含层结构;输出层为自由刑刑期值,[①]由于拘役为1个月到6个月,有期徒刑为6个月到180个月,可以合并为自由刑刑期一个变量,进而确定输出层的一个输出节点。输入层和隐含层的传递函数选择 tansig 型激活函数,输出层的传递函数选择 purelin 型传递函数,网络训练函数选择 trainlm 型训练函数。输入值用 x 表示,输出值用 y 表示,输入值到隐含层的权重用 w 表示,神经网络 $net = x_1 \times w_1 + x_2 \times w_2 + \cdots\cdots + x_{17} \times w_{17}$,则输出函数 $Y = f(net)$。BP 神经网络根据输出值与实际值计算误差,再由误差逐层修改权重值,反复调整,最终使误差变得最小或者不再下降为止(见图 6.3)。

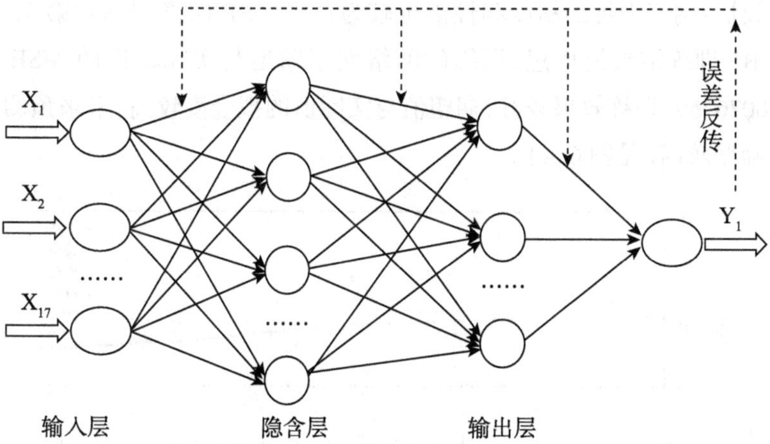

图 6.3　BP 神经网络裁量模型结构

贪污罪 BP 神经网络裁量模型搭建好后,将贪污罪 4977 份量刑裁判样本中的 4900 份样本用于神经网络学习,77 份样本不参与网络学习(用于后期的验证)。所有数据在训练之前都进行归一化处理,在验证的时候进行反归一化处理。用于神经网络学习的 4900 份样本中,由机器随机抽取 70% 作为训练样本进行自我学习,20% 作为测试样本,

① 限于文章篇幅,对于本次神经网络的探索,本书仅选择拘役和有期徒刑作为因变量进行应用展示。因为该两个刑种在量刑时出现的概率最大,而且系具备数值特性的自由刑,数值也刚好能实现无缝对接。至于管制、无期徒刑和死刑的模型构建,待未来对神经网络进行优化处理后再进行探索。

10% 作为验证样本。在多次试验后,确定机器学习的训练次数为 1000 次,学习速率为 0.3,收敛误差为 0.001,验证检查值为 10,在这些参数设置的基础上训练神经网络。

(二)贪污罪 BP 神经网络裁量模型的结果分析

笔者在上述神经网络模型和参数设置的基础上进行网络训练,通过多次测试后,得到最终的神经网络模型。

1. 贪污罪 BP 神经网络裁量模型训练结果

由于采用了 trainlm 训练函数,网络共训练了 47 次,网络的收敛 MSE(均方误差)在 10^{-2}左右,在训练 37 次后较为平稳,网络的收敛速度较快,网络训练的精度和性能也较为稳定。BP 网络训练到第 37 次时 BP 训练结果最理想,训练的网络期望输出与实际输出的 MSE 为 0.0076759,训练效果较好,期望值与实际值的拟合度较高,未来预测的准确度较高(见图 6.4)。

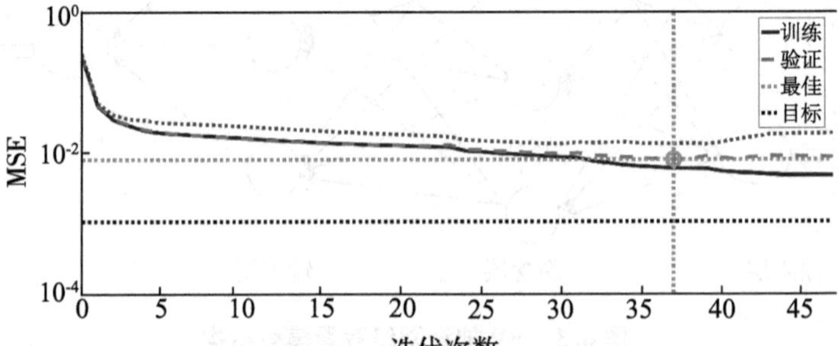

图 6.4 均方误差变化

一个训练良好的网络的测量输出与目标之间应该具有较好的相关性,相关性用 R 来表示,R 值越接近 1,表示相关性越强,R 值越接近 0,表示相关性越弱。在参与神经网络训练的 4900 份样本中,70% 训练样本测量输出和目标之间的相关性 R 为 0.91726,20% 测试样本测量输出和目标之间的相关性 R 为 0.8278,10% 验证样本测量输出和目标之间的相关性 R 为 0.88626,所有样本测量输出和目标之间的相关性 R 为 0.88569(见图 6.5)。可以看出,该贪污罪 BP 神经网络裁量模型的网络训练效果良好。

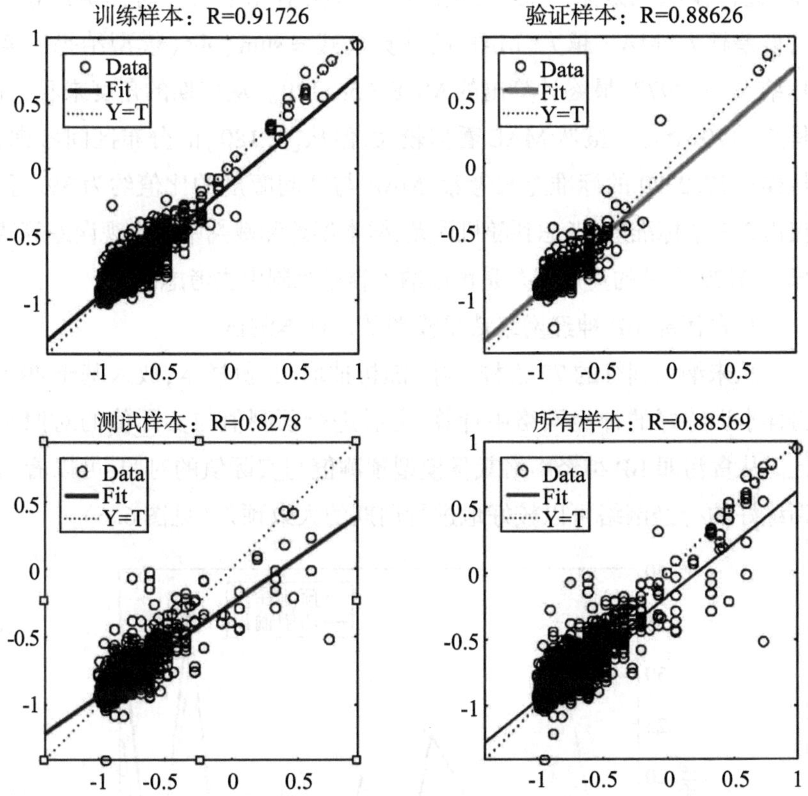

图 6.5　神经网络回归结果

2. 贪污罪 BP 神经网络裁量模型泛化能力

贪污罪 BP 神经网络裁量模型的输出变量的取值在[1,180]的区间,4977 个样本的最小值为 1,最大值为 180,覆盖了整个取值区间。均值为 19.366,中位数为 12,标准差为 17.2379。将 4977 个样本,代入训练好的贪污罪 BP 神经网络裁量模型进行测试,通过 R^2 测试所有样本的正确率,R^2 的计算公式 = (4977 × sum(模型结果 × 实际结果) - sum(模型结果) × sum(实际结果))^2/((4977 × sum((模型结果)^2) - (sum(模型结果))^2) × (4977 × sum((实际结果)^2) - (sum(实际结果))^2))。计算出的 R^2 = 0.78057,在[1,180]的区间内,模型对所有样本的预测正确率约为 78.1%。同时,本书引入 MAE(平均绝对误差)进行模型的效果考察,当预测值与真实值完全吻合时,MAE 等于 0;误差越大,MAE 越大,MAE 的计算公式 = sum(abs(模型结果 - 实际结果))/4977,最终计算出的 MAE = 5.5129。从刑期的角度来看,就是 5.5129 个月。虽然 MAE 看似较大,但从[1, 180]的分布区间考虑,从样本 17.2379 的标准差来考察,MAE 与区间幅度的比值约为 3%,且仅占 0.3 个标准差,考虑到随机误差、样本误差和裁判中的主观误差等情况,5.5129 个月的量刑误差是可以纳入容错机制中去考虑的。

3. 贪污罪 BP 神经网络裁量模型随机样本测试

从未纳入训练的 77 份样本中,随机抽取 15 份样本,放入基于 4900 份样本训练好的神经网络中计算,之后进行预测值与实际值的对照验证。从贪污罪 BP 神经网络裁量模型预测值与实际值的对照,可以看出训练好的神经网络可以较好地进行刑期的大致预判(见图 6.6)。

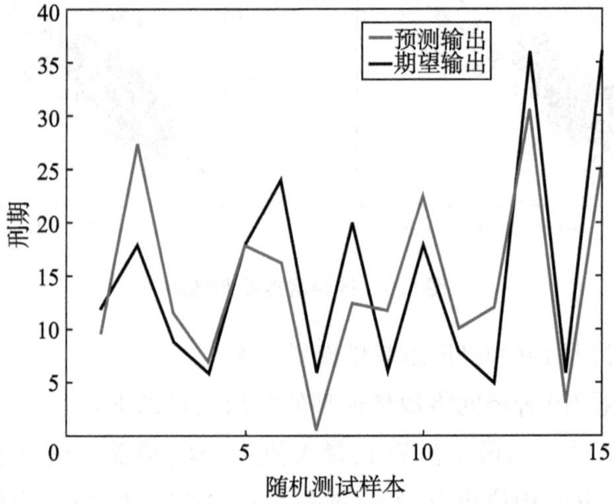

图 6.6 BP 神经网络裁量模型预测值与实际值的对照

预测刑期值有些大于实际刑期,有些小于实际刑期,从绝对误差角度来看,最大差距约为 10.9286 个月(第 15 个案例),最小的差距为 0.2568 个月(第 5 个案例),较大的差距存在于实际刑期较大的案例。但是,MAE 为 4.9953 个月,从整个[1, 180]的刑期幅度来看,可以纳入容错机制中去考虑；相对误差基于样本所造成，最大相对误差为 1.4237（第 12 个案例），最小相对误差为 0.0143（第 5 个案例），最大的相对误差在于实际刑期较小的案例造成的波动幅度较大（见表 6.1）。

表 6.1　BP 神经网络裁量模型预测值与实际值的对照

案例	预测刑期/月	实际刑期/月	绝对误差/月	相对误差
1	9.5830	12.0000	2.4170	0.2014
2	27.2478	18.0000	9.2478	0.5138
3	11.5853	9.0000	2.5853	0.2873
4	7.1117	6.0000	1.1117	0.1853
5	17.7432	18.0000	0.2568	0.0143
6	16.2963	24.0000	7.7037	0.3210
7	0.6293	6.0000	5.3707	0.8951
8	12.5038	20.0000	7.4962	0.3748
9	11.8239	6.0000	5.8239	0.9707
10	22.4752	18.0000	4.4752	0.2486
11	10.1807	8.0000	2.1807	0.2726
12	12.1185	5.0000	7.1185	1.4237
13	30.6471	36.0000	5.3529	0.1487
14	3.1402	6.0000	2.8598	0.4766
15	25.0714	36.0000	10.9286	0.3036

综上对 15 例随机样本的测试比较显示，训练的神经网络大体上已经形成自我判断刑期的能力，虽然一些具体案例预测刑期和实际刑期的差距较大，但多数预测刑期和实际刑期差距较小。二者综合后，其 MAE 约为 5 个月，在[1, 180]个月的裁量区间来看，属于可以接纳的范围，另外，在预测结果的基础上，MAE 给出了法官自由裁量的可选择区间。

(三)贪污罪BP神经网络裁量模型的个案应用

1.贪污罪BP神经网络裁量模型个案应用效果

贪污罪BP神经网络裁量模型是在《贪贿司法解释》后裁判案例的基础上,通过神经网络的自我学习而建立的,那么我们通过在中国裁判文书网上随机选择案例,进一步展示贪污罪BP神经网络裁量模型的应用及其效果。

为了体现随机性,在文章撰写当日(2021年7月26日),笔者登录中国裁判文书网,以"贪污罪+基层法院+刑事案件+刑事一审+判决书"为搜索条件,在搜索结果页面的第1页和第2页(共10个案例)随机选择3个案例作为测试案例,分别记载了黄某某贪污226万余元、[①]徐某某贪污54万余元、[②]沙某某贪污86万余元[③]的犯罪事实。

根据影响贪污罪BP神经网络裁量模型的17个输入节点,即影响贪污罪量刑的17个变量,笔者按照顺序将3个案例的信息进行数据整理和录入,形成3个输入矩阵:

$X_1=[1,49,1,6,1,2,2,1,1,226.0213,2,2,2,2,1,1,1]$;

$X_2=[1,48,1,6,1,1,2,3,1,54.798,2,2,2,2,2,1,1]$;

$X_3=[3,38,1,6,1,1,2,3,1,86.36,2,2,2,2,2,1,1]$;

将3个矩阵代入贪污罪BP神经网络裁量模型,预测量刑结果分别为$Y_1=57.1769$个月、$Y_2=27.4153$个月、$Y_3=45.8118$个月,Y_1、Y_2、Y_3对应的实际量刑值为48个月、24个月、44个月,预测量刑结果和实际量刑值相差分别为9.1769个月、3.4153个月、1.8118个月。除了黄某某贪污226万余元[(2021)桂1121刑初37号]的预测量刑结果与实际量刑值差距稍微大一点,其余两个案例预测量刑结果和实际量刑值相差不大,说明训练好的贪污罪BP神经网络裁量模型在一定程度上可以进行贪污罪自由刑刑期的计算,供审判人员参考适用。

---

① 参见广西壮族自治区昭平县人民法院刑事判决书,(2021)桂1121刑初37号。

② 参见江苏省滨海县人民法院刑事判决书,(2021)苏0922刑初87号。

③ 参见新疆维吾尔自治区阿勒泰市人民法院刑事判决书,(2021)新4301刑初82号。

2. 贪污罪 BP 神经网络裁量模型个案应用方法

运用贪污罪 BP 神经网络裁量模型进行自由刑刑期的计算操作十分简单,只需要按照 17 个输入节点的顺序,按照编码值,依次输入被告人年龄、贪污数额、是否自首、是否认罪认罚等 17 个变量信息,运行保存好的神经网络模型,即可以计算自由刑刑期。

贪污罪 BP 神经网络裁量模型计算的刑期仅供审判人员参考,虽然模型效果比较好,许多判决的预测结果和实际结果刚好一致或者差距很小,但当实际刑期比较高时,也存在差距较大的案例。再考虑到 MAE = 5.5129 的存在,审判人员根据具体的案情,在预测刑期值的基础上有增减 6 个月的自由裁量空间。同时,如若遇到 17 个因素以外的重要情节,审判人员可以再进行适当的刑期调整。

第三节　数量刑法学之现代性拓展完善

数量刑法学是以"数""量"及其关系为基础的认识论和方法论,以数据为沟通桥梁,能促进刑法学与现代信息技术的融合,进而不断提高刑法研究、刑事立法和司法的科学性和效率性。但在数量刑法学的现代性拓展中,仍然存在诸多需要完善的问题。

一、探索信息科技应用的维度和深度

其一,从研究内容看,数量刑法学的信息科技进路还有广阔的展开空间。本书基于 BP 神经网络建立的贪污罪自由刑刑期裁量模型,仅是人工智能应用于刑法学的局部例证。对贪污罪而言,还包括缓刑适用、缓刑考验期、罚金刑数额等诸多可以介入的维度。《刑法》分则的 483 个罪名体系中存在许多复杂"数""量"及疑难数量关系的罪名,也存在一些案件量巨大制约司法效率的罪名(如危险驾驶罪),可以应用人工智能等技术进行进一步的探索。如果从刑法之前、刑法之内、刑法之后的宏观方面来看,在大数据平台成功搭建的基础上,在刑事一体化的宏观体系下,会增加上百维度或上千维度的输入变量,还需要更为深

入和全面地研究刑法中的“数”“量”及关系，探究刑事立法、司法和执行的科学性和合理性。

其二，从研究方法看，数量刑法学的信息科技进路还需要算法的进一步优化。虽然通过 BP 神经网络建立的贪污罪裁量模型，在一定程度上可以较好地实现自由刑刑期的预测，但同时我们也发现存在一些误差较大的案例，MAE 还有继续降低的可能性，所以还需要算法进一步优化验证，以提高预测模型的精度。以 BP 神经网络为例，还存在基于遗传算法优化后的 BP 神经网络（GA－BP 神经网络）、基于粒子群优化算法（Particle Swarm Optimization）改进的 BP 神经网络（PSO－BP 神经网络）、基于模拟退火算法（Simulated Annealing Algorithm）优化后的 BP 神经网络（SAA－BP 神经网络）等许多改进算法。实践中，基于上述算法改进后的 BP 神经网络在某些领域存在更好的预测性能和泛化能力。如在军事储备质量监测环节，贮存可靠度预测研究中，“改进的 PSO－BP 网络模型比 PSO－BP 和 BP 神经网络获得更好的预测性能”。[①] 在金融领域的黄金价格预测上，“GA－BP 神经网络在仿真能力、误差水平、收敛精度、迭代次数等方面都优于 BP 神经网络，能更加准确地预测黄金价格的走势”。[②] 在网络舆情危机预警的研究中，基于遗传算法改进的 BP 神经网络，“预警准确率要优于标准的 BP 神经网络模型”。[③] 数量刑法学之现代性拓展，也需要寻找适合数量刑法问题的最优算法，通过比对不同算法的误差水平、预测精度等指标，确定最适合的算法模型。

其三，从研究视角看，数量刑法学的信息科技进路仍需要拓展相关技术的应用。数量刑法学的信息科技进路以“数”“量”及其关系为核心，建立在能表征“数”“量”及其关系的数据基础上。本章第一节提出

---

① 宫华、李作华等：《基于改进 PSO－BP 神经网络的贮存可靠性预测》，载《运筹与管理》2020 年第 8 期。

② 张品一、罗春燕、梁锶：《基于 GA－BP 神经网络模型的黄金价格仿真预测》，载《统计与决策》2018 年第 17 期。

③ 孙玲芳、周加波：《基于 BP 神经网络和遗传算法的网络舆情危机预警研究》，载《情报杂志》2014 年第 11 期。

的大数据平台搭建是一个系统工程,在数据的获取和标准化录入存在巨大的工作量,以中国裁判文书网记载的约1000万份刑事文书为例,将其全部纳入大数据平台,仅靠人工是无法完成的,需要利用自然语言处理进行程序的编写,以便于对巨量裁判文书的信息自动化提取、自动化编码,进行数据清洗、数据录入、数据库的维护。这样不仅能较为准确地录入数据,还能高效地完成数据库的建立,为进一步的研究奠定基础。

二、促进信息科技与刑法理论的融合

其一,促进算法模型与刑法理论的深度融合。“推理建模有两种经典路径:一是规则推理建模路径;二是案例推理建模路径。”[①]第四章中的“模糊罪量—数字刑量”量刑模型是在立法和理论基础上的规范模型,第五章的实证模型和本章的BP神经网络模型是在案例基础上的实践模型。基于案例的推理模型偏向实践,基于规则的推理模型偏向法理和规范,二者都能从自身的推理体系中获得最终的结论。如从“模糊罪量—数字刑量”量刑模型和BP神经网络模型,都可以得到最终的宣告刑。白建军教授通过对基于法理和规则的刑法教义学和基于案例的刑法实证研究的对比分析,提出“刑法教义学与刑法实证研究和而不同”[②]的研究结论,挖掘出理论和实践模型相融合的可能和价值。虽然理论和实践存在差距,但是尽力缩小二者的差距,探索出法理、规范和实践相统一的算法模型,或者说让理论模型在实践中得以修正,让案例推理模型在理论的框架下得以改进,是数量刑法学在面向现代化过程中需要解决的重要课题。

其二,提高算法模型的透明度和规范性。以算法黑箱为例,使用者往往不明白其内部逻辑,造成刑事决策的可解释性障碍。“算法实质是由数据处理商、软件工程师所控制,用户不清楚算法的目的及意图,

① 熊明辉:《法律人工智能的推理建模路径》,载《求是学刊》2020年第6期。
② 白建军:《论刑法教义学与实证研究》,载《法学研究》2021年第3期。

对于输入数据与输出结果之间的关联也无法得知。”①算法黑箱的存在与司法的公开性存在冲突,在不受监督的情况下不利于司法的公正性发挥,也不利于刑事裁判的充分说理。算法往往由开发算法的公司及相关人员掌握,即使是运用算法的法官也不清楚人工智能背后的逻辑。那么会产生两方面的隐忧:一方面,不具备刑法专业知识的技术人员所制定的算法,是否符合刑法理论的基本精神、基本原则和立法规范;另一方面,不明白背后逻辑的法官如何解释法律的应用。数量刑法学之现代性拓展,可以展现人工智能技术在刑法中应用的全面情况,包括数据来源、变量设置、机器学习的设置、数学算法的选择及优化、预测能力、预测效果等各方面的参数设置及指标情况。数量刑法学将刑法理论与人工智能紧密结合,公开人工智能的整个环节,让法官在刑罚裁量的时候明白人工智能背后的法律和计算逻辑。熟悉算法大致框架和内容的法官,可以在裁判时候进行充分说理,在理论和规则的基础上,还可以对算法模型在具体特殊案件中的权重分配进行合理调整。

其三,借鉴第三代人工智能的发展思路,建立理论与实践相统一的算法模型。第一代人工智能,是在自然语言的基础上,从知识(理论、专家经验、逻辑推理)的角度建立和组合不同的规则、构建知识工程或专家系统,在符号人工智能系统中进行推理。第二代人工智能,在数据的基础上,通过数学工具的应用和算法的设计,在不同数据模型的基础上进行推理。从刑法学的维度来看,第一代人工智能偏向于刑法理论和规则,即刑法理论模型;第二代人工智能偏向于数据、案例,即刑法实践模型。当前人工智能领域的研究已经注意到了二者存在的局限性和弊端,世界各国已经开展了第三代人工智能的研究,即在知识和数据相融合的基础上建立第三代人工智能,正如张钹院士提出的第三代人工智能的发展思路是:“把第一代的知识驱动和第二代的数据驱动结合起来,通过同时利用知识、数据、算法和算力等 4 个要素,构造更强大的

---

① 杨峥、徐成:《人工智能融入司法裁判的价值、困境与进路研究》,载《黑龙江工业学院学报(综合版)》2021 年第 3 期。

AI。”[①]从数量刑法学的角度来看，“模糊罪量—数字刑量”的均衡模型基于法理和规则的推理模型，与 BP 神经网络基于数据的案例推理模型并不存在鸿沟，而且应该将其放在一个人工智能系统之内，在理论和实践的不断交互影响中，寻找刑法学问题的最优解。未来需要在对刑法学理论和规则中的自然语言进行语义处理的基础上，建立刑法学的人工智能知识图谱和知识表示，形成刑法学的知识库和知识推理系统，将其与刑事一体化的大数据平台、案例驱动的算法进行整合，形成真正的理论和实践相统一的最优人工智能模型。

三、加强复合型刑法学科人才的培养

左卫民教授提出：“在中国现有的法律人工智能领域，我们既缺少海量翔实的标签化法律数据，也缺少既懂法律又懂技术的跨界人才，更缺少有意愿、有热情投身到这项繁杂、艰难却又意义深远的工作中去的年轻人。”[②]由于缺少相关的人才储备，法学与科技的结合已落后于其他学科。当前的大数据平台构建、人工智能模型和算法的设计及应用、智能系统的搭建和运行大多由非法律专业的技术人员掌握，缺乏法学理论的渗透性和法律的规范性。《新一代人工智能发展规划》在人工智能人才培养方面，明确提出了“人工智能 + 法律”的横向复合型人才培养及“人工智能 + 法学”的复合专业培养模式的具体要求，[③]为刑法学的现代化拓展提供了人才培养和学科发展的方向。

从数量刑法学之现代性拓展来看，人才培养应该做好以下具体安排：其一，培育人才创新团队，加强基地平台建设。当前，已经有许多学者关注并投入与数量刑法学相关的研究，包括大量涌现的刑法实证研究、大数据平台基地建设、人工智能实验室、智慧司法相关的理论和应用。应当会聚现有研究较为成熟的学者，形成一批高水平创新团队和

① 张钹等：《迈向第三代人工智能》，载《中国科学：信息科学》2020 年第 9 期。

② 左卫民：《如何通过人工智能实现类案类判》，载《中国法律评论》2018 年第 2 期。

③ 参见《国务院关于印发新一代人工智能发展规划的通知》，载中国政府网，http://www.gov.cn/zhengce/content/2017-07/20/content_5211996.htm。

建设高质量的基地平台,引导数量刑法学的现代性拓展。其二,完善课程体系的设置和相关教材建设。应当将高等数学、线性代数、概率论与数理统计纳入法学本科的专业课程体系,培养法学生的数学思维能力。加强数量刑法学、实证刑法学、计算法学、数据法学、人工智能法学等课程和教材的建设,根据实际情况,将这些课程作为必修课或选修课,拓宽学生的信息科技研究视野,增强学生的研究兴趣。其三,拓宽法学生生源。随着高考制度逐步取消文理分科的趋势,本科阶段应吸收更多文理兼备的学生;研究生阶段,通过相关研究方向硕士或博士点的建立,吸收不同专业(包括具有理工科背景)的学生进入刑法学领域研究。

结　　语

本书系作者尝试构建中国自主法学知识体系，促进中国刑法学的本土化学术传承和现代化的发展要求相结合之研究成果。

储槐植教授关于"数量刑法学"的理论构想，是刑法学积极融入当前社会的互联网、大数据、人工智能等现代化转型，在刑法中"数""量"及其关系的基础上，结合目前我国"智慧法院""智慧检务"的建设和推进情况，响应新文科启发下的"新法学"建设，形成的刑法学研究新范式。本书在储槐植教授"数量刑法学"理论构想的基础上，通过对数量刑法学之理论基础以及逻辑起点的论证，进行了数量刑法学的展开进路研究，并非对数量刑法学的整全性研究，而是对数量刑法学展开的初步探索。

数量刑法学具备自身存在合理性和展开必要性的哲学基础、法理基础和刑法基础。本书在此基础上进行数量刑法学之本体性探究、规范性构造、实践性展开和现代性拓展，旨在对数量刑法学进行体系性的初建。本书正视刑法中"数""量"及其关系的本体价值，认为从数量的工具性向本体性的探索转向，是数量刑法学展开进路的重要逻辑起点，从而形成了数量刑法学之规范性构造、实践性展开和现代性拓展 3 个维度的数量研究方案：数量刑法学之规范性构造，是从刑法规范和刑法学基本理论出发，以"理—数—理"为主要认识逻辑，运用模糊数学、线性代数、层次分析法等数学方法，构建符合刑法规范和刑法理论的数理模型，进而解决模糊罪量自身明确性以及"模糊罪量—数字刑量"均衡性问题的数量研究方案；数量刑法学之实践性展开，是从刑事司法实践出发，以"象—数—理"为主要认识逻辑，运用概率论和数理统计方法，构建符合刑法规范和刑法理论的数据模型,探索司法实践中罪刑的特征和规律,反馈于刑法理论、刑事立法和司法的数量研究方案;数量刑法学之现代性拓展,是融合规范进路的数理模型和实践进路的数据模型,以数据为沟通桥梁,将互联网、大数据、人工智能等信息技术融入刑法研究,为夯实刑法学的规范性基础和提高刑法学的实践性效率的数量研究方案。以上三个方面都以定量分析和数理逻辑为主要认识路径,运用不同的数学方法及智能化算法,围绕着刑法的明确性和罪刑均衡性,针对定罪量刑中的疑难复杂问题,提供不同路径的数量解决方案。

本书仅是数量刑法学展开进路上抛砖引玉的理论探索,或者说仅是数量刑法学研究的局部展示。数量刑法学的未来发展完善,还需要更多的学者加入,不断开拓数量刑法学研究内容的广度和深度,不断优化数量刑法学研究方法的精度和效度。

主要参考文献

一、中文类参考文献

(一)著作类

1. 白建军:《罪刑均衡实证研究》,法律出版社 2004 年版。

2. 储槐植:《刑事一体化与关系刑法论》,北京大学出版社 1997 年版。

3. 陈兴良:《走向哲学的刑法学》,法律出版社 1999 年版。

4. 陈炜:《量刑情节论——量刑情节疑难问题探析》,法律出版社 2009 年版。

5. 敦宁:《量刑情节适用的理论与实践》,中国人民公安大学出版社 2012 年版。

6. 高铭暄、马克昌主编:《刑法学》(第 7 版),北京大学出版社 2016 年版。

7. 葛洪义:《法律与理性——法的现代化问题解读》,法律出版社 2001 年版。

8. 何柏生:《法律文化的数学解释》,商务印书馆 2015 年版。

9. 刘伟丽:《我国腐败犯罪的刑法规制》,中国人民公安大学出版社 2017 年版。

10. 李翔:《情节犯研究》(第 2 版),北京大学出版社 2018 年版。

11. 中国人工智能学会组编:《人工智能导论》,中国科学技术出版社 2018 年版。

12. 林哲等主编:《腐败犯罪学研究》,北京大学出版社 2002 年版。

13. 路军:《中国刑法犯罪量化要件研究》,法律出版社 2010 年版。

14. 马克昌主编:《犯罪通论》,武汉大学出版社 2005 年版。

15. 邱昭继:《法律的不确定性与法治——从比较法哲学的角度看》,中国政法大学出版社 2013 年版。

16. 曲新久:《刑法的精神与范畴》,中国政法大学出版社 2000 年版。

17. 孙国祥:《贪污贿赂犯罪研究》,中国人民大学出版社 2018 年版。

18. 孙国祥、魏昌东:《反腐败国际公约与贪污贿赂犯罪立法研究》,法律出版社 2011 年版。

19. 最高人民法院研究室、最高人民法院刑法修改工作小组办公室编著:《〈刑法修正案(九)〉条文及配套司法解释理解与适用》,人民法院出版社 2015 年版。

20. 王剑波、章政:《犯罪动机与死刑适用》,中国政法大学出版社 2018 年版。

21. 王利宾:《酌定量刑情节规范适用研究》,上海社会科学院出版社 2010 年版。

22. 王洪:《制定法推理与判例法推理》,中国政法大学出版社 2016 年版。

23. 姚龙兵:《刑法立法基本原则研究》,中国政法大学出版社 2014 年版。

24. 赵秉志主编:《最新贪污贿赂司法解释的理解与适用》,清华大学出版社 2017 年版。

25. 赵俊主编:《贪污贿赂罪各论》,法律出版社 2017 年版。

26. 张明楷:《刑法分则的解释原理》(上)(第 2 版),中国人民大学出版社 2011 年版。

27. 张明楷:《犯罪构成体系与构成要件要素》,北京大学出版社 2010 年版。

28. 张苏:《量刑根据与责任主义》,中国政法大学出版社 2012

年版。

29. 张世琦:《犯罪数额与情节的认定》,法律出版社 2008 年版。

30. [德]阿图尔·考夫曼、温弗里德·哈斯默尔主编:《当代法哲学和法律理论导论》,郑永流译,法律出版社 2013 年版。

31. [德]马克斯·韦伯:《新教伦理与资本主义精神》,苏国勋等译,社会科学文献出版社 2010 年版。

32. [德]马克斯·韦伯:《经济与社会》(第 1 卷),阎克文译,上海人民出版社 2010 年版。

33. [美]加里·S. 贝克尔:《人类行为的经济分析》,王业宇、陈琪译,格致出版社、上海三联书店、上海人民出版社 2008 年版。

34. [美]迈克尔·D. 贝勒斯:《法律的原则——一个规范的分析》,张文显等译,中国大百科全书出版社 1996 年版。

35. [美]罗素(Russell,S. J.)、诺维格(Norvig,P.):《人工智能:一种现代的方法》,殷建平等译,清华大学出版社 2013 年版。

36. [美]唐纳德·布莱克:《正义的纯粹社会学》,徐昕、田璐译,浙江人民出版社 2009 年版。

37. [英]边沁:《道德与立法原理导论》,时殷弘译,商务印书馆 2000 年版。

38. [英]蒂莫西·A. O. 恩迪科特:《法律中的模糊性》,程朝阳译,北京大学出版社 2010 年版。

39. [英]托马斯·克伦普:《数字人类学》,郑元者译,中央编译出版社 2007 年版。

40. [意]切萨雷·贝卡里亚:《论犯罪与刑罚》,黄风译,北京大学出版社 2008 年版。

(二)论文类

41. 白建军:《论刑法教义学与实证研究》,载《法学研究》2021 年第 3 期。

42. 白建军:《犯罪圈与刑法修正的结构控制》,载《中国法学》2017 年第 5 期。

43. 储槐植:《我国刑法中犯罪概念的定量因素》,载《法学研究》1988 年第 2 期。

44. 储槐植、何群:《论我国数量刑法学的构建》,载《中国法学》2019 年第 3 期。

45. 陈兴良:《刑法知识的教义学化》,载《法学研究》2011 年第 6 期。

46. 陈洪兵:《"情节严重"司法解释的纰缪及规范性重构》,载《东方法学》2019 年第 4 期。

47. 陈小炜、马荣春:《实现刑法公众认同进路的考量——以刑法规范的明确性为视角》,载《法学杂志》2016 年第 8 期。

48. 陈灿平、韩薇薇:《危害食品安全犯罪司法介入的法经济学分析》,载《法学杂志》2019 年第 9 期。

49. 车剑锋:《最高限度与最低限度罪刑法定的划分及其意义——对传统罪刑法定原则分层策略的反思与重构》,载《政治与法律》2017 年第 9 期。

50. 董玉庭:《人工智能与刑法发展关系论——基于真实与想象所做的分析》,载《现代法学》2019 年第 5 期。

51. 杜小丽:《抽象危险犯形态法定犯的出罪机制——以生产销售假药罪和生产销售有毒有害食品罪为切入》,载《政治与法律》2016 年第 12 期。

52. 邓矜婷、张建悦:《计算法学:作为一种新的法学研究方法》,载《法学》2019 年第 4 期。

53. 付玉明、陈树斌:《刑法规范的明确性与模糊性——诠释学视野下的刑法解释应用》,载《法律科学(西北政法大学学报)》2013 年第 6 期。

54. 高铭暄、郭玮:《我国刑法修正模式辨正》,载《法学杂志》2018 年第 12 期。

55. 高维俭:《刑事学科系统论》,载《法学研究》2006 年第 1 期。

56. 高巍:《重构罪刑法定原则》,载《中国社会科学》2020 年第

3 期。

57. 高通:《故意伤害案件中赔偿影响量刑的机制》,载《法学研究》2020 年第 1 期。

58. 郭春镇:《务实的法治观应立足于裁判的亚确定性》,载《法学研究》2012 年第 6 期。

59. 何柏生:《论法律价值的数量化》,载《法律科学(西北政法大学学报)》2011 年第 6 期。

60. 郝川、左智鸣:《冲突量刑情节适用原则的反思》,载《法学杂志》2020 年第 4 期。

61. 胡学相:《贪污罪数额标准的定量模式分析》,载《法学》2014 年第 11 期。

62. 黄星:《食品安全的风险刑法观之反思》,载《法学杂志》2011 年第 9 期。

63. 姜涛:《贪污受贿犯罪之量刑标准的再界定》,载《比较法研究》2017 年第 1 期。

64. 刘仁义:《从刑法注释到刑法解释学》,载《环球法律评论》2010 年第 5 期。

65. 刘宪权:《贪污贿赂犯罪最新定罪量刑标准体系化评析》,载《法学》2016 年第 5 期。

66. 刘艳红:《刑法理论因应时代发展需处理好五种关系》,载《东方法学》2020 年第 2 期。

67. 刘守芬、方泉:《罪刑均衡的立法实现》,载《法学评论》2004 年第 2 期。

68. 刘军:《减轻处罚的功能定位与立法模式探析》,载《法学论坛》2015 年第 3 期。

69. 劳东燕:《危害性原则的当代命运》,载《中外法学》2008 年第 3 期。

70. 劳佳琦:《累犯从严量刑适用实证研究》,载《中国法学》2016 年第 1 期。

71. 梁根林:《责任主义原则及其例外——立足于客观处罚条件的考察》,载《清华法学》2009 年第 2 期。

72. 梁根林:《但书、罪量与扒窃入罪》,载《法学研究》2013 年第 2 期。

73. 李训虎:《刑事司法人工智能的包容性规制》,载《中国社会科学》2021 年第 2 期。

74. 李军:《兜底条款中同质性解释规则的适用困境与目的解释之补足》,载《环球法律评论》2019 年第 4 期。

75. 梁云宝:《回归上的突破:贪贿犯罪数额与情节修正评析》,载《政治与法律》2016 年第 11 期。

76. 龙宝新:《中国新文科的时代内涵与建设路向》,载《南京社会科学》2021 年第 1 期。

77. 闵凯:《经济犯罪的情节和数额》,载《政治与法律》2009 年第 10 期。

78. 聂慧苹:《禁止重复评价之刑法展开与贯彻》,载《中国刑事法杂志》2015 年第 3 期。

79. 彭文华:《酌定减轻处罚的自由裁量与技术制衡》,载《法学评论》2016 年第 3 期。

80. 彭中礼:《法律论证中的数学方法》,载《政法论坛》2017 年第 5 期。

81. 钱学森:《现代科学技术与法学研究和法制建设》,载《政法论坛》1985 年第 3 期。

82. 钱大军:《司法人工智能的中国进程:功能替代与结构强化》,载《法学评论》2018 年第 5 期。

83. 屈茂辉、张杰:《计量法学本体问题研究》,载《法学杂志》2010 年第 1 期。

84. 屈学武:《中国刑法上的罪量要素存废评析》,载《政治与法律》2013 年第 1 期。

85. 曲笑飞:《法律数字化现象研究》,载《法律科学(西北政法大学学报)》2013 年第 1 期。

86. 邱昭继:《法律的不确定性与法治的可能性》,载《政法论丛》2013 年第 1 期。

87. 石经海:《论量刑基准的回归》,载《中国法学》2021 年第 5 期。

88. 石金平、游涛:《量刑重复评价相关问题研究》,载《中国刑事法杂志》2010 年第 3 期。

89. 申卫星、刘云:《法学研究新范式:计算法学的内涵、范畴与方法》,载《法学研究》2020 年第 5 期。

90. 孙超然:《论贪污罪、受贿罪中的“情节”——以高官贪腐案中裁判考量因素的实证分析为切入点》,载《政治与法律》2015 年第 10 期。

91. 苏永生:《“酌定从重处罚情节之否定”——一个罪刑法定主义的当然逻辑》,载《政法论坛》2016 年第 6 期。

92. 时延安:《酌定减轻处罚规范的法理基础及司法适用研究》,载《法商研究》2017 年第 1 期。

93. 田源:《行为法律经济学视野中的“法律确定性命题”——以规则和标准的分类为线索》,载《法制与社会发展》2018 年第 2 期。

94. 王秀梅:《论贿赂犯罪的破窗理论与零容忍惩治对策》,载《法学评论》2009 年第 4 期。

95. 王彦强:《业务侵占:贪污罪的解释方向》,载《法学研究》2018 年第 5 期。

96. 王剑波:《我国受贿罪量刑地区差异问题实证研究》,载《中国法学》2016 年第 4 期。

97. 王安异:《对刑法兜底条款的解释》,载《环球法律评论》2016 年第 5 期。

98. 王华伟:《网络语境中的共同犯罪与罪量要素》,载《中国刑事法杂志》2019 年第 2 期。

99. 王越:《量刑规范性水平的实证检验:以故意伤害罪为例的分析》,载《法学家》2020 年第 6 期。

100. 闻志强:《重申罪刑法定的基本理念》,载《法商研究》2015 年第 1 期。

101. 文姬:《基准刑调节方法实证研究》,载《法学》2020 年第 2 期。

102. 于改之、吕小红:《刑法解释中平等原则的适用》,载《比较法研究》2017 年第 5 期。

103. 于志强、王鼎:《情节要素的适用路径变革与探索——以情节与数额关系为着眼点》,载《政法论坛》2019 年第 2 期。

104. 于晓虹:《计算法学:展开维度、发展趋向与视域前瞻》,载《现代法学》2020 年第 1 期。

105. 赵秉志:《贪污受贿犯罪定罪量刑标准问题研究》,载《中国法学》2015 年第 1 期。

106. 赵书鸿:《论刑罚裁量的简洁化——量刑活动的经验性研究结论》,载《中外法学》2014 年第 6 期。

107. 张明楷:《论影响责任刑的情节》,载《清华法学》2015 年第 2 期。

108. 张明楷:《论预防刑的裁量》,载《现代法学》2015 年第 1 期。

109. 张钹等:《迈向第三代人工智能》,载《中国科学:信息科学》2020 年第 9 期。

110. 张建军:《论刑法中兜底条款的明确性》,载《法律科学(西北政法大学学报)》2014 年第 2 期。

111. 张旭:《中国刑法学研究:现状梳理、问题分析与发展前瞻》,载《当代法学》2020 年第 6 期。

112. 张妮、徐静村:《计算法学:法律与人工智能的交叉研究》,载《现代法学》2019 年第 6 期。

113. 周光权:《量刑的实践及其未来走向》,载《中外法学》2020 年第 5 期。

114. 周少华:《法律之道:在确定性与灵活性之间》,载《法律科学(西北政法大学学报)》2011 年第 4 期。

115. 周国兴:《法律不确定性命题——一个问题史的考察》,载《环球法律评论》2010 年第 6 期。

116. 左卫民:《如何通过人工智能实现类案类判》,载《中国法律评论》2018 年第 2 期。

二、外文类参考文献

117. Guay et al., *On Intelligence and Crime: A Comparison of Incarcerated Sex Offenders and Serious Non-sexual Violent Criminals*, lnternational Journal of Law and Psychiatry, Vol. 28:4(2005).

118. Holmes & Oliver Wendell, *The Common Law*, Harvard University Press(2009).

119. Rucklidge et al., *Criminal Offending and Learning Disabilities in New Zealand Youth: Does Reading Comprehension Predict Recidivism*, Crime & Delinquency, Vol. 59:8(1993).

120. Yang et al., *The Interrogation Decision-Making Model: A General Theoretical Framework for Confessions*, Law and Human Behavior, Vol. 41:1(2017).

121. Zadeh. L. A., *Fuzzy Sets*, Information and Control, Vol. 8:3 (1965).

后　记

学术研究充满荆棘坎坷，即便芒刺在背，关山难越，在经历绳锯木断、日雕月琢的持久战后，虽未拨云见日、柳暗花明，但好在拙著初成，得以为这一阶段的学术旅程作出交代、聊以塞责。然而内心并未产生如释重负的解脱，反而为行文中的错漏舛误、牵强附会而诚惶诚恐，唯有在未来学术之路上深耕细作、砥砺前行，才可积基树本、补苴罅漏，聊以慰藉。

博士求学于西政，有幸能在求真务实的学风、钟灵毓秀的环境中刮摩淬励。《刑法总论》课程仍然历历在目、记忆犹新，课前浩如烟海的文献阅读和各抒己见的小组讨论，永远无法支撑主动站上讲台的信心和勇气。课上多位先生的同台授业，互动环节的循循善诱，使我真正领略到了先生们的渊博学识和刑法学的广博精深，湮灭了自己一知半解的狂妄，获得了踏入西政后第一次深刻的锻体练性。鸾翔凤集、人才辈出的校园中，充满着浓厚的法学研究氛围和绵延不断的学术灵蕴。迈入图书馆前，毓秀湖的水波不兴驱散了我内心的急功近利、轻浮急躁。学术研究之路，必须经历“敬业”“勤业”的基础夯实后，才有资格在“绝望坡”上对自身的薄德寡智进行整理反思，方有可能登入博学楼的学术殿堂，目睹罗马广场的庄重肃穆、兼容并包，一览大峡谷的鬼斧神工、川流不息。人生能在博学笃行、厚德重法的法学“黄埔军校”进行学术历练，何其幸哉！

受教于导师，学术研究中迷惘是伙伴，导师是明灯。导师高维俭教授鸿儒硕学、绩学之士，未嫌学生愚昧不敏、才疏学浅，将学生收入门下发蒙启蔽、苦心栽培。四年的求学过程中，高老师温文儒雅的待人风度、宠辱不惊的心性品格、博学谨思的治学态度，为学生未来的人生指引了方向，树立了典范。导师在刑法解释学、刑事政策学、英美刑法学、少年法学、刑事三元结构等领域造诣颇深。囿于自身的理论根基浅薄，对缺乏能力在导师的研究领域承继耕耘，时常让我愧疚自责并寝食难安。但是，高老师深知我对数量刑法学研究的兴趣，在学术探索过程中给予了充分的自由和信任，依然不离不弃、指点迷津。在学术研究陷入浓雾萦绕、寸步难行之时，导师的耳提面命与谆谆教诲，直击问题的命门和要害，常使我豁然开朗、茅塞顿开。

闻道于师长，学术研究中黑夜是陪衬，师长是群星。刑法学导师组的师长满腹经纶，皆是饱学之士，能在各位师长的悉心指导下修行，实乃为学做人吉星高照之幸。博学严谨的梅传强教授身为法学院院长，并未拉开与学生之间的距离，在教育指导过程中，我始终感受到梅教授的虚怀若谷、和蔼可亲；严而不厉的石经海教授，朝督暮责的学术巡视，精益求精的学术追求，使我们不敢有半点儿倦怠拖延，他时常为学生答疑解惑、指点迷津，启发模糊数学在数量刑法学中的应用视域；睿智犀利的王利荣教授，在课堂和学术讲座上的发言，往往一语破的、一招见血，学术研究何其快哉；风度翩翩的朱建华教授，将深邃的思想融入实践疑难案例，分析论证入木三分、鞭辟入里，让学生明白学以致用的意义；德厚流光的李永升教授，学术之外为贫困学生的慷慨解囊、乐善好施，让学生高山仰止，景行行止；温文优雅的袁林教授，在犯罪学选修课上对实证研究的启迪和指导，加深了学生展开数量刑法学研究的兴趣；造诣深厚的陈伟教授，平易近人，为学生在论文撰写和课题申报上提供了许多指导和帮助；博学雅致的姜敏教授，为人谦和，拓展了学生在刑法哲学、比较法学等方面的研究维度和视域；青年才俊丁胜明教授，在顶级期刊上发表的刑法教义学和犯罪构成等理论大作，每每阅读起来，总是让学生酣畅淋漓、如沐春风；和蔼可亲的贾健教授，学术造诣深厚，在论文撰写中给予重要意见和充分鼓励；需要特别感谢重庆大学法学院的陈忠林教授，他师德高尚、学术精深，一直心系西政刑法学的发展，常常牺牲个人的休息时间，给我们带来一次次精彩纷呈的学术盛宴和系统性的专题培训,塑造学生关于常识、常情、常理的重要价值理念。

受益于同窗好友,求学旅途风雨同舟、荣辱与共。2018 级刑法学博士班是一个温暖团结的集体,在两位兄长的引领下,在班干部的辛勤付出下,在同窗的帮助和鼓励下,我们和衷共济、共渡难关,我们欢聚一堂、共叙情谊。也特别感谢其中的斗酒学士,学术研究在你们的发酵下,像是一杯佳酿美酒,愈久愈浓、愈久愈香。在写作思路枯竭之时,文思泉涌的煮酒论理、引经据典的把酒明辨、难舍难分的彻夜相伴,镂心刻骨。感谢硕士同窗、博士同门的王远伟博士在考博、读博路上给予的巨大帮助和鼓励,感谢吴鸣师姐、付胥宇师姐、高蕴嶙师兄、贾银生师兄在论文撰写和问卷调查过程中给予的帮助和支持,感谢所有刑法团队成员在线上线下进行的学术交流和信息共享,我在大家共同营造的良好学术氛围中受益匪浅。

有愧于家人,求学过程富足了精神,却时刻在考验着灵魂。父爱如山,母爱如水,自蒙学至博士,廿余载光阴里,一直伴随着的是父母的默默付出与负重前行,给予我生活、精神、学业上的重要支撑,然而将近古稀之年的父母本应安享晚年,却未能过上一天轻松安稳的日子,在我在外求学期间,仍然含辛茹苦,奋战在养育孙儿孙女的第一线;爱妻石镁虹温柔贤惠、勤俭持家、通情达理,在我求学过程中给予我充分理解、鼓励和支持,在论文撰写过程中,针对数学、统计学等方法的应用,时常提出详尽的论证意见和方案;犬子章瑞恒、小女章瑞恬成全了我儿女双全的愿望,但我却屡屡让他们失望,错过了他们最珍贵的童年陪伴,带给他们长久的等待。书中并无黄金屋,更似一朵带刺的玫瑰,既然选择了,就应该承受这完美中的不完美,惟愿日后能学以致用,给家人多些陪伴和照顾,洗脱抛妻弃子的“罪名”,报答父母的养育恩情,弥补灵魂上的缺憾。

另外,衷心感谢法律出版社的王珊编辑,对于本书的出版付出了大量的心血,对此,深表谢意! 还要感谢我的硕士研究生,杨洛尔基、罗舒、罗涵、冯少杰等同学在本书文词校对上进行的辛苦工作。

最后,需要重点说明的是,拙著是在本人博士论文的基础上修订而成。根据答辩委员会的建议,我对原博士论文的行文结构进行了调整,对数量刑法学逻辑展开的表达方式进行了修正,对部分章节内容进行了删减,并扩充了个别章节内容,感谢答辩委员会专家们给予的修改意见。此外,在博士论文修订后的基础上,本著作于 2023 年获得中国法学会重点课题立项,感谢中国法学会学术委员会各位专家给予的肯定性意见。

章　桦

初稿,2021 年 12 月 12 日于毓秀湖畔

修订稿,2024 年 3 月 31 日于玉带河畔